上海高校服务国家重大战略出版工程资助项目

国家教育宏观政策研究院
National Institutes of
Educational Policy Research

美国创新和竞争力战略丛书　　主编　赵中建

创新政策新进展

美国创新和竞争力战略

赵中建　主编

New Progress
of
Innovation Policy

American innovation and competitiveness strategy

华东师范大学出版社

图书在版编目（CIP）数据

创新政策新进展：美国创新和竞争力战略/赵中建
主编. —上海：华东师范大学出版社，2018
　　ISBN 978-7-5675-8223-1

　　Ⅰ. ①创… Ⅱ. ①赵… Ⅲ. ①技术革新–科技
政策–研究–美国 Ⅳ. ①F171.243

中国版本图书馆 CIP 数据核字（2018）第 193201 号

2016 年上海高校服务国家重大战略出版工程项目
上海文化发展基金会图书出版专项基金资助出版

创新政策新进展：美国创新和竞争力战略

主　　编　赵中建
责任编辑　彭呈军
特约审读　张艺捷
责任校对　朱玉媛　时东明
装帧设计　刘怡霖

出版发行　华东师范大学出版社
社　　址　上海市中山北路 3663 号　邮编 200062
网　　址　www.ecnupress.com.cn
电　　话　021-60821666　行政传真 021-62572105
客服电话　021-62865537　门市（邮购）电话 021-62869887
地　　址　上海市中山北路 3663 号华东师范大学校内先锋路口
网　　店　http://hdsdcbs.tmall.com/

印 刷 者　浙江临安曙光印务有限公司
开　　本　787×1092　16 开
印　　张　19.75
字　　数　289 千字
版　　次　2020 年 5 月第 1 版
印　　次　2020 年 5 月第 1 次
书　　号　ISBN 978-7-5675-8223-1
定　　价　68.00 元

出 版 人　王焰

（如发现本版图书有印订质量问题，请寄回本社客服中心调换或电话 021-62865537 联系）

目　　录

序言 …………………………………………………………………………… 1

第一章　重振美国制造业之框架 ………………………………………… 1

　一、引言 …………………………………………………………………… 1

　二、美国制造业的优势和挑战 ………………………………………… 6

　三、奥巴马政府支持制造业的政策和行动 ………………………… 11

　四、结语 ………………………………………………………………… 33

第二章　美国的竞争力和创新力 ……………………………………… 38

　一、概要 ………………………………………………………………… 39

　二、迎接挑战 …………………………………………………………… 42

　三、创新力、竞争力和就业的关键 …………………………………… 51

　四、奋勇向前 …………………………………………………………… 61

第三章　致力于超越：培养百万名 STEM 学位之大学毕业生 ……… 71

　一、需要改进高等教育前 2 年的 STEM 招生和保留策略 ………… 73

　二、建议 ………………………………………………………………… 74

第四章　在先进制造业获得国内竞争力优势 ………………………… 84

　一、AMP 指导委员会执行报告 ……………………………………… 84

二、先进制造业伙伴关系 ………………………………… 85

三、先进制造业的重要性 ………………………………… 89

四、建议 …………………………………………………… 93

五、结论 …………………………………………………… 131

第五章　再论 STEM 劳动力
　　　　——《2014 年科学和工程指标》 ……………… 133

一、概要 …………………………………………………… 133

二、引言 …………………………………………………… 135

三、《指标》及本报告中术语 S&E 和 STEM 的使用 …… 136

四、讨论和下一步计划 …………………………………… 173

第六章　美国创新战略 …………………………………… 176

一、概要 …………………………………………………… 176

二、引言 …………………………………………………… 183

三、投资创新的基石 ……………………………………… 192

四、激发私营企业的创新动力 …………………………… 205

五、创立创新者国度 ……………………………………… 224

六、创造高质量就业及持续的经济增长 ………………… 230

七、促进国家优先事项的突破 …………………………… 236

八、2015 年及未来的新视野 …………………………… 251

第七章　国家科学基金会未来资助的"十个大概念" …… 254

附录 1　美国研究型大学在国家创新创业系统中的路径探究
　　　　——基于美国商务部《创新与创业型大学》报告的解读与分析
　………………………………………………………… 264

一、引言 …………………………………………………… 264

二、研究型大学是构建国家创新创业生态系统的主体 ⋯⋯⋯⋯ 265

三、研究型大学为创新创业服务的实施路径 ⋯⋯⋯⋯⋯⋯⋯ 268

四、结语 ⋯⋯⋯⋯⋯⋯⋯⋯⋯⋯⋯⋯⋯⋯⋯⋯⋯⋯⋯⋯⋯ 280

附录 2 "概念证明中心"：美国研究型大学促进科研成果转化的

新组织模式 ⋯⋯⋯⋯⋯⋯⋯⋯⋯⋯⋯⋯⋯⋯⋯⋯⋯ 284

一、概念证明中心产生的背景 ⋯⋯⋯⋯⋯⋯⋯⋯⋯⋯⋯⋯⋯ 284

二、概念证明中心的内涵、发展概况及资金来源 ⋯⋯⋯⋯⋯ 287

三、概念证明中心的运作模式 ⋯⋯⋯⋯⋯⋯⋯⋯⋯⋯⋯⋯⋯ 290

四、概念证明中心产生的影响 ⋯⋯⋯⋯⋯⋯⋯⋯⋯⋯⋯⋯⋯ 294

五、思考与启示 ⋯⋯⋯⋯⋯⋯⋯⋯⋯⋯⋯⋯⋯⋯⋯⋯⋯⋯ 296

序　言

　　2019 年 4 月,美国国防部发布《5G 生态系统：美国国防部的风险与机遇》(The 5G Ecosystem：Risks & Opportunities for DoD)报告,极为简要地阐述了 5G 技术(Generation Technology,从 1G 到 5G)的发展史,以及因为中国华为在 5G 方面的技术已经远远领先于美国所有的公司并可向世界各国提供基站和终端手机,而让美国特朗普总统暴跳如雷直到宣布美国国家进入紧急状态。报告明确指出："中国已经通过一系列的大量投资和频谱分配计划而在 5G 发展方面领先了。""5G 将使中国有潜力从资本密集型和劳动密集型制造业经济,转型至减少外来投资的创新引领和消费驱动的经济。"①

　　2018 年 11 月,美国著名智库"战略与国际研究中心"(Center for Strategic & International Studies, CSIS) 发布《技术竞争与中国》(*Technological Competition and China*)报告,直指创新和竞争,认为中国已经发生了根本性变化,而美国犯了重大的战略性失误。"中美之间的竞争日益加剧,或许已达冲突之边缘,但这不是一场 19 世纪帝国间对控制领土和资源的竞争。与几个世纪前大国竞争迥然不同的是,这场竞争的重点不是军事实力的展示,也不是领土的扩张,而是对全球规则、制度、标准、贸易和技术之领导地位的争夺。创造新技术尤其是数字技术的能力(鉴于其对于政治、安全和经济增长的重要意义)已经成为影响中美关

---

　　① Defense Innovation Board（2019）*The 5G Ecosystem: Risks & Opportunities for DoD*. Washington DC：Department of Defense.

系的关键因素，并被深深打上了经济上密切合作和政治上互补信任的印记"。报告认为，"技术、创新、国家安全以及国际实力之间的联系已经得到广泛的认同……"而"创新已经成为一个国家之国际影响力的核心要素"。① 舆论普遍认为，当前中美贸易战的核心是竞争技术的领导地位。②

显然，今日所突显的中美贸易冲突以及对高新技术的关注，尤其是21世纪初以来中美两国各自社会经济和科技发展至今的必然结果，也是近年来中美两国颇为关注科技创新和国家竞争力的促动因素。

纵观二战之后美国国家创新和竞争力的发展路径，可以清晰地发现促使美国政府关注和重视国家创新及加强竞争力的两个时间点：第一个时间点是1957年苏联将世界上第一颗人造卫星发送上天；第二个时间点应该说是一个时间轴，由诸多事件引发，这正如由美国企业圆桌会议（Business Roundtable）会同其他14个著名机构和组织于2005年7月提出的《激活美国的潜力：为了创新计划的教育》（*Tapping America's Potential: The Education for Innovation Initiative*）报告所指出的：

约在50年前，苏联因发射人造地球卫星而震惊了美国人，这是地球上第一颗绕轨道运行的卫星。美国的回应是迅速和激烈的。在尔后一年不到的时间里，艾森豪威尔总统签署了《国防教育法》，这是恢复美国科学领先地位之努力的主要部分。

今天，美国面临着一次更为严峻的挑战，尽管不那么显而易见。美国经济繁荣的支柱之一———我们科学和技术的优越———正开始萎缩，而此时其他国家则在开发着他们自己的人力资本。

如果我们去等待另一个剧烈的事件———一枚21世纪的人造卫星———那就太迟了。或许不会有进攻，不会有突然显露的时机，也不会有

---

① James A. Lewis (2018) *Technological Competition and China*. Washington DC: Center for Strategic & International Studies. November.

② 例如 Daniel Castro, Michael McLaughlin, and Eline Chivot (2019) *Who Is Winning the AI Race: China, the EU or the United States?* Washington DC: The Center for Data Innovation; Robert D. Atkinson and Caleb Foote (2019) *Is China Catching Up to the United States in Innovation?* Information Technology & Innovation Foundation.

即刻显示其威胁的临头大祸。但是，却会有缓慢的摧毁，逐渐的下降以及在自满的美国与那些富有动力、决心和愿景来取代我们的国家之间不断扩大的鸿沟。①

这些"严峻的挑战"构成了一种不具有类似"苏联人造卫星"警示的一种"慢性危机"，犹如"温水煮青蛙"的进程，但这一慢性危机又不像青蛙所处的水温，它不是一个缓慢的单一维度的变化。我们面临着诸多的问题，而每个问题就像镶嵌工艺品的一个小部件。这些问题中的任何一个都不会引发危机反应。②

在21世纪的最初几年，竞争力（competitiveness）和创新（innovation）开始成为美国政府和社会各界普遍关注的话题，而创新美国（innovate America）和创新教育（innovate education）（"创新"在这里为动词）则开始时常出现在媒体的标题中，出现在人们的视野中，出现在各类机构或组织的报告中，出现在政府的政策文献中，其中最引起国际社会关注的，是美国布什总统于2006年2月2日正式签署的文件——《美国竞争力计划——在创新中领导世界》（*American Competitiveness Initiative: Leading the World in Innovation*）（以下简称《美国竞争力计划》）。其实在两天前的1月31日，布什总统在其2006年《国情咨文》（*the State of the Union*）中就对如何保持美国在世界经济中的领导地位和如何保持美国的竞争力有过如下的论述：

美国的经济是健康和富有活力的，比任何其他发达国家发展得更快……美国的经济是卓越的，但我们在动态的世界经济中不能自满得意。我们正面临着新的竞争者，如中国和印度，而这造成了不确定性。

为了保持美国的竞争力，我们的承诺是最为必须的：我们首先必须继续在优秀人才和创造力上引领世界。我们在世界上的最大优势是我们

---

①　转引自[美]企业圆桌会议等著，赵中建译：激活美国人的潜力：为了创新计划的教育，《全球教育展望》2006年第12期。

②　国家科学院之国家工程院主席威廉·伍尔夫（William A. Wulf）博士在美国众议院科学委员会"科学、技术与全球经济竞争"听证会上的证词（2005年10月20日）。

总是有受过良好教育、勤劳工作且富有雄心的人民，我们将继续保持这一优势。

今晚，我将指出一条更好的道路：一份我们国家与信心（confidence）竞争的议程；一份将提高生活水准并创造新工作机会的议程。美国人应该不惧怕我们的经济未来，因为我们旨在形成这一未来。

今晚，我宣布一项《美国竞争力计划》，在我们的整个经济中鼓励创新，并将为我们国家的孩子们在数学和科学方面打下坚实的基础。

布什总统的这一《美国竞争力计划》是以此前由美国国家科学院于2005年10月提交国会的《迎击风暴——为了更辉煌的经济未来而激活并调动美国》（以下简称《迎击风暴》）咨询报告为基础而形成的。[①]《美国竞争力计划》将咨询报告所提出的建议和设想转化为联邦行动计划，强调为了保持美国的竞争力，"我们首先必须继续在优秀人才和创造力上引领世界。我们在世界上的最大优势是我们总是有受过良好教育、勤劳工作且富有雄心的人民，我们将继续保持这一优势"。

《迎击风暴》这份500多页的咨询报告，则是国家科学院应美国国会议员的要求而在综合分析和调查研究的基础上提出的。2005年5月，美国参议院能源与自然资源委员会（Committee on Energy and Natural Resources）成员亚历山大（Alexander）和宾加曼（Jeff Bingaman）参议员要求国家科学院"对美国在21世纪的竞争能力和保持繁荣的能力进行评估"，这一要求同时得到了美国众议院科学委员会（House Committee of Science）成员伯勒特（Sherwood Boehlert）和戈登（Bart Gordon）众议员的附议。他们提出的问题是：

为了使美国能够在21世纪的全球经济中成功地进行竞争、保持繁荣和确保安全，联邦决策者能够采取的改善科学和技术事业的10大行动是

---

① National Academies（2005）*Rising Above the Gathering Storm: Energizing and Employing America for a Brighter Economic Future* http：//www. nap. edu/ books/ 0309100399/ html).

什么？能够采用什么样的伴有具体步骤的策略来实施这些行动？

　　国家科学院随即成立了由 20 人组成的"繁荣 21 世纪全球经济委员会"（Committee on Prospering in the Global Economy of the 21ˢᵗ Century，以下简称"繁荣经济委员会"），来领导这项对美国竞争力以及如何维持和提高国家创新和竞争力的评估研究。繁荣经济委员会由美国工程院院士及前主席、洛克希德·马丁公司的退休董事会主席兼首席执行官诺曼·奥古斯丁（Norman R. Augustine）任主席，委员会其他成员主要包括诺贝尔奖获得者、公司总裁、大学校长、专家教授等。

　　亚历山大和宾加曼参议员提出的调查要求并非心血来潮，国家科学院 20 人的繁荣经济委员会仅仅依靠自身的力量在短短 5 个月内完成任务也绝非易事。可以说，两位参议员的要求的提出、500 多页《迎击风暴》咨询报告的问世、《美国竞争力计划》的签署，是在此前若干年（21 世纪初的几年）各种研究报告的基础上形成的，而此类报告和文献则从不同的侧面指出了美国国家发展所面临的问题和挑战以及如何解决问题和迎接挑战的建议或策略。这些研究报告大致可以分为如下三类。

　　第一类报告主要出自美国政府各部门，特别是总统科学技术顾问委员会之手，例如：

- 总统科学技术顾问委员会：《评估美国研究和开发的投入：发现和建议的行动》，2002 年。
- 白宫：《新一轮美国创新》，2004 年。
- 总统科学技术顾问委员会：《维护国家创新生态系统：保持我们科学和工程能力之实力的报告》，2004 年。
- 美国总统执行办公室：《为了 21 世纪的科学》，2004 年。
- 国家智力委员会：《勾画全球的未来：国家智力委员会 2020 年项目报告》，2004 年。
- 美国教育部：《回应变革世界之挑战：为 21 世纪而加强教育》，2006 年。

　　第二类报告主要是由政府资助的一些委员会所进行的研究的结果，

主要如：

- 国家科学委员会：《科学及工程类劳动力：明确美国的潜力》，2003 年。
- 竞争力委员会：《创新美国：在挑战和变革的世界中达至繁荣》，2004 年。
- 国家工程院：《工程研究和美国的未来：应对全球经济的挑战》，2005 年。
- 国家科学院繁荣 21 世纪全球经济委员会：《迎击风暴——为了更辉煌的经济未来而激活并调动美国》，2005 年。

第三类报告主要由一些企业组织或专业委员会所进行的研究的报告所组成，例如：

- 全国制造业者协会：《蜃景式的劳动力危机：让美国工人做好 21 世纪竞争的准备》，2005 年。
- 美国电子协会：《竞争优势正在丧失：美国科学和技术的挑战》，2005 年。
- 企业圆桌会议：《激活美国人的潜力：为了创新计划的教育》，2005 年。
- 经济发展委员会：《为未来而学习：变革数学和科学教育的文化以确保能竞争的劳动力》，2003 年。
- 经济发展委员会：《创领导全球之能力的教育：国际研究和外语教育之于美国经济和国家安全的重要意义》，2006 年。
- 成就公司：《促进美国高中的行动议程》，2005 年。
- 企业—高等教育论坛：《美国在世界中的作用：美国企业和高等教育面临之挑战》，2005 年。
- 研究生院协会：《21 世纪的国家国防教育法：重新致力于研究生教育》，2005 年。
- 美国大学联合会：《国防教育与创新计划：应对 21 世纪美国经济和安全的挑战》，2006 年。

除了作为《美国竞争力计划》之基础的《迎击风暴》外，这里还须提及的另一份里程碑式的报告,是美国竞争力委员会于 2004 年 12 月发布的《创新美国:在挑战和变革的世界中达至繁荣》。① 美国竞争力委员会是一个创建于 1986 年的著名智库,旨在研究增强美国经济竞争力的政策,并向政府和其他有关部门提供建议,其成员组成单位是美国一些著名的企业和高等院校,如 IBM、通用汽车、斯坦福大学、哥伦比亚大学、麻省理工学院等。

2003 年 10 月,竞争力委员会召集了来自著名大学、企业、产业协会和政府部门的 400 多名管理者和学者,提出了"国家创新计划"。此后,由 20 位美国大学校长和企业首席执行官组成国家创新计划执行委员会,并下设行动工作组,分别对"21 世纪创新展望"、"创新的边界"、"创新技能"、"创新投资"、"创新环境及基础"、"创新市场"、"公共部门创新"等专题开展研究。②

2004 年 12 月,竞争力委员会在华盛顿召开了"国家创新峰会"(National Innovation Summit),并随即出版了此次峰会的最终报告,即《创新美国:在挑战和变革的世界中达至繁荣》(以下简称《创新美国》)。《创新美国》对国家创新和创新精神给予了极高的评价,认为"创新精神是决定美国在 21 世纪成功唯一的最重要的因素";"创新精神一直深深地扎根于美国的国家精神之中。在这个国家诞生之初,美国人民就根本性地关注探索、机遇和发现,关注新的起点和疆界的突破";"美国历史从始至终就是一部关于希望的历史,而创新正是希望在社会和经济上的展示"。《创新美国》形象地将美国比作为一家企业,并认为"自由和探究的精神已成为我们的核心竞争力,而创新的能力是将竞争力完全转化为成果的基础","我们美国人一旦停止创新,就不再是真正的美国人"。

《创新美国》认为,美国发现自己正处在由两种前所未有的转变所形成的独特且微妙的历史交合点上:一种是全球竞争的本质;另一种则是创新本身。

---

① Council on Competitiveness (2004) *Innovate America: Thriving in a World of Challenge and Change* http://www.compete.org/pdf/NII_Interim_Report.pdf.

② 上海科技发展研究中心:创新,决定 21 世纪成败的唯一要素——美国创新所面临的挑战和机遇,《华东科技》,2006 年 3 月号。

1. 整个世界正发生着戏剧性的变化，变得更加相互联系，相互竞争。与此同时，经济上的相互依赖正在加强。因此，美国作为世界上唯一的超级大国正处在一个陌生的位置。毫无疑问，从历史上看这种境遇是全新的，在目前的或潜在的对手那里既拥有机会也面临着危险，然而更多的认识或许来源于美国自身选择如何处理这种地缘政治的现状。认识到这一点是非常重要的。

2. 就创新跨越的地域和领域、创新的影响速度和范围、创新的人员而言，创新产生的地点、方式和原因一直都在变化之中。不论从什么角度看，创新的竞技场已经铺就，创新的障碍正在消失。这种转变无论发生在何时，在其背后总伴随着经济和社会运行方式的转变，其中包括创造价值的新方式和衡量成功的标准，以及对竞争优势的重新排序。在 21 世纪，这种转变的步伐在继续加快。

在这个"历史交合点上"，美国将采取怎样的行动？美国是否认识到这一问题的多方面本质？《创新美国》认为这是美国必须回答的问题，"美国必须领先和领导一个开放的和竞争的全新时代，以机敏的头脑和不变的热情为动力，并通过终生学习、技术的威力以及创新进程本身无限的创造力来实现这一目标"。《创新美国》基于此而明确了由"人才"、"投资"和"基础设施"三部分来构成国家创新计划的基本内容。

正是前述的《创新美国》、《迎击风暴》和《美国竞争力计划》这些研究报告和政府政策，开启了 21 世纪美国国家创新和竞争力战略的征程，助力美国继续保持其世界领先地位。

＊　　＊　　＊　　＊　　＊

《美国创新和竞争力战略丛书》，以新世纪为起点，以美国政府文献为依据，以国家创新政策为蓝本，着力展现 21 世纪美国创新和竞争力的发展路径，并试图从中透视出美国浪涛迭起的"创新潮"。丛书主要包括以下三本著作。

《创新引领世界——美国创新和竞争力战略》，此书初版于 2007 年，着重精选了布什总统执掌白宫时期（8 年）的若干重要文献。此次修订作了部分增删。主要包括《新一轮美国创新》（白宫政府，2004 年）、《维护国家创新生态系统：信息技术制造和竞争力的报告》（总统科技顾问委员会，2004）和《维护国家创新生态系统：保持我国科学和工程能力之实力的报告》（总统科技顾问委员会，2004）、《为了 21 世纪的科学》（国家科学和技术委员会，2004）、《创新议程：致力于保持美国第一的竞争力》（众议院民主党，2005）、《美国竞争力计划——在创新中引领世界》（白宫政府，2006）以及此次新增加的美国国会于 2007 年通过的《美国为有意义地促进技术、教育和科学之卓越而创造机会法》（*America Creating Opportunities to Meaningfully Promote Excellence in Technology, Education, and Science Act*）的部分内容（该法英文中除第一个和最后一个单词外，其余单词以首字母缩写而成为 COMPETES，因而该法英文又缩写为 America COMPETES Act，故直接简称《美国竞争法》），较全面展示了布什政府关注国家创新和竞争力的政策发展进程。

《创新政策新进展：美国创新和竞争力战略》，着重介绍奥巴马成为美国总统而入主白宫期间的国家创新之路，其主要内容涉及这一时期美国政府的一系列重要政策，主要包括《重整美国制造业之框架》（总统行政办公室，2009）、《美国的竞争力和创新力》（美国商务部，2012）、《致力于超越：培养百万名 STEM 学位之大学毕业生》（总统科技顾问委员会，2012）、《在先进制造业获得国内竞争力优势》（总统行政办公室和总统科技顾问委员会，2012）、《再论 STEM 劳动力：2014 年科学和工程指标》（国家科学委员会，2015）以及《美国创新战略》（国家经济委员会和科技政策办公室，2015），较全面展示了奥巴马政府关注国家创新和竞争力的政策发展进程。

《美国创新和竞争力路径图透视》一书，着重展现了从 2000 年至今美国政府和政府机构以及高等院校、社会机构和知名智库在日益激烈的国际竞争形势下，如何思考美国的创新和竞争力战略的发展路径。研究内容主要涉及 21 世纪以来美国有关创新和竞争力的政策的发展路径和脉络，对汇聚各方力量的各类研究报告进行概括和总结，尤其聚焦于著名的《创新美国》和《迎击风暴》，分析其最终提出的政策建议，并分别对布什政府和奥巴马政府的创新政策和竞争力战略进行梳理，从而利于最终理解美国政府虽有两党之争，但在通过创新和竞争力战略维护美国的世界领先地位方面惊人的一致的立场。

＊　　＊　　＊　　＊　　＊

《创新政策新进展：美国创新和竞争力战略》一书除了前述的政策文献外，还有两个附录，是笔者与卓泽林共同撰写的两篇论文。附录1是"美国研究型大学在国家创新创业系统中的路径探究——基于美国商务部《创新与创业型大学》报告的解读与分析"。2013年7月，美国商务部发布了《创新与创业型大学：聚焦高等教育创新和创业》(*Innovative and Entrepreneurial University: Higher Education, Innovation & Entrepreneurship in Focus*)报告。该报告是由美国140多位研究型大学校长主动联名推动而成文的，内容主要包括：学生创业、教师创业、科技转化、校企合作和参与区域经济发展五个方面。此文系对美国商务部上述报告的一次解读。附录2是"'概念证明中心'：美国研究型大学促进科研成果转化的新组织模式"。着重阐述美国研究型大学如何通过"概念证明中心"这一新型组织形式来促进高校科研成果转化。

本书所选文献是我从众多美国政府文献中精选而成，翻译工作由我和我的部分学生(卓泽林、丁娴、周蕾、吴敏、洪霖)共同完成，全书内容由我审校。如果没有华东师范大学出版社的大力支持，尤其是编辑张艺捷的辛勤工作和不断敦促，本书的出版可能还会拖延。在本书即将出版之际，我要感谢所有为本书付出努力的人。限于时间和水平，本书难免有错漏之处，还请广大读者批评指正。

赵中建

上海纽约大学/华东师范大学

2019年12月24日

第一章①
重振美国制造业之框架

一、引　言

　　制造业是美国经济的核心,它为上百万的美国家庭提供了待遇良好的工作。今天,美国制造业已发展成为世界上规模最大的制造业,实际上,它还是世界第九大经济产业。

　　然而,今天的美国制造业却面临着很多问题。与制造业的成功相矛盾的是,制造业工人却成为了这一蓬勃行业的受害者,因为生产率的快速增长意味着工人需求量的减小,这导致了长达几十年的就业率下降。由于消费者的消费重心从电视和汽车等制造产品向旅游、饮食、医疗保健等服务以及外来的制造产品倾斜,就业率下降趋势还在不断加剧。近期的经济衰退让依赖制造业的公司、工人和社区尤为头疼。

　　尽管困难重重,但美国制造业的很多部门依然具有很大的增长空间和成功潜力。借助于正确的政策,美国能够孕育出成功的行业,例如生物技术、风力发电、纳米技术、航空技术、新一代汽车技术以及那些尚未为人所知但对未来发展更显重要的行业。虽然美国的企业家、创业者和工人的突出才能和辛勤工作能够推动商业的发展,但是政府的有力政策仍扮

　　① Executive Office of the President, 2009. *A Framework for Revitalizing American Manufacturing*. Washington, DC: Executive Office of the President. https://obamawhitehouse. archives. gov/ sites/ default/ files/ microsites/ 20091216 - maunfacturing-framework. pdf.

演着重要的角色。

本篇报告从关键的事实和假设开始，分析了制造过程中每一步的成本动因，并提出了一个可为每个领域提供适切的政府支持的框架。

1. 关键事实和假设

以下五个关键的事实和假设构成了一项合理且完整的制造业政策的基础：

（1）制造业为社会创造了可观的收益。制造业创造了大量的附加经济活动，为美国工业支付了 70％ 的研发费用，同时还通过不断提高生产率，为其他领域创造了诸多财富。制造业的薪酬和福利高于其他部门。制造业的产品占据了出口行业的 69％，这是一个举足轻重的领域，因为不断增长的出口量对于降低贸易赤字和促进经济增长而言是不可或缺的。此外，国家安全还要求我们能够制造保卫国防的军需品。最后，制造业的生产技术工作还能为一些人提供一条通往中产阶级的职业道路，因为对于他们来说，四年的大学文凭并不是最适合他们的选择。

（2）总成本决定了制造商对于地理位置的选择。在今天竞争不断加剧的全球市场中，私营企业都会选择在总成本最低的地方建立工厂。

（3）生产活动对环境的影响既带来了责任，也创造了机会。清新的空气以及水源，较低的温室气体排放量对美国公众十分重要，在美国境内运作的公司必须降低或避免它所带来的不利影响。与此同时，采取可持续性制造业战略的公司既能够保护环境，还能为自身赢得竞争优势。

（4）生产率的增长是维持高水平薪酬的必要条件。美国的高劳动力薪资标准使其每小时劳动力成本高于世界其他国家。总的来说，美国社会渴望继续提高每小时的薪水和福利——这是为公民提供更高标准生活的基础。而保持劳动力成本具有竞争力的一个重要方法，是将每小时的生产率最大化。生产率的增长对蓝领、白领和管理层同等重要。

（5）美国某些特定行业的总生产成本具有国际竞争力。劳动生产率的大幅提升，加上美国得天独厚的优势，使得美国某些行业的生产制造具有很强的国际竞争力。

2. 制造过程的简化模型

以上假设和事实有助于我们分析制造过程,而以下所述则是强调了生产链上每一环节的简化模型。

制造过程开始时,原材料被送到工厂,借助于劳动力、知识、技术、设备和能量,原材料在工厂内通过物理和/或化学手段被转化为产品。接着这一产品被运送到另一家工厂,进行再加工;或者运送到那些希望拥有该产品的人(消费者或其他需要这一产品的商家)能够买到这一产品的地方。

通常,在制造最终成品的时候需要很多单独的设备和场地。一些设备规模巨大,因而对它们所在社区具有重大的经济意义。一般来说,服务于某个特定行业的很多工厂会聚集到一个地区内,为这些工厂提供支持的诸多服务商也会进而聚集于此。

一个单一的产品经常被出售给末端用户——他们远离最终生产设备,其中就包括很多国外的用户。在整个过程中,各式规章制度约束着开展普遍生产活动的方式和制造的产品。在该过程的许多步骤中,新价值的创造和活动本身受到税收的限制。

3. 确定制造过程每一步的成本因素

为了明确政府在支持生产活动和发挥积极社会影响上的合适角色,我们必须确定上述制造过程每一步的成本因素。此外,我们还需特别注意政府对每个过程施加的影响。

（1）劳动力。 劳工的技能决定了生产率。政府通过直接拨款或间接补贴,为公民提供学习劳动技能的机会(技能学习从学前教育跨越到高中和各种高等教育及职业培训)。尽管私营企业是员工获取特定培训的主要渠道,然而私营企业通常并不能完全意识到培训员工所带来的价值,因而会降低对这一重要领域的投资。鉴于获得必需学分的重重困难,员工自身也会降低教育投资。

（2）技术和商业实践。 知识资本,例如研发专利和管理知识是决定成本、增长率和创造新企业时的关键组成部分。私营部门不太可能对初期的知识资本进行投资,尤其是在这些资本还没有明显商用价值的情况下(纵使它们拥有回馈社会的巨大潜力)。对于那些由私营部门创造的知识资本，政府决定了将对这些知识产权进行何种保护。

(3) 设备。对于一位买家而言，设备的成本主要取决于资金成本，即制造商购买必需设备的成本。我们之前的沉痛经历表明，资金的可用性和成本与政府管理信贷流程的政策密切相关。

(4) 地理位置。对生产商的运作而言，容许生产活动的劳动力、土地、建筑物和规章政策都是必须的。虽然政府管理决定了工厂和其他投资的规划、管理和环境限制，但政府的激励通常会影响地方对技能的关注。

(5) 交通。将货物从一家工厂运往另一家工厂或最终目的地的成本、将能源从产生地运往使用地的成本、运送人力和信息的成本等，都是制造过程中的重要成本。无论是运送货物、能源，还是运送人力和信息，我们的运输基础设施都在很大程度上受到政府的影响。虽然有的基础设施由私营机构拥有，但是其中的大部分还是由公共部门拥有，并且所有基础设施都受到严格的控制和管理。出于教育界所面临的同样原因，没有政府的明确决定，很多的基础设施都不可能顺利建成，而没有了这些基础设施，私营机构在产品制造的获利方面就将受到巨大的阻碍。

(6) 市场。一旦制造产品的过程完成，势必就能找到国内外感兴趣的买家。在开放国外市场的谈判，促进美国的出口贸易，增强贸易协议以及保护其他地方制造的产品免于国内的不公平竞争等方面，政府的作用举足轻重。

(7) 管理和税收。总的管理和税收政策，包括对能源、温室气体和其他污染物的管理和税收都影响着制造商，而且很明显政府对这些领域拥有控制权。

4. 奥巴马框架：有效确定每个成本动因

我们所提出的关键性假设以及之后对制造过程和政府在每一个成本投入过程中所起作用的研究，共同构建了美国政府在支持制造业中所扮演的适当角色。基本上，如果我们想要从一个蓬勃发展的制造业领域获得利益，那么政府就必须帮助建立起竞争性的商业环境。在市场本身无法提供最佳效果的领域中,政府的支持显得尤为关键。

政府能够在很多方面起到作用。通过自行运作或与私营机构合作,政府能够为那些可提高美国竞争力和长期生活标准的重要投资提供资金,而这些投资资金是私营机构本身无法独自获得的。这些投资包括对全美工人的教育和建立 21 世纪的基础设施。同样重要的还有,政府能够设立标准和管理制度——释放美国最宝贵的财富,即国民的独创性。这包括确保一些领域的监管确定性,如可再生能源、环境、知识产权和其他医疗信息技术等领域。只要政府设定了清晰的标准,那么私营机构就可以最大可能地发挥所长,促进经济增长和增加就业岗位。

我们必须意识到,我们不可能也不应该去竞争全球范围内的所有制造业工作岗位。劳动密集型和需要靠近某些美国本土并不具备的原材料产地的制造业活动不可能是美国的最好选择。然而,生产率的提高使我们的劳动力降到一定程度,进而使得成本也具有了竞争力。在政府的帮助下,我们拥有很好的机会去创造和维持薪酬良好的制造业工作岗位。

奥巴马政府的重振美国制造业之框架就是为了抓住这样的机会。以下是对每一部分的总结。随着进一步深入,我们会提供每个领域具体的政策建议,并同时继续去接触制造商、投资者、工会、学界、政策制定者和其他人士,以寻找能够帮助美国把握未来制造业机会的新思想。我们必须:

（1）为工人提供学习提高生产率之必需技能的机会。很重要的一点是,这些技能必须是具相关性的技能。我们的教育系统必须为工人提供学习这些我们欲竞争的行业和职位所需技能的机会。

（2）对新技术和商业实践的创造进行投资。我们在这一领域的努力应该关注不具有短期商业用途的高端研究,而这是私营部门往往忽视的领域。我们必须保护知识产权所有者的权利,以防有人在不提供补偿的情况下使用他人的知识产权。最后,政府在帮助扩大新技术的规模以及促进能帮助提高美国制造商竞争力的商业实践创新的传播方面还需做出很多努力。

（3）为商业投资开发稳定有效的资本市场。我们构建资本市场的方式应该是让那些希望以设备来提高劳动生产率的人或机构能够获得相应的贷款。

（4）帮助社区和工人走向更好的未来。我们必须承认，如同制造业为很多社区提供大量就业机会一样，当这些工厂和企业必须进行大量裁员的时候，尤为让人心情沉重。在这种情况之下，政府应该帮助受影响的社区和工人渡过难关。

（5）投资先进的交通运输基础设施。美国生产商的竞争力主要依赖于现代化、可靠且有效的基础设施，进而可以节约运送货物、能源、人和信息的成本。

（6）确保市场准入和公平竞争。我们必须确保美国制造商在将产品销往国外时拥有所需的市场渠道，以及保证那些在国内销售产品的制造商不会面临国外制造商的不良竞争。

（7）改善总体商业环境，尤其是制造行业的环境。为了实现我们对清新空气、洁净水源、降低温室气体排放以及财政责任的追求，我们需要改善美国制造业的法律法规、税收政策及其他管理政策，并且不会让计划在美国从事制造业的人负担过重。

本研究后续内容将对该框架的两项关键内容作进一步的详细探讨。第二部分描绘了美国制造商的优势及面临的挑战，探讨了美国制造商的强项，还展示了美国制造业所提供的良好工作以及制造业岗位缺失给工人和社区所带来的不良影响。第三部分更为详尽地解释了奥巴马政府的政策和行动。附录中则是几个随着我们的政策实施能够推动美国制造业增长的产业的案例。

二、美国制造业的优势和挑战

1. 美国是全球制造业的领导者

1791 年，亚历山大·汉密尔顿（Alexander Hamilton）——美国第一任财政部长——向美国众议院提交了一份《制造业报告》（*Report on the Subject of Manufactures*）。对汉密尔顿而言，要想将这个年轻的国家建设成世界上最大的工业经济体，制造业是"下一项要完成的重要事业"。

汉密尔顿在报告中提出了一个关键思想,即建设一个能够使企业家和创新者在有限且合适的政府参与之下繁荣发展的自由市场。

虽然方法各有不同,但政府对制造业的支持目标一直持续至今。政府最大范围地支持包括不被不必要的监管所制约的经济、稳定的宏观经济环境以及为未来的企业、发明和技术开辟道路的政府投资。这些支持涵盖的范围甚广,从电话到微波炉,从手机到网络,再到飞机引擎和纳米技术,包罗万象。

制造业持续的特征之一便是它的高生产率。从 1987 年至 2008 年,制造业的生产率每年以 3.4% 的比率在增长,而非农业领域生产率的年增长率仅为 2.2%(见图 1.1)。在这样的生产率之下,工人用了 20 年的时间将生产成果提高到以前的 2 倍,而在整个经济领域要想达到这样的效果,则需要花费 35 年的时间。

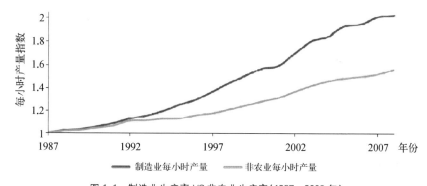

图 1.1 制造业生产率 VS 非农业生产率(1987—2008 年)

来源: Calculations from Bureau of Labor Statistics Data

美国工业领域 70% 的研发来自制造业公司,它们 2004 年时的研发基金为 1 470 亿美元。此外,制造业还拥有 90% 的专利权。

2008 年,制造业为国家带来了 14 000 亿美元的收入,使其成为美国经济产收最大的部门。如果把美国制造业看作为一个经济体,那么它就是世界第九大经济体——这几乎相当于加拿大全国的经济总量。除此之外,制造业还与其他经济领域紧密相连。全国制造商协会(The National Association of Manufacturers)估计,"每生产 1 美元的产品,就会带来价值 1.37 美元的附加经济活动——这一比例高于其他任何经济部门"。制造业还带来很多工作岗位。一项研究表明：制造业的一份工作支撑着其他部门的三份工作。

美国的制造业是世界上最成功的产业之一。在过去的 30 年间，美国制造业的产出是大型发达国家中增长幅度最大的。图 1.2 表明，美国制造业的产出从 1994 年之后就开始迅速增长，而这得益于迅速增高的生产率。这样的增长率让 G7 集团的其他国家望尘莫及。

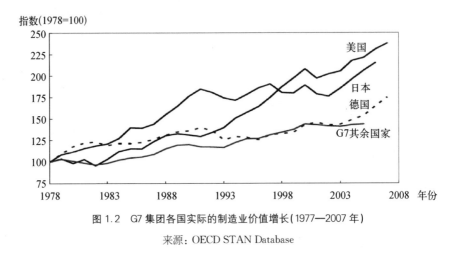

图 1.2　G7 集团各国实际的制造业价值增长（1977—2007 年）

来源：OECD STAN Database

2. 制造业提供了良好的就业机会

制造业领域每小时的补贴平均超过 32 美元——这几乎高出服务业平均补贴的 22％。40％的差异是因为较高的薪水，还有 20％则是因为较高的医疗福利（91％的工厂工人都有雇主提供的医疗保险，而所有私营部门的这一比例仅为 71％）。此外，这些数据还忽略了一个事实，那就是制造业的工作更有可能提供培训机会。

制造业提供较高薪水的部分原因是其相对较长的任期和更好的劳动力培训。然而，即使控制了这些变量，制造业工人仍然享有比其他部门高出 9％的薪水津贴。可是，这样的津贴已经越来越少了，这对于那些受教育程度较低的工人来说尤为如此。这一变化的部分原因是制造业在过去几十年间组织工会比例的骤然下降，以及国际贸易的扩张。在竞争激烈的制造业领域,确保工人拥有组织工会的机会是提供高薪水的重要一步。

　　一个健康的制造业也有助于维持其他领域的良好就业。制造商依赖有效和成熟的基础设施,将其作为生产产品的必须投入,这将会带来25％的生产附加值。因此,一个具有竞争力的制造业基地可以为制造业和服务业未来的就业和经济增长奠定坚实的基础。

3. 制造业劳动力的多样化

　　制造业的劳动力多种多样。自 20 世纪 80 年代以来,制造业的劳动力中有三分之一是女性,而非裔美国人约占到了近 10％——略微少于他们所占的人口比例。制造业中西语裔美国人的增长在过去 40 年间一直较为稳定,他们在劳动力中的比例也在逐步上升,其在制造业劳动力中的比例现在已经达到了 15％。随着制造业工人平均年龄的增长,接下来将会有大量的工作机会。鉴于劳工退休和其他原因的离职,劳工统计局(The Bureau of Labor Statistics)预计,在 2008 年到 2018 年间将会产生 220 万个制造业工作岗位。不过这样的工作机会并不代表全部在制造产业中就业,管理、行政、研究、设计、市场营销、运输和其他职位的工作都将会出现空缺。

　　人们对制造业常见的误解之一是制造业的工人大多没有接受过高等教育。图 1.3 表明,制造业现有的工人中有一半接受过高中层次以上的教育。

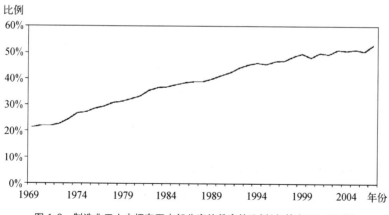

图 1.3　制造业工人中拥有至少部分高校教育的比例(年龄在 25—54 岁)

来源：IPUMS CPS data

4. 制造业对当地社区的影响

（1）传统的成功集群

美国制造业在其所处的社区经济生活中长期扮演着一个重要的角色。制造企业一般规模较大且较为集中，提供了长期凝聚社区的中心力量。规模经济具有成本优势，因为较大型的工厂可以通过更多的员工来分摊运营成本。制造业创建时的规模一般是其他私营领域的 3 倍。

这些大型的制造企业能够促进一定区域内的经济增长。它们所产生的基于地域的竞争优势能够提高一个地区总的生产率。研究表明，这样的专业化和集中化能够提高整个区域的薪酬水平。

然而，出于以下原因，制造业在整体就业中所占的比例自 1950 年以后就开始下降，制造业岗位的总数从 1979 年以后也开始走下坡路。

出现这一长期变化的原因主要有三个：

生产率的不断增长。生产率增长的积极面是每隔 20 年的时间，一个工人每小时的生产总量就会翻倍，而消极面则是制造业在保证产出的情况下每隔 20 年就会裁掉一半的员工。虽然这都是极端的情况，但实际上制造业的产出和雇佣比率都在下降。相比之下，服务业缓慢的生产率增长意味着需要越来越多的工人来应对不断提升的服务需求。

消费转变。美国人已经将他们的消费重心从制造业商品转向了服务行业。1950 年时，美国家庭在商品上的个人花费是 67%，到 2008 年时，这一比例下降到了 42%，而在服务行业的消费则上升到了 58%。随着收入上涨，消费者对旅游、外出用餐和医疗保健等方面的需求，将高于对汽车和电子产品等制造业商品的需求。虽然降低制造业商品的价格可以刺激新的需求，但随着时间的推移，新的需求不会仅限于这些领域，至少会向服务行业倾斜。

国际竞争日益激烈。随着国际贸易竞争在过去 50 年的不断加剧，美国经历了制造商品行业不断提高的贸易赤字。对这一趋势的解释主要有两点。首先，一系列的因素都与跨国界商品的增长密切相关，这包括运输成本下降和贸易及投资壁垒的减少。其次，美国的竞争对手已经大幅改善了他们的基础设施、促进贸易的制度以及制造能力，将新的高质量竞争带入了全球市场。

（2）地区在失去制造业工作时将面临的困难

如同制造活动集中于某个地方所带来的生产率增长能够使工厂、工人和社区受益一样，这样的集中状态也会使社区在制造商面临困境时受到不良影响。制造活动不如从前的社区将会经历人口下降、住房数量增长放缓以及贫困比率的增加。人们对这些变化难以做出快速的应对，过了几十年后还是未能完成调整。

当制造工厂关闭或者搬迁的时候，大量的工人同时也会受到影响。工人失业或工厂倒闭，都将会对工厂所处的社区产生集中的影响，尤其是那些由大型工厂支撑起来的社区。活动集中于单一的工厂或社区解释了为什么制造岗位的下降会对社区造成独特的影响。

（3）制造岗位的丢失对工人的影响

如同对社区所产生的影响一样，制造岗位的下降也会对工人产生严重的影响。从汽车工厂倒闭带来的工人下岗到南部的纺织厂关门对工人的影响，证据随处可见。一些研究者尝试将制造岗位的下降对工人的影响予以量化。他们发现，已从事制造工作很长时间的工人在失去工作的15 年或更长时间后，都将蒙受丧失薪水所带来的痛苦。而对于那些被解雇之后无法在制造业再就业的工人而言，他们经受了更大的损失。鉴于就业机会的不断减少，这样的现状使越来越多的下岗职工感到更加不安。

研究还发现，下岗职工的死亡率高于在职工人。此外，失去工作后的影响将会持续到下一代人身上——下岗职工的子女的薪水也少于其他人。

三、奥巴马政府支持制造业的
政策和行动

制造业正在经历转型。如果采取适当的行动，我们便能助推这一转变并确保工人的福祉和社区的繁荣。

过去的制造业政策大多都失败了。以往的办法主要基于两种观点，一种观点认为需要对制造业进行保护和隔离。这种方法不仅效率低下，而且往往还适得其反。另一种方法是自由放任(laissez-faire)，削减重要的研究和支持项目，并希望市场能够进行自我调节。这一方法造成了过去10年间严重的岗位流失现象，更可怕的是，还影响到我们在未来进行创新的潜力。

除了以上两种极端策略之外，还有一种策略意识到变革是经济领域固有的特点，并且也是提高生产率所必须的。基于证据的政策(evidence-based policy)能够助力这一变革的实施和发展，并确保工人的福祉和社区的繁荣复兴。

成功的关键在于美国工人、企业和企业家，但是联邦政府在为美国制造业提供新的基础时能够起到支持性作用。政府的正确角色是优化其与制造过程中每个关键的成本动因之间的相互作用。

奥巴马政府支持制造业的政策和行动可以分为七个部分——它们都是通过分析制造过程和政府对成本的影响吸取到的经验。我们必须：

1. 为工人提供学习提高生产率之必需技能的机会。
2. 对新技术和商业实践的创造进行投资。
3. 为商业投资开发稳定有效的资本市场。
4. 帮助社区和工人走向更好的未来。
5. 投资先进的交通运输基础设施。
6. 确保市场准入和公平竞争。
7. 改善总体商业环境，尤其是制造行业的环境。

以下为奥巴马总统在每个领域的具体政策。将来，我们会继续实施这些政策，并不断接触制造商、投资者、工会、学者、政策制定者和其他力量，力求寻找到与本研究报告之框架相符合的新思想。

1. 为工人提供学习提高生产率所必需的技能的机会

技能熟练且经过良好培训的劳动力是提高制造业生产率和职工生活标准的关键。新的制造技术、高级材料、对新型产品和创新产品的需求、以及对能够利用可持续和环保性商业实践的制造商不断上涨的需求,都要求制造业的劳动者拥有不断丰富的技能和提升的竞争力——包括脑力和体力。未来的制造工人既要会动脑,又要会动手。

对教育和职工技能的新投资是建立强有力的共享型经济增长之基础所必需的。在将来,与不需要大学经历的工作相比,至少要求副学士学位的工作的预计增长率将会达到前者的两倍。结果就是,高等教育能够增加一个人找到可负担家庭开销的好工作的可能性。虽然美国工人的受教育程度曾经是世界最高水平,但是过去一代人的教育成就却不尽如人意。

以下内容概述了奥巴马政府为支持美国工人获取制造业领域的必要技能所实施的相关政策。

(1) 高等教育和培训

- 投资社区学院。社区学院是高等教育和培训体系中不可或缺的一部分,目前其注册学生数达到了 600 万。社区学院的特点是学费低廉、入学门槛低、地理位置方便以及独具特色的学习计划。社区学院灵活的本质让它们能够与雇主和私营部门合作,共同解决地区劳动力短缺的问题,并为那些高要求的制造业职位提供定制化培训、合作和实习项目。奥巴马总统的"美国毕业计划"(American Graduation Initiative)将为社区学院提供史无前例的机会,帮助它们提高毕业率和满足雇主的要求。该计划包括提供与其他企业和教育机构建立合作所需的资源、改善补偿教育和支持服务、升级现代化设备、增加高质量的网络课程。

- 投资高质量的职业培训。在 2010 年财政预算和《复苏法案》(the Recovery Act)中,均包含对职业培训和职业生涯项目的大量联邦政府投资,这将帮助具有不同水平技能的群体在高需求行业和新兴行业获取和维持一份满意的工作。这些项目支持大量行业和岗位——包括制造业——的职业培训。这些项目的设计旨在通过职业阶梯促进培训;提供预备学徒制和注册学徒制项目;颁发学位、证书和行业认可的文凭;为那些在职业生涯发展中遭遇挫折或缺乏机会的人提供职业发展机会。

- 为企业家提供培训和指导。接触培训师、指导者和顾问将提高企业家们创建高增长企业的成功率。小型企业管理局（The Small Business Administration）拥有 68 个分区办公室和超过 1 000 个非营利的"资源伙伴"（resource partners）——每年有 14 000 名顾问为大约 150 万名创业者和小型企业主提供服务。管理局与社区学院、大学和慈善机构合作，以为那些充满灵感的企业家提供更多的培训和指导，促进新企业的创立，并且会特别关注对女性和少数族裔的培训及指导。

- 扩大对失业员工的教育和培训支持。工人度过艰难时期所需的援助不应该只是失业福利，还应该包括教育机会，使他们在经济回升和雇主再次聘用时能够找到好的工作和职业道路。目前，各州必须取消寻求工作的要求，以让那些正在参加培训项目的失业人员可以继续享受失业保险（Unemployment Insurance）的福利，但是各州有权来界定参加何种培训可以获得认可。在一些州内，享有失业保险的人中有 4% 的人接受了适当的培训，而在其他州，这一比例小于 1%。奥巴马总统呼吁各州让失业工人重返学校且不剥夺他们的福利，废除那些使得工人无法从学生援助中获得资助（由于他们原先能获得工资）的繁文缛节。劳工部（Department of Labor）已经鼓励各州在当下的艰难时期，拓宽他们对失业保险中适当培训的定义，并与各州合作共同加强对这些项目的支持。

- 对大学助学资金进行历史性的投资。奥巴马政府为大学奖学金做出了历史性的投资，以使更多的人能够负担得起大学费用。《复苏法案》将佩尔助学金（Pell grant scholarships）从 500 美元提高到了 5 350 美元，并为大学费用成本建立了 2 500 美元的新税收抵免政策。总统正在确保佩尔助学金的增长速度高于每年的通胀率，并希望"美国机会税收抵免政策"（the American Opportunity Tax Credit）永久有效。在《复苏法案》和 2010 年财政预算之间，政府希望在 10 年内谋求 2 000 亿美元的佩尔助学金，并为大学提供税收抵免。

● 建立新的大学入学和毕业基金。在 2010 年财政预算提案中,奥巴马总统提出成立一个为期 5 年价值 25 亿美元的基金,以建立起旨在提升大学入学率和毕业率的"联邦—州—地方"三级合作关系,尤其希望能够帮助那些成长背景欠佳的个体。这些基金将会用于评估那些力图提高大学入学率和毕业率的项目,同时用于增加和扩大成功项目的规模。

(2) 早期儿童教育和 K - 12 年级教育

● 改进美国的数学和科学教育。为了培养具有竞争力的制造业劳动者,我们必须提升美国的数学和科学教育。《复苏法案》提供资金用于首付款,目标是使国家科学基金会研究生研究助学金增长到原来的 3 倍。总统还提议为国家科学基金会的高级技术教育项目提供更多的资金,该项目关注两年制学院并支持学术机构通过与雇主间的合作提升科学和工程技术人员的教育水平。

● 强化 K - 12 学校教育。奥巴马政府已经采取了一系列行动,以提高教师质量,挽救失败的学校和强化对成果的责任制。通过投资创新基金(Innovation Fund),政府得以记录学生的成绩提升从而支持学区和非营利性组织的努力。总统还在改善教师效率方面进行了大量投资。

● 扩大高质量的早期教育。教育始于婴儿出生之时。研究表明,在进入幼儿园之前使儿童接触高质量的培养和挑战项目及环境拥有诸多好处。《复苏法案》对早期儿童教育——包括"开端计划"(Head Start)、"早期开端计划"(Early Head Start)以及为残疾幼儿和学前儿童提供的保育项目——共投资 50 亿美元。今年早些时候,总统通过"早期学习挑战基金"(Early Learning Challenge Fund)发起了一项 100 亿美元的新投资,希望以此鼓励各州提高标准和改善早期学习项目(参与者为 0—5 岁的儿童)。

2. 对新技术和商业实践的创造进行投资

21 世纪制造业的关键增长领域将由新技术和消费需求的新领域驱动。最成功的领域是两者的有机结合，例如利用新技术满足清洁能源领域不断增长的需求。在其他领域，新的创新（如纳米技术）将能够实现生产过程和各类消费产品的转变，这既包括像电脑这样的传统高技术产品，也涉及一些并不那么明显的创新和发展，如防晒霜和油漆。新的商业实践和专业知识将会是发展竞争力的关键因素。

人们对于政府对先进技术（advanced technologies）应该采取何种类型的支持通常存在争议。自由放任政策方法的前提是私营企业只会发展最佳的创新和技术。然而这却忽视了三个重要的事实。第一，私营部门对于最基础的研究长期投入不足已是不争的事实，因为它们不能从这些研究中获得全部的利益。第二，分支产业（sub-industries）之间存在着外溢现象，例如纳米技术中的创新被应用到其他很多领域。第三，在众多投资者都持观望态度的情况下存在着协调困难，因为只有大家都投资才会有盈利。美国电动汽车行业现在就面临着这样的问题。很多发明的出现决不仅仅是因为私营部门的刺激，例如电报、飞机引擎、微波炉和互联网。

从另一方面说，政策制定者必须意识到，政府在选取优胜者这一方面的表现并不是很好。部分原因是政府在预测未来方面的能力有限，另外的原因是这些行为不可避免地会受到政治进程的影响。

新的制造业政策能够解决以上两个问题，这主要是通过认识到政府在基础研究中扮演的重要角色予以实现，即政府既能帮助解决协调问题，同时还能使用创新技术来鼓励经济发展（同时避免需要选择优胜者的问题）——例如新的奖励和逆向拍卖（reverse auctions）政策工具可用于推动新兴制造业领域技术发展和产品生产的快速开展。

下面对奥巴马政府支持新技术的方法进行介绍。

（1）基础研究和尖端技术

对任何社会来说，基础研究都是经济增长的基础。美国的研发经费占 GDP 的比例不到 3%，排在其前面的国家有日本、瑞典、瑞士、韩国、冰岛和以色列。《美国复苏和再投资法案》(*the American Recovery and Reinvestment Act*)将研究经费提高到一个史无前例的高度,总计超过180亿美元。这样的增长必须维持,才能继续为制造业的成就做出贡献。奥巴马政府将会:

- 将重要研究机构的研发经费提升至原来的两倍。在2010年财政预算中,奥巴马总统提议将三个关键研究机构(国家科学基金会、能源部科学办公室、国家标准和技术研究院的实验室项目)的研发经费提升至原来的两倍。

- 促进制造业相关研发的协调。国家科学技术委员会(The National Science and Technology Council)将会制定一项战略,旨在协调联邦政府对致力于建立美国在先进制造业技术领域的领导地位的一系列研究的投资。这类研究包括:

  ➢ 纳米生产以及纳米技术在传统制造企业的运用。

  ➢ 为使用生物技术制造"绿色"产品的"生物经济"建立基础。

  ➢ 开发高级机器人技术,帮助美国维持其在制造业的地位并能迅速对新产品和消费需求的变化做出回应。

  ➢ 整合制造业产品和信息技术,以创造具有更强的适应性、自主性、高效性、功能性、可靠性、安全性和用途的"信息物理系统"(cyberphysical systems)。

- 寻求刺激创新和技术突破的新路径。政府探索将奖励和逆向拍卖用于补充拨款、税收抵免以及其他现有激励创新技术的机制的可能性。奖励和逆向拍卖的优点是个体的成功会得到直接奖励,而联邦政府的资金和私营部门的资源将有针对性地得到使用。这些方法可以将很多关键领域列为与制造业相关的财富和未来工作岗位的创造者,这些领域包括电池、纳米技术、清洁能源和生物工程。奖励和逆向拍卖可以一同实施,即用奖励刺激基础研究的重大突破,用逆向拍卖支持早期的商业化和生产。例如,为了促进电池技术的发展,这一新战略能够:

> ➤ 为符合预先设定的性能标准的汽车电池的发展提供奖励。
> ➤ 在企业愿意为最少量支持而竞争的领域进行逆向拍卖，以生产一定数量的可在私营市场销售的电池。

以上只是一些例子。如能真正实施，具体奖励的选择将由一流的专家小组（blue ribbon panel of experts）决定。

- 为研究和实验制定永久的税收抵免。为了给企业提供在美国进行长期实验和研究投资的确定性，政府 2010 年预算承担了全部成本，为研究和实验制定永久的税收抵免。研究和实验税收抵免永久化能够增强商家的自信，在他们需要发起力图提高生产率、改善生活标准和增加竞争力的新研究项目时，助他们一臂之力。因为税收抵免的 75% 会用于薪水的支付，贷款会刺激商家增设新的工作岗位。

- 通过增加技术创新项目（Technology Innovation Program，TIP）刺激制造业的创新。通过国家迫切需要的关键领域中高风险高回报的研究，技术创新项目能够支持、促进和加速美国的创新。目前广受关注的一个领域是对先进制造过程和材料的研究。此领域的奖励可以刺激制造部门产生新的大量需要的能力——无论是在生产技术、材料科学还是尖端设计方面。奥巴马政府致力于推动项目的成功和创新：技术创新项目创造的价值预计将从 2009 财年的 6 000 万美元增长到 2015 财年的 1 亿美元。

- 进行支持创新和生产的结构性改革。各式各样的结构和管理转型能够支持创新并促进生产。奥巴马政府将会探索一系列的改革，其中包括：
  > ➤ 能够使大型企业和地区互惠互利的公私合作。基础设施和其他类似的项目就是很好的例子。政府可与承诺大力改善基础设施的私营企业合作（作为回报，企业将获得未来的收入），这样既提供了服务，又不需要使用公共资源。

> ➤ 对确切类型的私营合作设立反垄断豁免条款，尤其是在高级研发领域。企业很少进行研究，特别是基础研究，因为其中的利益可能会溢流至其他的公司和消费者。如果能够进行更多基础研究的话，社会将会更好。通过允许公司在一定条件下就某个狭窄的项目进行合作而不违反反垄断法，监管制度也将起到积极作用。

> ➤ 利用联邦政府的协调能力来解决信息问题，并将创新者和市场进行配合。制造商的竞争力通常取决于企业找到新市场，采用新技术，创新产品概念，改善运营和管理的速度。市场上通常存在着信息失灵的情况，这阻碍了本可以帮助制造商成长的学习和思想交流。政府能帮助克服以上困难，并推动创新商业实践。

● 保护知识产权。知识产权对于开发新技术至关重要。我们必须确保知识产权在国外市场中受到保护，并推进在国际标准上的合作（这可以让我们的产品具有国际竞争力）。政府致力于确保美国专利和商标办公室（United States Patent and Trademark Office）拥有资源、权力和灵活性以有效地管理专利系统以及颁发高质量的创新知识产权专利，同时否决那些不符合专利保护条件的申请。

（2）技术和最佳实践的传播

除了支持研究以外，我们必须确保创新和新技术在公司内部以及各公司之间得到快速的传播。很多技术创新来源于由研发投资和税收抵免促进的基础研究。新的产品和创新过程每天都由成功的企业家和公司引入市场。但是这些创新通常不能迅速地在能够从此获益的公司以及领域内外得到传播。标准商业观念和技术——从最佳的工厂布局、市场营销实践到定制服务以及现有技术的捆绑销售——在使用和传播时的诸多变化是这一状况发生的原因。

政府推动企业对新技术、创新产品概念、运营以及管理实践的快速采用，将会增强制造部门的竞争力。此外，更快速的传播能够帮助制造商——尤其是原始设备供应商——重组制造业并使其发展成为新兴的高速增长部门。

为了促进和推动技术以及最佳实践做法的传播，我们必须：

- 加倍发展制造业拓展合作计划（Manufacturing Extension Partnership, MEP）。制造业拓展合作计划致力于帮助全国的中小型制造企业提升效率、实施新技术和加强公司的发展。自实施以来，该计划已经支持了全美超过 36 万个项目，仅 2006 年就帮助创建和维持了超过 5 万份工作。总统 2010 年预算将该合作计划的基金从 2008 年的 9 000 万美元提高到了 2015 年的 1.8 亿美元，这强化了其在增强美国制造商竞争力方面的努力。

- 增强政府对企业的服务并提高效率。商务部正在探索如何提高其服务的可用性和简便性。作为行动的一部分，商务部 10 月 6 日在密歇根州普利茅斯（Plymouth）发起了一个名为"商业连接"（Commerce Connect）的实验性计划，旨在为密歇根的制造商提供获取项目的渠道。这些项目旨在培养创新、促进商业化和提高竞争力。商务部正在努力提高其服务，以便更好地评估商界的需要，并让符合资格的制造商能接触到政府项目。这样的方法会为制造商提供更好的服务，并促进项目间的融合。

- 建立创新创业办公室，并在商务部内设立专管创新的国家顾问委员会。9 月，商务部部长洛克（Locke）发起了一项计划：在商务部内部设立创新创业办公室以及国家创新顾问委员会。新的创新创业办公室具体关注如何将研究实验室的思想或某人的设想转换成可行的商业计划。这样的援助可以在经济行业扩大新的创新技术和商业实践的规模。国家创新顾问委员会将帮助商务部与小型企业和企业家建立联系。

3. 为商业投资开发稳定有效的资本市场

资本对于制造业是必不可少的。资本让制造商能够投资购买新设备，承担大额的开销并开拓新的市场。但是在最近的经济危机中，获取资本的渠道受到严格限制，这成为美国制造商目前所面临的困难。

奥巴马政府已经实施了史无前例的大规模支持项目，目的在于稳定资本市场并使其恢复往日的健康活力。政府特别设计了一些帮助商家和家庭获取贷款的渠道。同时，为了保护商家、投资者和美国家庭，政府还决心对金融监管体系进行全面的改革，以确保类似的危机不会再发生。

在奥巴马政府成立之前，金融市场就已经满目疮痍。政府及时实施了一项金融稳定计划，以稳定金融系统并使信贷行业继续运作。虽然金融系统至今尚未实现完全的正常运作，但是在实施"监管资本评估项目"（Supervisory Capital Assessment Program）之后，整体情况已经得到改善，银行账户中的私人资本也日益见长。政府将继续推行相关政策，以稳定金融市场并使信贷流动至制造业和其他产业。

为了给商业投资开发稳定有效的市场，我们必须：

● 为新企业提供获取资本的渠道。《复苏法案》暂时降低了美国小型企业管理局的担保贷款费用并提高了担保层级，信贷市场的进一步正规化，也帮助小型企业管理局在自经济危机以来的泥潭中额外获得了超过 61% 的借贷额，同时还使商业借贷者的数量得以扩大。资本增长同样是必须的。小型企业投资公司（The Small Business Investment Company）的公司债券项目能够在股票市场停止提供该类资本时继续为企业提供贷款和夹层融资（mezzanine financing）。

● 确保出口商获取资本的渠道。美国进出口银行（The Export-Import Bank of the United States，Ex-Im Bank）在 2009 年向美国出口业提供了历史新高的 210 亿美元资助（其中有 44 亿美元专门用于资助小型企业）。进出口银行还增加了它的直接借贷活动，并为现有的资本借贷项目提供额外的灵活性资金。此外，进出口银行在 2009 年还引进了一些创新金融服务。例如，外带选择（the takeout option）——客户可以将持有的进出口银行担保贷款出售给进出口银行——从而提高其流动性，进而可以为出口商增加可用资金的数额。

- 创建有效的金融监管体系。需要进行大幅度的改革以确保商家、投资人和消费者拥有稳定的资本市场。最近的金融危机凸显了使用 20 世纪的管理框架来管理 21 世纪经济的危险性。奥巴马政府决心建立一套新的系统，使个人和商家能够创新并进行大胆的尝试，而不用惧怕该体系会出现难以承受的风险。我们的计划是：
  - ➤ 要求可能对金融系统带来很大风险的公司接受统一监管并遵守相关规定。
  - ➤ 增加金融市场监管以确保我们的市场足以承受系统范围的压力和某些大型金融机构的失败。
  - ➤ 通过建立消费者金融保护机构（Consumer Financial Protection Agency）重点保护消费者的信贷、存款和交易市场，重建外界对市场的信任。
  - ➤ 通过确保破产公司有序解散并避免在紧急救市和破坏性的金融崩溃之间做出贸然的决策，为政府提供处理危机的工具。
  - ➤ 提高国际管理标准，促进国际合作。

除了为小型企业和出口商稳定大范围的金融系统和提供资金援助外，奥巴马政府还致力于为面临经济困境的制造商拓宽获取资金的渠道。最值得强调的是，政府为了可再生能源制造而将贷款、拨款和税收抵免结合起来的努力，将帮助美国重夺其在清洁能源设备制造领域的领导地位。具体项目包括：

- 取代税收抵免的现金资助（编号 1603）。当《复苏法案》通过的时候，很多可再生能源项目被迫停工，因为很少有开发商符合"生产税收抵免"（Production Tax Credit）条款。有人预测该行业将缩水 25% 到 50%。《美国复苏和再投资法案》允许可再生能源生产项目接受 30% 的现金资助，以取代生产税收抵免。该项目已经支持了超过 10 亿瓦特的可再生能源项目。

● 能源部(DOE)贷款担保(编号 1703 和 1705)。能源部的贷款担保能够资助生产风力涡轮机、太阳能电池板、节能窗户和其他清洁能源设备的工厂。项目还会支持风力发电农场、高级生物精炼厂、核电厂和高级煤矿厂——因为它们会从美国工厂购买涡轮机、钢铁和其他设备。使用商业技术的项目能够复兴工厂,而使用高技术的项目可以帮助美国的工厂将具有发展前景但同时可能存在风险的新技术带向市场。

● 制造业税收抵免(编号 48C)。编号为 48C 的高级能源制造税收抵免政策支持新的、已扩建的或者重组的工厂进行建设和发展,这些工厂生产绿色经济所需的产品。项目中包含了大量的清洁能源技术,如可再生能源、能源效率、高级运输和传送。《复苏法案》中包含有 23 亿美元的税收抵免资金,用于支持总数超过 75 亿美元的投资。项目所产生的利益远远超过了预期。能源部和财政部收到的技术上可接受的申请远远超过了项目的资助能力。2009 年 12 月 16 日,政府宣布将对项目的投资提高到 50 亿美元,从而避免拒绝那些有价值的申请者——他们愿意投资私人资源用于建设和装备美国生产清洁能源产品的工厂。这一资助将会创生很多项目,带来成千上万的建筑业和制造业岗位,并继续帮助美国维持在未来清洁能源产品制造领域的领导角色。

● 先进汽车制造贷款项目。通过总计 250 亿美元的"先进技术汽车制造贷款项目"(Advanced Technology Vehicles Manufacturing Loan Program),政府鼓励竞争来寻找最为经济高效的解决方案,以降低对石油的依赖。目前为止,福特、尼桑、特斯拉、天纳克和菲斯克等汽车厂商的贷款总额已经超过 80 亿美元。福特公司的贷款使其在中西部五个州的工厂每年能够生产超过 200 万辆高级内燃机汽车。而提供给尼桑、特斯拉和菲斯克的贷款则支持了世界上第一批电动汽车生产商的三家工厂成立——分别位于田纳西州、加利福尼亚州和特拉华州。这些工厂生产的汽车促进了行业内对能源效率的标准的提高，同时提高了国内企业的竞争力。

4. 帮助社区和工人走向更好的未来

在 20 世纪，整个城市和社区都是围绕着工厂而建。制造业为社区的发展提供了有力的基础，但是汽车行业最近的混乱状况表明，工厂的解聘和关闭会对城镇、州甚至整个地区产生毁灭性的影响。

为了应对这些艰难的现实，政府正在实施一些新政策，希望能够解决工厂倒闭给社区带来的困难，并支持社区为未来的发展做出努力。这些政策不仅基于帮助某个区域的强烈愿望，而且立足于经济证据——共同努力的社区能够更好地协调工作，以解决它们所面临的经济挑战。

具体行动中包含了以下政策：

● 结束关闭工厂的狂潮。目前有太多企业急于将工厂关闭，而这可能会给工人和当地社区带来恶劣的影响。总统支持将工厂关闭前的通知时间从 60 天延长到 90 天，要求企业与地方、州以及联邦政府合作，共同寻求解救办法，并且给社区更多的时间，以让他们能有效地开发支持下岗工人和寻找多样化战略的计划。《工人调整和再培训法案》（WARN）条款的强制实施也能够使这一状况得到进一步完善。一项研究表明，在符合该法案规定的案例中，每三个雇主中只有一个雇主会提供丰富详实的通知。

● 通过促进区域创新集群的发展，支持建设有竞争力的社区。在美国不同的区域，企业家正在与当地的研究者、教育者和产业领导者合作，以培养专业知识、技术专长和生产尖端产品。这些努力会帮助美国企业维持并获得新的竞争力。总统 2010 年财政预算提议为经济发展局（EDA）提供 5 000 万美元用于区域规划和匹配资金，以支持创新集群的创建。创新集群能够利用区域内已有的竞争力优势促进工作岗位的增长，推动美国农村和大城市的经济发展。预算中还提议在经济发展局进行一项价值 5 000 万美元的行动计划——建立国家商业孵化器网络，以鼓励在经济发展不景气的地区进行创业活动。

● 扩展下岗工人的调整援助。现行的《贸易调整援助法案》(TAA)为那些因为贸易而丢失工作的员工提供一整套的援助，其中包括培训、工资保险、找寻工作、医疗福利和延期的失业保险。《美国复苏和再投资法案》扩大了有资格享受《贸易调整援助法案》福利的企业和工人的范围，并且还提高了工人的福利，而这一临时性的改动在2010年预算中被提议更改为永久性政策。劳工部目前为国家紧急拨款提供资金，用于帮助深受工厂解聘和混乱影响的社区／区域。出于同样的目的，劳工部已经向很多州提供了拨款。政府将继续探索改善调整援助的方法，尤其是针对受到严重打击的制造业部门和社区的援助。

● 面向汽车制造商和工人的援助。经济危机对汽车行业的影响甚是强烈。为了缓解目前的状况，奥巴马创建了诸多项目：

➤ 美国总务管理局加快车辆购买——总务管理局的发展速度超过了历史上任何一个时期，它刚为联邦政府的车队下了一张价值3亿美元的订单，用于订购能源节约型汽车。订单中包括17 246辆汽车，主要来自通用汽车、克莱斯勒和福特。

➤ 小型企业管理局扩大对汽车零售商的贷款规模——小型企业管理局增加了7(a)贷款担保项目的规模标准，目前项目的数量几乎超过具备资格申请流动资本贷款的汽车零售商规模的两倍。

➤ 美国环境保护局的"棕地计划"——除《美国复苏和再投资法案》为社区和地方经济的重建提供资金以外，美国环境保护局在2009年财政预算中的"棕地计划"项目仍在继续。

➤ 美国劳工部"国家紧急拨款计划"——密歇根州的制造业和劳动力由于受当下经济危机的影响而大受打击。该州最近获得了三项区域经济影响的国家紧急拨款，总价值高达3 800万美元。目前很大比例的非灾难性国家紧急拨款被用于帮助因工厂解聘和倒闭而受到影响的工人及社区共度时艰。目前为止，奥巴马政府已经拨出了超过 1.34 亿美元的非灾难性援助。

5. 投资先进的交通运输基础设施

将货物从一个工厂运往另一个工厂或者最终目的地的成本、将能源从产生地运往使用地的成本、运送人力和信息的成本等，都是制造过程中需要考虑的重要因素。私营部门在每个领域中的投资都不够充足，要么是因为它们不能从投资中获利，要么是因为它们不能与财产和权利受到威胁的各方力量协商。此外，国家基础设施系统的建设和维护是制造业的大好机会。桥梁、公路、铁路和航空线路的建设为美国的制造公司提供了极好的机会，让它们可以向国内市场提供世界一流的产品。艾森豪威尔总统在建立州际公路系统的时候曾经说过，通过对运输基础设施的投资，政府能够刺激大量的私营活动。为了遵循以上做法和支持制造业，我们必须：

- 投资国家的公路、桥梁和公共运输。《复苏法案》为基础设施项目提供了 360 亿美元的资金，用于完善国家的高速公路和公共运输系统。奥巴马政府还提议进行"表现投资"（investing for performance）改革，这将提高运输财政系统的透明度和问责性，进而提高运输投资的回报，促进经济的长期增长。

- 继续提倡国家基础设施银行。政府 2010 年预算中为国家基础设施银行的成立提供了 50 亿美元，以资助具有巨大的国家/地区经济利益的基础设施项目。国家基础设施银行会通过各种贷款和拨款机制提供联邦资助，并且还会吸引和协调州、地方和私营部门的投资。政府通过基于价值的竞争过程，来决定选择有价值的运输项目以及相关的项目进行投资，我们还应重点关注不能从目前的运输金融系统中获得足够资金的多模式和跨部门的合作项目。

- 支持运输电气化中的电池和电子元件的生产。在 8 月初，政府宣布为 30 家生产高级电池和电子元件的工厂拨款 20 亿美元。《美国复苏和再投资法案》中的运输电气化项目提供了 4 亿美元的成本均摊拨款(cost-shared grants),用于支持 8 项配置超过 4 千辆电动汽车和相关基础设施的项目。另外还有 9 项拨款用于帮助大学为新产业培养工人和消费者。

● 投资清洁城市基础设施。能源部增加了对天然气、电动或生物能源汽车和基础设施的接受程度,同时还拓宽了获取渠道。8 月份,能源部向 25 个清洁城市联盟(Clean Cities Coalitions)拨款近 3 亿美元。这些拨款主要用于支持国内最大型的公私车队联盟,并且将会支持 9 000 辆替代能源汽车和 500 处替代能源基础设施的部署。

● 实现电网的现代化。我们目前的电力传输网络必须进行扩展和现代化,以减少阻塞,维持可靠性并配合新的可再生能源输出的需要。新的技术正在被开发,这将为消费者和商家带来控制能源使用和成本的众多机会,同时缓解电力网络的压力并提升其表现。《复苏法案》提供 45 亿美元用于支持智能电网(Smart Grid)的发展,包括能够提高能源效率、反映顾客需求、储备能源以及具有其他功能的智能电网技术。此外,《复苏法案》将邦尼维尔供电局(the Bonneville Power Authority)的借款额度提高到了 32.5 亿美元,并为西区供电局(the Western Area Power Authority)提供了 32.5 亿美元的借款,这使得两个供电局都能够投资传输线路的建造,促进当地可再生能源的发展。

● 实现高速铁路运输的新愿景。作为现代化运输系统的一部分,奥巴马总统提出了一项长期战略——建立有效高速的城际铁路网络,长度在 100—600 英里之间。总统已经在《复苏法案》中为此项战略提供了 80 亿美元的首付款。这项基金将会被用于动员公私两大部门的资源,以投资基础设施、设备和跨模式的连接。

➢ 首先,战略会在选取的 200—600 英里距离内建设新的特快列车高速服务(在某些区域的运行速度达到 150 英里/小时)。其次,战略会在选定的 100—500 英里距离内开发新的区域高速铁路

服务(运行速度在 90—150 英里/小时)。最后,战略会升级传统
城际铁路的可靠性和服务(运行速度最高为 90 英里/小时)。

> 总统在 2010 年财政预算中提出,每年将额外拨出 10 亿美元用
于高速铁路网络的继续发展。

● 开发新一代的航空管制。2010 年财政预算提供了 8.65 亿美元用
于开发联邦航空管理局(the Federal Aviation Administration)的
新一代航空运输系统。管理局支持将地面雷达监测系统升级为更
精准的卫星监测系统,开发更为有效的路线,改善航空天气信息的
监测和报告。

● 增加获取宽带的渠道。《复苏法案》提供了 72 亿美元用于宽带建
设,2010 年预算中包含了美国农业部用于增加宽带和电信服务的
13 亿美元贷款和直接拨款。这一行动将明显增加美国人在 21 世
纪连接网络的机会。广泛的高速网络渠道是经济增长、创造工作
岗位和促进全球竞争力所必须的,这将有助于培养下一代的创新
者。扩展后的网络渠道还将通过远程办公减少能源消耗、提高网
络远程教育的可用性、增强远距离医疗检测的能力、促进公民(对
社会和国家)的参与并提供强化后的通讯网络。

● 支持对下一代信息通信技术(ICT)的研究。政府的决心和支持
能够推动下一波信息通信技术创新的研究,如"认知无线电"
(cognitive radio)。这些技术包括有效的光谱分享、量子计算、有
效的并行电脑编程、信息—物理系统、安全的电脑和网络、数据
密集型超级电脑以及能够在接下来的几十年内维持信息技术进
步的纳米技术。总统 2010 年财政预算通过国家科学基金会、国
防部高级研究项目局(DARPA)以及其他公私机构来支持这些
研究。

6. 确保市场准入和公平竞争

2008 年,美国出口了 19 000 亿美元的商品和服务——约占 GDP 的
13%。出口在美国未来的经济中占据十分重要的地位。随着消费回归正

常持续水平,出口占 GDP 的比例与 20 世纪 90 年代和 21 世纪初相比将会出现下降。在接下来的几十年时间内,净出口量一定会一改颓势,并推动美国经济的增长。我们的贸易赤字不会一直持续下去,贸易赤字必将下降。

制造业在美国经济增长战略中的出口部分将扮演一个关键的角色。2008 年制造业出口总量是 13 000 亿美元——占出口总量的 69%。根据最近的估计,填补公私部门储蓄缺口将能够推动美国制造业贸易赤字出现贸易顺差。

为了支持出口,我们必须:

- 开放国际市场。美国人口占世界总人口的 4.5%,而 GDP 则约占世界总 GDP 的 24%。没有开放的市场,制造业就不能繁荣。然而因为高关税和各种非关税壁垒,一些国外市场限制了美国的出口。奥巴马政府致力于开放关键增长领域的市场。例如,通过"跨太平洋伙伴关系"(the Trans Pacific Partnership, TPP),美国政府希望与太平洋地区的其他国家达成一个高标准的协议,太平洋地区为美国的出口商提供了意义重大的市场渠道和机会。奥巴马政府还与国会以及其他利益相关者合作,希望解决燃眉之急——与巴拿马、哥伦比亚和韩国有待商榷的贸易协议。最后,奥巴马政府正在与贸易伙伴合作,希望在世界贸易组织多哈谈判中能取得成功且平衡的最终成果。

- 执行贸易协议。过去的 8 年时间里,美国失去了重心,在以下事项上浪费了太多时间:确保别的国家遵守承诺,开放市场;不侵犯美国的知识产权;不使用倾销或者补贴进入美国市场。在奥巴马领导下,美国贸易代表办公室(United Stated Trade Representative)和商务部决心执行贸易计划。例如,奥巴马政府通过 WTO 的争端解决机制和其他的双边和多边论坛解决关键领域的实施问题。政府还发起了新的执行行动,以求打开关键的农业和工业非关税壁垒。

● 促进出口。借助于由来自全美超过 100 个城市的贸易专家、全球超过 75 个国家的商业行家以及华盛顿的工业和贸易政策分析师组成的网络，商务部的商业服务正在帮助美国企业提高全球竞争力，打破贸易壁垒和促进出口。商务部提供的这一服务包括市场研究，以美国产品和服务为主的贸易活动，生产商、合格买家和分销商之间的配对，出口过程中的咨询和支持。奥巴马政府决心改善和支持这些活动。

小型企业管理局同样也开展了一些支持制造业出口商的创新项目：

➢ （面向企业和政府内部支持伙伴的）培训模式：小型企业管理局在商务部和进出口银行的合作之下，将会签署有利于小型出口商的"出口培训援助项目"（Export Training Assistance Program），尤为关注身处困难社区的制造商和受到进口竞争影响的产业部门。这些模式还会通过小型企业管理局的合作伙伴得到传播，包括小型企业发展中心、州经济发展局和一些新的合作伙伴（例如制造业拓展合作计划中心）。

➢ 宣传运动（Awareness Campaign）：小型企业管理局会在机构内实施一项沟通计划，以强调小型企业制造业出口对经济复苏的重要性。这一运动主要关注办公室人员和为小型企业提供资源的合作伙伴，它将会教育和鼓励与小型商业社区有直接联系的机构和人员，共同推动出口发展。

➢ 商业延伸（Business Outreach）：小型企业管理局的网络和资源合作伙伴会与当地的制造业拓展合作计划组织协作，以此确定具有出口潜力的制造商，并将它们引向合适的资源。

● 鼓励贸易融资。金融危机使出口公司接触商业资金的渠道变得更为困难。在美国的机构中，进出口银行是长期为美国商品和服务出口提供支持资金的中坚力量。进出口银行将近 680 亿美元的投资基金中包括贷款担保、保险、直接贷款和营运资本贷款担保等。进出口银行大量的投资组合基金用于支持制造业，其中用于支持飞行器研发的制造资金超过了 330 亿美元。提高制造商对出口保险、担保和贷款项目的认识将是进出口银行的发展重点。对于之前未能从事过出口生意的制造商或者目前为支持已有出口生意却在获取私营市场的保险和贷款方面遇到困难的制造商而言，这些项目能起到很大的辅助作用。扩大对制造商的影响的活动包括了机构内部的活动，例如"出口进行时"（Exports Live）——这是由六个联邦机构合作举办的为期半天的研讨会——将会在八个城市举行，目的在于展示地方企业如何利用政府资源。政府正在探索进出口银行的支持方式，来加强对无法获得足够私人贷款的制造业出口商的帮助。

● 支持小型企业在新兴市场和发展中国家的投资。帮助小型企业在海外进行投资，是美国经济领域中更为广泛传播国际商业利益的重要方法。作为一种重要的创新和经济增长资源，美国小型企业不断在全球市场寻找机会。但是要寻找到机会，可能会面临很多难以克服的障碍，例如有限的资本渠道、已察觉到的投资风险、缺乏对国际市场中所存在机会的认识。海外私营投资公司（OPIC）特别关注美国小型企业的海外投资，具体做法是提供金融（例如小型企业贷款）和政治风险保险以及投资基金。以这样的方式，该投资公司能够协助私营企业管理国外直接投资可能带来的风险，支持美国的对外政策，与此同时确保不会对美国的经济带来不良影响。

● 审核出口管制政策。美国政府将会审核出口管制政策，这对当前美国的很多制造业出口商的竞争力提出了挑战。以一种能够确保国家安全和创造更加公平的方法来实现美国出口管制体制的现代化和改革，将会增加美国出口商的市场机会和美国社会的就业机会。

7. 改善总体商业环境，尤其是制造业的环境

制造业是经济领域中关键的一部分，它能够从有效合理的经济政策中获利。在很多情况下，制造业都受到恶劣经济政策的严重影响，因为它

是一个循环性很强的行业，因此更容易受到经济衰退的影响，而当下的经济危机就是很好的证明。但事情的另一面是，稳健的经济政策也会给制造业带来很多利益。尤为重要的行动包括：

- 重振经济。制造业的工作岗位数量虽然只占到了总数的十分之一，但是在当下的经济危机中，其失去的工作岗位却几乎占到了总数的三分之一。重振经济能够使制造业大为受益，这也正是为什么《复苏法案》对于扩展总需求和创造就业岗位而言极为关键。这同时还解释了为什么金融稳定计划对于稳定贷款流动是必须的，对美国制造业以及相关岗位的创造来说是极其重要的一项投入。

- 通过医疗改革来缓解成本增长。全国制造商联合会（The National Association of Manufacturers）已经提出，"医疗保健成本的不断上涨是制造业领域持续复苏的最大障碍"。普通的制造业工人享有每小时 2.92 美元的医疗保险福利——而服务业工人的相关福利仅为 1.77 美元。最终，整个行业都将会从奥巴马政府的以下措施中受益：降低成本和改善质量、《美国复苏和再投资法案》中对医疗信息技术以及比较效率研究和控制的投资；这些措施会随着医疗改革的发生而继续。

- 以对在美国提供就业岗位的企业进行直接减税的方式来取代对海外投资的税收减免。奥巴马总统致力于控制这一减税激励政策，即为那些在海外创造大量工作岗位的公司提供更低的税率（与在美国创造了诸多就业岗位的公司相比）。总统的计划是用控制税收减免优惠所获得的钱款来实现研发试验税收抵免政策的永久性，而这将会给制造业公司带来丰厚的利益，因为全美国产业界进行的研发有超过三分之二发生在制造业。

- 将赤字降低一半，以解放资本并减少贸易赤字。美国不断上涨的预算赤字已将国家储蓄率降至 20 世纪 30 年代以来的最低水平，并且还削减了美国商业界可用资本的数量，增加了国债和贸易赤字。总统的计划不仅仅是将他上任时就已存在的赤字缩减至原来的一半,而且还要增加国家储蓄量,提高对制造业的投资,推动出口贸易。

● 通过全面的能源和气候立法,推动美国清洁能源领域的发展。基于市场的全面立法将会发出明确的信号,这将有助于未来商业计划的制定。一旦采取合适的做法,这一立法将推动对清洁能源和能源效率的连续不断的转型投资,进而刺激新的制造业的发展。其实,总统在《美国复苏和再投资法案》中承诺了800亿美元的首付款,计划将其用于清洁能源的投资,希望企业能够抓住这一发展机会。这一战略的核心是使国内制造商在与国际制造商竞争时不至于处于过度的劣势,此外还能避免仅通过增加国外排放量的方法来降低国内的碳污染。通过提高能源效率,促进可持续制造战略发展,政府还决心帮助企业削减能源成本。

四、结　　语

今天,我们对电子邮件、GPS和微波炉这样的发明早已习以为常,但是对几十年以前的人们来说,它们是难以想象的,价格也令人望而却步。这一快速的转变并不是自发的。互联网脱胎于美国国防部高级研究项目局(DARPA),后因公私双方的合作而得到快速发展。美国海军首先试验了GPS技术,而微波炉则来自于美国军方赞助的物理学研究。

所以我们下一代人的经济将与今时今日大相径庭。如果历史能够提供任何启示的话,那么我们可以看到产生这些不同的原因将会是我们这一代人所采取的某些行动,其中最重要的行动是私营企业家和工人的贡献。但是历史也在提醒我们,这些都离不开政府公共部门对创新的支持。

政府最重要的责任之一是帮助培养有利于可持续增长的条件,以及创造工作岗位。奥巴马政府重振制造业的办法就是为了完成这样的任务,为创新解绑,助工人成功,并培养一批最重要的未来企业。

附录
机会：未来制造业产业的案例

尽管很难预测改组后的美国制造业领域具体将会是怎样的图景，但通过观察具有无限增长潜力的新老产业的结合，我们可以窥探到未来制造业的大致面貌。以下是一份全面的预测名单。这份名单是一些或多或少拥有发展前景特点的企业案例。

1. 对增长的需求做出回应：未来高技术清洁能源产业

奥巴马政府对未来的清洁产业做出了许多承诺，并且支付了大量资金。例如：

（1）风能

在 2008 年，美国风力发电的能力增长了 50%，在过去 10 年中，这一能力的增长率几乎每年都保持在 40%。美国制造商利用这一变化趋势的能力在增强。在 2005—2008 年间，国产风力发电机配件的比例从 30% 提升到了 50%。风力发电的增长迅速，预期在下一个 10 年内这一增长趋势还将持续下去。一份行业分析表明，预期风力发电的能力到 2012 年将增长为现在的 3 倍，并将聘用成千上万的员工。

（2）太阳能

太阳能发电的技术创新在美国得到了很大发展。美国政府在 2008 年在太阳能上的投资等同于其他所有国家投资金额的总数：13 亿美元。根据能源部的估计，整个太阳能行业目前雇佣的美国工人大约有 20 000 人，几乎一半是在制造行业。预计全球硬件(太阳能电池板、发电塔等)市场将会出现快速增长，有分析师估计，将会从 2008 年的 330 亿增加到 2013 年的 1 000 亿以上。

2. 为制造业的核心——钢铁和汽车——重新注入活力

钢铁和汽车行业一直是美国制造业的核心。尽管这两个行业目前都处于困境甚至是艰难的过渡期，但新的进展将为我们带来对充满活力的未来的期待和希望。

（1）钢铁

今天的美国钢铁行业来自于过去二十年来对钢铁产业的重建和巩固，未来我们需努力将其建设成为现代化、高技术、绿色环保且具全球竞争力的产业。根据美国钢铁研究院（the American Iron and Steel Institute）的数据统计，钢铁行业每年的经济贡献超过了 3 500 亿美元，直接聘用的员工超过了 165 000 人，支撑的岗位达到了 120 万个。美国的钢铁工人正在使用创新的钢铁工艺和新技术来提高效率，以此和发展中国家的低劳动力成本优势竞争。生产力的提高主要得益于小型钢铁厂的发展（电弧炉），传统的鼓风炉也取得了大幅进步。例如，新的电脑模型改进了生产效率和质量。

（2）电池和电动汽车

当传统的国产汽车正在经历历史转型的时候，电池和设计上的新技术发展为美国未来的汽车生产开辟了新道路。已经在进行之中的第一阶段是：混合电动汽车（HEVs）的出现。这能够使推动汽车前进的电池和传统的内燃机结合在一起。该领域的预期增长表明，美国混合动力汽车制造商手握诸多机会，能够打入市场，进行各种商业活动。第二个阶段是插头式混合动力汽车（PHEVs）。随着成本的下降和可用性的增长，插头式混合动力汽车将成为广大汽车消费者的选择。最后一个阶段是全电动汽车（EVs）。一些规模较小但是实力不俗的美国新公司，例如特斯拉、菲斯克、柯达汽车公司和菲尼克斯汽车公司，正在尝试生产全电动汽车。尽管接下来的 5—7 年内，全电动汽车市场的增长可能较为缓慢，但是到 2015 年时，每年的预期销量将达到 10 万辆。

3. 资本密集型的高生产力产业：生物工程

美国的制造业会自然而然将资本密集型的高生产力行业纳入进来。其中一个例子就是已经展露出美好前景的生物工程，生物工程技术的发展使得医药和化学用品的设计和制造在过去二十年间经历了巨大变革。企业能够充分利用新的生物材料、高通量生化过程、基因技术，将它们用于医药及其他化学用品的更为智能化的设计，并将产品运用到农业和工业领域。

4. 主要领导者：航空业

在 20 世纪，美国的航空业是创新的基础，它通过诸多努力（例如航空竞赛）创造了就业岗位并为国家带来了荣誉和想象力。今天，该行业仍然是美国经济中一个稳健的组成部分。在 2007 年，航空业的出口量为 970 亿美元——占 GDP 总量的 1.5%。根据 Inforum 的数据，航空业在 2008 年直接聘用的工人超过了 55 万名。最新估计表明，航空制造业在 2011 年到 2020 年之间预期将会增长 24%，并带来 10 万个薪酬优厚的新岗位。

5. 新生行业：纳米技术

有的行业很可能在今后的几十年间为美国带来大量的工作岗位和财富，然而当前它们却刚开始寻找立足点，例如纳米技术。纳米技术领域主要关注原子以及分子水平事物的设计、操纵和制造。纳米技术几乎可以运用到任何领域，从化学试剂到电脑芯片的制造再到医疗设备和食品技术，包罗万象。2008 年 8 月，新兴纳米技术计划（The Project on Emerging Nanotechnologies）将 803 种使用到不同程度的纳米技术的产品收录其中，而在 2006 年 3 月这一数值仅为 212 种。在这 803 种产品中，有 426 种来自美国，它们都是纳米技术领域中的尖端技术。

6. 超越制造：建立智能电网和环保御寒房屋（weatherizing homes）

虽然这份报告关注的是制造业，但是有些行业也同制造业具有相似的特征，具有为美国工人创造良好岗位的潜力。建立智能电网和环保御寒房屋就是两个很好的例子。

（1）建立智能电网

《复苏法案》提供 110 亿美元用于发展新技术、扩展和升级运输系统，加强电子运输基础设施建设并使其实现现代化，提高能源的效率和可靠性。这一史无前例的投资将会带来成千上万的新工作。

（2）建立环保御寒房屋

为应对能源价格的变动以及提高能源效率，美国在房屋节能改造方面的投入已经发生了快速的增长。在总统入主白宫的时候，美国有超过2 800万低收入家庭符合政府提供的房屋改造援助标准。意识到提升效率的重要性及在创造工作岗位上的潜力后，《复苏法案》拨款50亿美元用于支持《房屋节能改造援助计划》(the Weatherization Assistance Program)来改造和/或增加低收入家庭的能源效率，此外还帮助当地政府实施能源效率项目。这些刺激意味着在房屋节能改造计划相关的花费上将出现10倍以上的增长。

尽管新能源的应用还需要时间，但《房屋节能改造援助计划》估计这些资金会在接下来的几年内帮助建立近525 000所环保御寒房屋。为了完成这些目标，需要在全国聘用和培训工人，从而满足新的就业岗位的需求。

第二章①
美国的竞争力和创新力

2011年1月4日,奥巴马总统签署了《2010年美国竞争法再授权法》(*America COMPETES Reauthorization Act of 2010*)。该法案的第604条规定,商务部长须完成一项提升美国经济竞争力(competitiveness)和创新力(innovative capacity)的研究。国会指出,该研究报告需解决一系列多样化的主题和政策选择问题,包括:税收政策、美国的整体商业氛围、区域问题(如国家和地方政府在高等教育上的作用)、成立新公司的壁垒、贸易政策、联邦研发政策的有效性、国内外知识产权制度、制造业的健康发展、科学和技术教育。

在进行这项研究时,《2010年美国竞争法再授权法》规定商务部长应建立获取评价反馈的流程渠道。这一流程的重要环节是成立一个由15名成员组成的创新顾问委员会(Innovation Advisory Board, IAB),旨在"获取有关该研究实施的建议"。2011年5月4日,美国商务部公布了创新顾问委员会的成员名单;2011年6月6日,创新顾问委员会的首次会议在弗吉尼亚州亚历山大市召开。创新顾问委员会的第二次会议于2011年9月23日在科罗拉多州博尔德市召开。创新顾问委员会的成员在整个夏天都投入到这一工作中。此外,一些创新顾问委员会成员还在华盛顿特区、俄亥俄州的扬斯敦、西弗吉尼亚州的摩根敦、宾夕法尼亚州

---

① U. S. Department of Commerce (2019), "*The Competitiveness and Innovative Capacity of the United States*," January 2012, https://www.commerce.gov/sites/default/files/migrated/reports/thecompetitivenessandinnovativecapacityoftheunitedstates.pdf. 本章内容选自该报告前言、概要、第二章和结论。

的费城以及纽约市主办了与《2010年美国竞争法再授权法》相关的活动。这些活动汇集了来自社区和商界领袖以及各领域的专家，他们分享了各自关于竞争力的观点。商务部及其行政管理人员出席了所有这些会议。

此外，我们在不同的活动中还收到了来自其他许多组织的建议。这些活动包括在马萨诸塞州剑桥举办的由一群杰出经济学家参与的全天活动，在科罗拉多大学的Silicon Flatiron中心举办的有关法律、技术和创业的会议。其他组织以及公众也提供了额外的建议。

我们非常感谢所有贡献者的慷慨，尤其感谢创新顾问委员会的成员——他们热情地关心这个国家的未来，并愿意利用他们宝贵的时间和专业知识来丰富这一过程。

诚挚的

商务部长

约翰·布莱森

一、概　要

美国经济在整个20世纪处于巅峰地位，是世界上最具生产力和竞争力的最大经济体。美国人发明了令人惊叹的新技术，并使其商业化。美国劳动力成为世界上受教育程度最高的劳动力群体，收入的猛增导致了庞大的中产阶级的出现和蓬勃发展。然而，随着21世纪的来临，美国经济能否永久保持这种领先地位的能力开始响起了警报。收入停滞，就业增长有所放缓。其他国家人员的受教育程度越来越高，而我们的制造业与国外竞争者相比却失去了竞争力。观察家们担心，对我们的经济领导力来说至关重要的科学技术基础正在不断被削弱，而与此同时其他许多国家却正积极地为这一领域奠定坚实的基础。简而言之，美国经济的某些元素正在失去其竞争优势，这可能意味着未来几代美国人将不再能享受比现在的美国人所能享受到的更高的生活水平。

创新是竞争力、工资和就业增长以及长期经济增长的关键驱动因素。因此，探讨如何提高美国竞争力的方法之一是回溯过去，研究能帮助释放私营部门巨大创新潜力的因素。在这些因素中，最为关键的是三大支柱：联邦政府对基础研究、教育和基础设施的支持。联邦政府支持的研究工作为集成电路、后续的计算机产业、互联网产业以及化学、农业和医学的进步打下了基础。数以百万计的工人所从事的行业和企业可以追溯至由政府所资助的技术突破。在 20 世纪，美国教育体系培养的高中毕业生和大学毕业生的数量超过了世界上的其他任何地方，而这些具有高技能的工人反过来又推动着创新。20 世纪的基础设施改造也是惊人的：国家电力普及化，广泛使用纯净水，航空运输无处不在，计划和建造州际高速公路系统，所有这些发展都以开拓市场和保持低成本的方式来帮助企业竞争。

研究、教育和基础设施这三个支柱的共同点在于，它们是政府已经并应继续作出重大投资的领域。由于种种原因，私营部门对这些领域的投资不足，因此政府需要介入并使投资达到社会最优水平。这三个支柱的另一共同点是，这些投资的益处需要若干年后才能完全实现。例如，我们今天仍然受益于 19 世纪的投资，如 1862 年《莫雷尔法案》所奠定的各州赠地学院制度的基础。在 20 世纪，二战时期的研究成为晶体管研究的基础；在 20 世纪 60 年代，源于科学投资的所有益处使得美国成为太空竞赛和信息技术产业的领导者。这种长远的前景不应该被遗忘。

对联邦政府在作为第一支柱的研究，尤其是基础性研究中发挥重要作用的需要，来源于如下这一事实，即研究活动的私人回报和社会回报之间存在着差异，这导致私营部门的创新活动往往少于国家所需要的创新。然而，政府对基础研究的支持可以解决这一问题。联邦政府支持研发所带来的好处不仅仅是理论上的：正如上文所提及的，联邦政府在 20 世纪中期到后期许多关键的创新发展中都发挥了重要作用。

用于基础研究的联邦资金一直在增加，但增长速度却远远低于经济的增速。为了促进美国创新的发展，政府需要采取深思熟虑、果断且有针对性的行动，其中一部分行动已经被提议。这些行动包括维持联邦政府基础研究的经费水平；延长私营研发部门的税收优惠，给予企业适当且精心设计的激励以促进创新达到基准线以上的水平；改进将基础研究从实验室转化成为商业产品的方法。

作为第二个支柱，教育也是培养创新力和提高生活水平的关键。20世纪教育的进步推动了美国的经济增长，使它成为世界上最富有的国家。然而，多项测试显示出美国的教育质量已经呈下滑趋势。有关统计表明，美国的高等教育系统仍然是世界上最优秀的，培养着美国和竞争对手未来的科学家和工程师。但是，数学和科学学科上的准备不足以及高额的大学费用和成本等因素，限制着美国大学的科学、技术、工程和数学（STEM）专业的毕业生。

如何通过让更多的人能够上得起大学，推动各级课堂创新，扩大STEM教师队伍并提高他们的质量以及鼓励学生和在职人员继续STEM教育，是现行的新管理举措正在力图应对的挑战。

过去，美国在基础设施发展——即创新能力的第三个支柱——的几个关键领域一路领先，这始于19世纪的铁路系统。但在当前的经济形势下，竞争所需的基础设施的本质已经发生了变化，而美国在21世纪基础设施的某些关键方面（如宽带网络接入）呈落后趋势，此外鉴于这些服务的高需求，美国还面临着其他方面（无线通信）的能力限制。为确保美国拥有在21世纪仍具备有竞争力的基础设施，政府应给予额外支持和适当的政策框架，使私营部门能在政府的支持下进行基础设施的建设。

美国未来竞争力的一个重要组成部分是繁荣发展的制造业。制造业能创造出高薪的就业岗位，提供大量的美国出口商品，并刺激创新。尽管制造业在美国经济中扮演着重要角色并为数百万美国人提供就业机会，但是它也面临着重大的挑战，尤其是在过去的十年中。制造业占国内生产总值的比重以及制造业领域的工人数量已经有所下降，而制成品的贸易差额也在不断加剧。在制造业领域，联邦政府过去在为制造业提供公平竞争的环境上起到了重要的作用，而现在联邦政府必须重新焕发活力，以确保制造业在美国继续繁荣发展。制造业领域当前和未来的健康发展与我们在研究、教育和基础设施方面的投资有着密切的联系。

提高竞争力和创新力不仅仅只限于改进研究、教育、基础设施和制造业。其他许多确保私营部门拥有最好创新环境的政策也致力于竞争力的培养，这包括通过激励催生区域集群，促进国外市场的出口和接触，改善企业税收的水平和结构，以及建立有效的知识产权制度（国内和国外）。在这些领域中，联邦政府都扮演着重要的角色。

挑战是艰巨的，但美国在面对和解决这些挑战时具有强大的根基。目前已经有明确的举措来帮助美国重获其竞争力和创新力。为了取得成功，我们必须坚定意志，去执行和维持这些能使美国在 21 世纪继续成为经济领袖的政策。

二、迎 接 挑 战

美国经济在 20 世纪时期是世界领先者。然而进入 21 世纪后，各政党对于美国经济能否继续保持竞争力敲响了警钟。美国仍然是世界上最强大的经济体，拥有高素质的劳动力、世界一流的公司以及全世界最好的高等教育系统。尽管有这些积极的优势，美国公民仍受到就业增长停滞和收入下降的冲击，同时企业也面临着日益加剧的全球竞争。简而言之，令人担忧的是未来几代美国人将不再能享受比现在更高的生活水准。只有拥有正确的政策和承诺，美国才能够在全球范围内参与竞争并为其国民提供更好的生活。

1. 卓越表现

在 20 世纪，创新的步伐是惊人的，这造就了一批新行业和企业的出现，如生物技术和信息技术领域。创新也促进了传统产业的增长，因为它从根本上改变了企业生产和分配商品及服务的方式。

在这个过程中，美国成为世界上最具创新力、受教育程度最高和最有竞争力的国家。自 1980 年以来，美国以仅有 5% 的世界人口创造出了 20% 至 25% 的世界经济①。特别是在二战后的几十年里，美国杰出的经

---

① International Monetary Fund, World Economic Outlook Database, September 2011.

济表现有助于改善其公民的生活。1950 年—2000 年,美国公民的收入猛增,人均实际可支配收入增长 213%,从 9 240 美元增长到 28 899.2 美元①。美国经济发展创造了数以百万计的就业机会,且大多数集中在新兴的企业和行业。

这些经济收益也伴随着其他领域的受益。美国的电力和电话服务覆盖全国各地,州际高速公路系统得以修建,政府为上百万民众提供了清洁的水,人类登上月球,互联网迅速发展,人类基因组被破译(方框 2.1 详细描述了州际高速公路系统的建设)。医学的进步有助于推动美国人预期寿命的显著增长。自出生时开始测量的人均寿命年限从 1900 年的 47.3 岁上升到 2007 年的 77.9 岁②。从 1948 年—2008 年,农业科学的进步使美国农场的生产力提高了 150%③。

方框 2.1

州际高速公路系统

在美国,也许没有其他基础设施的投资像州际高速公路系统一样如此巨大地改变了美国社会。1956 年的《联邦资助高速公路法案》由艾森豪威尔总统签署,此法案授权 250 亿美元用以建设长达 4.1 万英里的高速公路,在当时这成为美国历史上最大的公共工程计划。截至1991 年,工程花费了约 1 289 亿美元,建设了长达 4.3 万英里的公路系统。大约 90% 的资金来自联邦政府(资金来源主要是汽车燃料税),约 10% 来自各州。

在 50 多年后的今天,州际高速公路系统已经超过 4.6 万英里。它经常被称为是美国历史上最伟大的公共工程投资之一。州际高速公路系统取代了低容量、低速、低安全性和高收费(每英里)的公路系统。该系统使不同地区甚至是不属于本国经济的地区都融合成为一体,为新的经济机会打开了大门。

---

① U. S. Bureau of Economic Analysis 2010, Table 678. 注:以 2005 链式美元计算。
② National Center for Health Statistics 2011, 134.
③ Economic Research Service 2011.

美国有着强大的科学进步传统；诺贝尔奖得主中约有 40% 是美国公民①。此外，2011 年的一项研究指出，世界上最具创新力的 100 家公司中有 40% 位于美国②。

在 20 世纪，美国各州为美国经济做出贡献，同时也受惠于美国的经济实力。从 1963 年到 2008 年，实际人均收入在每个州至少增加79%，一些州达到了近 300%。总计有 34 个州（包括最高的增长区域——哥伦比亚特区）都经历了超过 150% 的增长。世界级的成功公司几乎遍及美国的每一个州；美国 39 个州中的每一个州至少都拥有一家 500 强公司。区域创新集群在各州内部和各州之间同时兴起。硅谷成为世界信息技术的中心，其他地区也大大促进了信息技术革命，包括位于德克萨斯州、华盛顿州、马萨诸塞州、佐治亚州、北卡罗来纳州、弗吉尼亚州和密歇根州（"自动化地带"，位于密歇根州东南部）的区域产业集群。主要的医疗进步集中在阿拉巴马州、加利福尼亚州和宾夕法尼亚州。

一直以来，美国人把这些经济发展的进步视为理所当然，并期望这种趋势在未来继续下去。这种经济的进步激励了美国梦信念中的一个重要侧面——期望我们后代的未来生活质量高于当前我们自己的生活质量。

2. 警惕

美国在 20 世纪结束之时仍然是经济和创新毫无争议的领导者，但如今的世界竞争格局已然发生改变③。随着世界上越来越多国家的经济不断增长和发展，这些国家已经开始成为美国的强劲竞争对手，尽管美国从这些变化中受益。但这些趋势正在为我们敲响警钟，美国也越来越担心在世界经济舞台上将不再具有强劲的竞争力。最近的一次民意调查显示，47% 的美国人"非常同意"和 43%"部分同意"这种观点：美国在创新领域中有失去其全球竞争优势的危险④。另一项调查发现，71% 的美国

---

① Nobelprize. org, Nobel Prize Facts www. nobelprize. org/nobel_prizes/nobelprize_facts. html.

② Thomson Reuters 2011.

③ 例如 National Academy of Sciences 2007.

④ Charlton Research Company 2011.

人认为,美国高中为学生的科学和工程领域就业所做的准备是远远不够的,76%的人认为如果下一代不能提高科学和数学技能,他们将很可能比他们父母这一代更为糟糕①。

(1) 就业

在过去 10 年内,美国创造就业机会的能力已经恶化。从 2001 年 2 月到 2008 年 1 月的就业高峰之间,就业年增长率仅为 0.6%(图 2.1)。这一增长率数据仅为 1990 年 6 月到 2001 年 2 月的就业高峰之间的年就业增长率(1.8%)的三分之一。麦肯锡全球研究所(McKinsey Global Institute)最近的一项研究发现,美国的失业率正经历着越来越漫长的复苏时间:"20 世纪 80 年代以后每次从战后经济衰退期至就业恢复到经济衰退前水平平均需大约 6 个月,但 1990 年—1991 年的经济衰退期恢复需要 15 个月,2001 年的衰退期恢复则需要 39 个月②。"

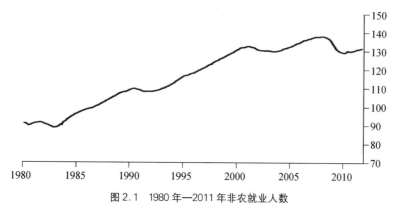

图 2.1　1980 年—2011 年非农就业人数

来源: Bureau of Labor Statistics.
注: 就业人数以百万计。

(2) 工资和中产阶级

随着收入和工资增长的普遍停滞,美国的中产阶级在困境中挣扎。一个经常被引用的衡量中产阶级经济幸福感的指标是家庭实际收入中位数,即经通货膨胀调整后的收入分配中的居民家庭收入中值。从 1980 年

---

① Peter D. Hart Research Associates, Inc. and The Winston Group 2006, 2.
② Manyika et al. 2011, 1.

到 1999 年的高峰期,家庭实际收入中位数增长了约 20%(见图 2.2)。在达到这个峰值后,家庭实际收入中位数便停滞不前,甚至在经济大衰退以前,家庭实际收入中位数便已经从 1999 年的 53 252 美元下降到了 2007 年的 52 823 美元(以 2010 年的美元购买力计算)。在这一时期,处在个人收入分配最高层人士的情况要好于其他人。一项研究发现,1993 年—2008 年,那些处在收入分配高层的 1% 的人均年收入增长了近 4%[①]。收入增长的停滞与近几十年来工人收入增长的停滞相呼应。除了少数例外(如 20 世纪 90 年代中期),普通的美国工人经历了长时间的全职工作收入的持平甚至下降,尽管个人生产力有了大幅的提高。从 1979 年第四季度到 2010 年第四季度(即基本上是一代人的时间),全职工人的周实际收入仅微升 4.9%,而工人的劳动生产率却提高了 90.9%。这些工资趋势产生的原因包括集体工资谈判中所涉及的工人比例下降、国际竞争加剧、技术变化、移民以及最低工资标准的出现等[②]。不论是什么原因,这种停滞使得许多美国人难以提高他们的生活水平,并且会让人感觉到下一代人的生活将不如他们父母这一代。

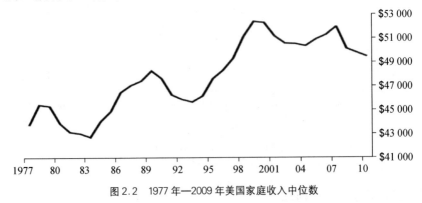

图 2.2 1977 年—2009 年美国家庭收入中位数

来源: Household Median Income from the U.S. Census Bureau, Current Population Survey, Annual Social and Economic Supplements.

注: 以 2010 年美元购买力计算。

---

① 基于 Atkinson,Piketty 及 Saez 2011 年的研究,以及 Piketty 和 Saez 2003 年的研究。

② 对于过去几十年工资和相对工资之变化背后的力量的研究较多。与各种工资趋势相关的原因包括: 集体工资谈判中所涉及的工人比例下降、国际竞争加剧、技术变化、移民以及最低工资标准的出现等。例如,Sachdev 2007 for tables updated to 2008。

（3）制造业

这些就业和工资趋势也大致与美国制造业面临的来自国外不断增长的压力有关（虽然制造业已经越来越多地依赖外国市场）。制成品贸易差额不断加剧。尽管出口贸易数额强劲增长，但 2010 年制成品的贸易赤字为 5 654 亿美元，而 2011 年更是有望超过这一数据[①]。美国在关键的制造业领域持续失利，包括那些可能推动未来经济增长的领域。直到 2002 年，美国还可以依靠"先进的技术产品"实现贸易顺差，这包括生物技术产品、计算机、半导体和机器人技术（见图 2.3）[②]。然而在 2010 年，美国在这一非常重要的领域中却已有 810 亿美元的贸易赤字[③]。

图 2.3　1990 年—2010 年先进技术产品贸易差额

来源：U. S. Census Bureau, Foreign Trade Division.

注：以百万美元计，以名义美元计算。

（4）创新

经过对 16 项关键指标（如科学家和工程师的数量、企业和政府的研发、风险资本、生产率、贸易绩效）的研究，2011 年 7 月的《大西洋世纪》报告指出，从 1999 年起美国在竞争力方面的进步较少，或者说几乎没有取

[①]　U. S. Census Bureau, Foreign Trade Division, U. S. International Trade in Goods and Services (FT900) www. census. gov/foreign trade.

[②]　关于该领域的完整定义，可见 U. S. Census Bureau, Foreign Trade Division 2011.

[③]　正如 Jensen(2011)所记录的那样，制造业并不是经济中唯一一面对国际竞争的部分。美国在服务业方面为贸易顺差，每年出口约 5 000 亿美元的服务（相比之下，制成品的出口额为 5 650 亿美元），而且服务行业将对国际竞争开放，这可能会给美国带来更多的机会。服务出口方面，Jensen 估计大约三分之一的服务行业受到国际竞争的影响。

得任何进步，当前美国基于创新的竞争力排名仅为第四①。2005 年的报告《迎击风暴》(*Rising Above the Gathering Storm*)（2005 年由美国国家科学院召集的委员会撰写）对此表示了深切的关注：对美国经济领导能力至关重要的科学和技术基础正在削弱，与此同时其他许多国家却在同一领域积极地打下坚实基础②。在 2010 年的后续报告中，同一委员会一致声明："我们国家的前景没有改善反而恶化了。③"

(5) 教育

美国正努力使美国学生在数学和科学方面做好准备。在 2009 年，美国 15 岁孩子数学素养测试的平均分是 487 分，低于经合组织（OECD）国家 496 分的平均分（见图 2.4）。17 个经合组织国家的数学分数超过美国，其他 11 个国家的分数与美国的数学分数相比没有显著差异。此外，美国学生科学和阅读的成绩仅处在平均水平；在早前的一项评估学生解决问题能力的项目中（2003 年国际学生评估项目（PISA）），美国学生的得分落后于世界上大多数发达国家④。

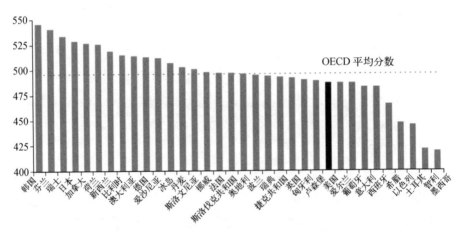

图 2.4　美国八年级学生的数学测试分数低于 OECD 平均水平

来源：OECD, PISA 2009.

---

① *The Atlantic Century* 2009.
② National Academy of Sciences 2007.
③ National Academy of Sciences 2010.
④ Fleischman, H. L., Hopstock, P. J., Pelczar, M. P., and Shelley, B. E. 2010.

（6）基础设施

航班延误、交通堵塞、需要维修的桥梁、无法承载最新船舶的港口等例子,都证明了美国的传统基础设施已经无法跟上人口增长的步伐,其结果是高额的商业成本以及给所有人带来的不便。尽管在某些方面表现优秀,但数字基础设施却仍然不能惠及到大部分的人口,这使得他们难以顺利参与21世纪的经济。在宽带普及方面,由收入、教育以及种族和民族引起的显著差异仍然存在。此外,一些社区的宽带接入和使用存在着不利情况。例如,相对于农村消费者,那些生活在城市地区的人则更容易获得宽带互联网连接(见图2.5)。

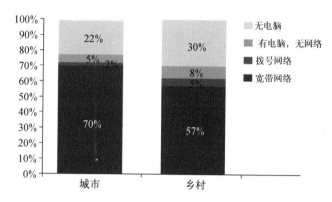

图2.5 2010年在城市和乡村计算机和互联网的使用情况

来源: Economics and Statistics Administration and National Telecommuncations and Information Administration. *Exploring the Digital Nation: Computer and Internet Use at Home.* Washington, D. C: U. S. Department of Commerce, November 2011.

3. 直面警惕

所以,是的,世界已经改变了。就业竞争是真实存在的。但这不应使我们气馁。它应该是一种挑战。记住——我们这几年接受的打击,所有的反对者预测我们经济的下滑,然而美国仍然是世界上最大、最繁荣的经济体。没有工人——没有其他国家的工人比我们的工人更富有生产力。没有哪个国家比我们拥有更多成功的公司,或者给发明者和企业家提供更多的专利。我们是世界上最好的大学的孕育者,前往美国大学学习的学生比世界上任何地方都要多。

——奥巴马总统，《国情咨文演说》，2011 年 1 月

为了提高美国的竞争力和增加高薪工作的数量，有许多棘手的问题亟待解决。为了解决这些问题，本报告第 2 章"创新力、竞争力和就业的关键"将深入研究是什么使得过去的经济具有竞争力，同时指出联邦政府在研究、教育和基础设施方面发挥着关键作用，研究、教育和基础设施这三大支柱极大地增强了 20 世纪美国经济的活力。另一方面，政府（联邦、州和地方）对我们经济增长的基础进行投资，这些投资使私营部门蓬勃发展。第 3、4、5 章将对每一个领域（研究、教育和基础设施）都进行详细讨论，探讨每一领域所面临的挑战并提出使美国在创新和竞争力方面保持前沿优势的政策。

除了这些关键领域，还有其他的途径可以提高美国的竞争力。例如，强大的制造业至关重要，因为这一领域主要进行大部分的产业研究和开发，并在生产和研究活动领域之间建立起有力的联系[1]。鉴于制造业的重要性和它的一些独特性，第 6 章将集中阐述制造业。

尽管提升研究、教育、基础设施和制造业对于提高创新力和竞争力来说至关重要，但是其他的许多因素也有助于经济的成功。或许其中的一个主要因素是确保私营企业和企业家有最好的创新环境。第 7 章涉及政府能够协助私营企业的其他领域，包括资助区域集群，促进创业，建立有效的知识产权制度（国内和国外），以及改革企业税赋。

这份报告涉及了使美国经济更具创新性和竞争力的一些关键的政策领域。本报告的最后一章"奋勇向前"对其他章节进行了总结，并强调了十个值得特别关注的领域。这些建议的实施将使美国能够更好地准备迎接 21 世纪的经济挑战，并为我们的孩子提供一个更美好的未来。

---

[1] Delgado, Porter, and Stern 2011.

三、创新力、竞争力和就业的关键

创新是竞争力、就业增长和下一代更高生活水平的关键驱动力。为了提高美国的竞争力,仔细研究在过去影响私营部门巨大创新潜力的因素是非常有益的。这些影响因素的名单很长,但不足为奇的是,成功的创新力和竞争力的形成也是非常复杂和不断发展的,并因不同的产品和行业而各不相同。为了探索是何种因素造就了美国过去的创新和竞争力这一问题,同时为了展望何种因素将会影响美国未来的创新和竞争力,本报告将主要关注有助于形成强大创新环境之基础的三个重要因素:对研究、教育和基础设施的支持。

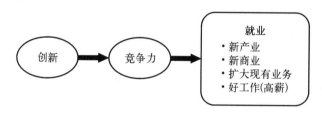

图 2.6 创新、竞争力和就业之间的关系

这三个因素之间的共同点是,它们是政府已经并且应该继续做出重大投资的领域。这三个领域中的社会投资回报率超过了任何一家企业或个人的回报率。基础研究往往会在多处得到应用,这超越了最初研究的动机。受过更多教育的劳动力群体的日益壮大不仅反映了那些上学时间更长的人可以获得更多的收入,同时代表着更高的企业生产率和更为优秀的公民。改进了的基础设施为创造更大的社会利益和促进社会生产力提供了优势。由于不能得到更为广泛的社会回报,所以私人投资者的资助往往较少。因此,几乎所有发达国家都是由政府在这些领域进行投资。

1. 概念和定义

在详细研究这三个领域之前,定义一些概念是很重要的。《美国竞争法再授权法案》指示美国商务部"去完成一项有关美国的经济竞争力（economic competitiveness）和创新力（innovative capacity）的综合研究"。这似乎有点讽刺：在缺乏普遍接受的定义和对各国历史的实证检验的情况下，"创新"和"竞争力"的重要性就被放在了一起。接下来让我们从"创新"开始，在顾问委员会 2008 年写给商务部长的一份报告《创新测量：追踪美国经济的创新状态》（*Innovation Measurement*：*Tracking the State of Innovation in the American Economy*）中，"创新"被定义为：

> "为给客户创造新的价值以及给公司带来经济回报，对新型或改进的产品、服务、流程、系统、组织结构或商业模式所进行的设计、开发和/或实施。"①

衡量创新的主要方法有两种②。第一种是替代法（proxy method），即并不是直接测量创新，而是将专利或研发支出作为创新变化的水平或比率的替代来研究。虽然替代法可能是了解创新有用的工具，但它们必然是不完善的测量。例如，许多创新都没有专利，甚至创新活动发生在很少进行正式研发的产业界。第二种方法则依赖于经济核算（economic accounting），在经济核算中经济增长可以通过一些可测量的因素来解释，如劳动力和它的质量。不能通过测量因素予以解释的那部分经济增长则被称为"技术变革"和"创新"，用经济术语表示即为"多要素生产率"（multifactor productivity）、"全要素生产率"（total factor productivity）。根据第二种衡量方法，美国约有三分之一到一半的经济增长都可以归因于"创新"③。

---

① The Advisory Committee on Measuring Innovation in the 21st Century Economy 2008, i.
② 历史上，这两种测量方法都曾被用于测量创新，但最近，人们已经可以通过创新调查来为直接地测量创新了。见 www. nsf. gov/satistics/infbrief/nsf09304/。我们还应该注意到，人们目前对这些替代方法仍然有一些反对意见。例如，经合组织在收集和解释创新数据的指导方案（通常被称为"奥斯陆手册"）中指出，专利对于创新来说并不是好的替代物，因为它们是对创新的投入，而不是产出，而且专利可能缺乏任何经济价值。然而，就连经合组织也不得不承认，对创新的更深层次的理解必然需要更多地了解专利。
③ 关于生产力变化的解释，请参见 Jorgenson 和 Griliches，249 - 283，1967。关于资本和经济增长的讨论，请参阅 Corrado，Hulten 和 Sichel 2009。另也可参见 Bureau of Labor Statistics multifactor productivity news releases 2011a, 2011b, and 2011c。

　　与创新相类似，"竞争力"也被证明是难以界定和衡量的。具有竞争力的企业是指在市场上获得成功的企业——这种成功可以通过各种方式来衡量，如市场份额或盈利能力。麦肯锡全球研究所将某一领域的竞争力定义为"通过增加生产力或扩大就业来维持经济增长的能力"①。虽然在国家层面上没有竞争力的统一定义，但世界经济论坛（WEF）有一项受到广泛认可的竞争力排名。他们把竞争力定义为"决定某个国家生产力水平的一系列制度、政策和要素"②，因此，生产力和竞争力的概念经常密切相关。在本报告中，"竞争力"一词被广泛使用，通常竞争力的增强需要依靠生产率的提高，反之亦然。

　　国家的竞争力和企业的竞争力也是密切联系的概念。竞争性企业需要创新；否则，它们将无法生长并保持活力。当国家具有竞争力的时候——即当国家具有促进生产率增长的"一系列制度、政策和要素"时——企业才能成长为对其他国内外公司而言有效的竞争对手。世界经济论坛（WEF）表示，"这需要一个有利于创新活动，并能得到公共和私营部门共同支持的环境。这意味着足够的研发投资，尤其是来自私营部门的投资；设立高质量的科学研究机构；大学和产业之间广泛的研究合作以及知识产权保护"③。鉴于当今全球经济变化的步伐，我们需要比以往任何时候都更为重视对创新的投资。

　　确保一个国家具有竞争力和足够的创新能力也是很重要的，因为工作就业的数量和质量强烈地依赖于这两个概念。当竞争性企业不断增长时，它们便需要雇佣更多的工人，也可能需要支付更高的工资；大量的研究表明，高生产力公司的工资水平高于平均工资水平。

---

　　①　Manyika et al. 2010, 10.
　　②　World Economic Forum 2011 - 2012, 4。世界经济论坛在它的"竞争力的12项支柱"中量化了各类因素。它们分别是：(1) 机构；(2) 基础设施；(3) 宏观经济环境；(4) 健康和初等教育；(5) 高等教育和培训；(6) 商品市场效率；(7) 劳动力市场效应；(8) 金融市场发展；(9) 技术准备；(10) 市场规模；(11) 商业成熟度；(12) 创新。根据世界经济论坛的《2011 年—2012 年全球竞争力报告》，美国在 2010 年排名第四，在 2011 年排名第五。然而，进入世界经济论坛排名的影响因素是哪些，这些因素是如何计算的，以及这些因素是如何叠加在一起都有赖于主观判断。
　　③　World Economic Forum 2011 - 2012, 8.

● 创新引领新产业。长期来看，新想法、新产品和新发现能催生新的产业。例如，无线通信行业（2007 年拥有 29 万名工人），软件、互联网出版公司和互联网服务供应商（50 万名工人），制药公司以及生物技术研究和发展服务公司（35 万名工人）。

● 创新引领新企业。1980 年—2007 年美国平均每年新创办超过 50 万家新企业，这些新企业平均每年提供 300 万个新的工作岗位。

● 竞争性和创新型企业扩张。1980 年—2007 年，现有的企业每年增加大约 1 330 万个就业机会，这代表着 13.9％的平均就业增长率。

● 竞争性和创新型企业创造良好的就业机会。竞争性和创新型企业工人的工资往往高于其他工人的工资。例如，出口型企业（即具有国际竞争力的企业）能支付可观的工资①。同样，最近的一份报告表明，STEM 劳动力的工资比非 STEM 劳动力的工资高出约 26％。STEM 从业者也不太可能经历失业，因为 STEM 工作的数量在过去 10 年里比非 STEM 工作增加了 3 倍。

2. 是什么使得美国在过去如此成功？

各种不同因素影响着创新力和竞争力，与美国的经济历史有关，更普遍地说，是有关创新的事实被载入史册。然而，有至少三个因素被公认为对 20 世纪美国的经济实力做出巨大贡献，政府在这一过程中起到了重要作用：支持研究、教育和基础设施建设。鉴于这些因素的重要性，后续章节将对每个因素进行深度阐释。以下是对它们在过去一个世纪中的重要性的简要说明。

（1）研究

联邦政府资助的研发带来了创新和发现，并产生了使美国更繁荣、更健康和更安全的新企业和新行业。例如，第一台完全电子化的美国数字计算机（ENIAC）便是由美国联邦政府所资助的。有关联邦政府在计算

---

① Bernard, Jensen, and Schott 2009, 514.

机发展中所承担角色的更多信息见方框 2.2。

方框 2.2

ENIAC 和 IBM650：联邦政府资助的研究与产业的诞生

开发 ENIAC（或称电子数字积分计算机）主要是用于解决与炮弹正确发射相关的信息计算的特定问题。ENICA 是在 20 世纪 40 年代初由宾夕法尼亚大学的 J. Presper Eckert 和 John W. Mauchly 共同开发的，由美国陆军提供资金。[1]

从 1945 到 1955 年，美国军方、大学和私营企业的合作促成了至少 19 个与计算机发展相关的项目。这种合作环境推动了创新井喷，但这项研究的大部分资金来源于联邦政府，与计算机研发相关的资金中有 59% 来自于联邦资助，用于 1949 年到 1959 年通用电气、IBM、斯佩里兰德公司、美国电话电报公司、雷神公司、美国无线电公司以及计算机控制公司等企业的研发。[2]

虽然这些计算机的资金主要来自联邦政府，但企业能够快速将技术进步转化为商业应用。例如，IBM 能够将联邦研发的优势与其作为现有办公设备生产商的实力相结合，因此创造了 IBM650，IBM650 在 1950 年售出 1 800 台，是当时最成功的商业计算机。

这些早期的联邦投资不是用于商业用途的，但它们为计算机产业的发展打下了基础，70 年后，美国仍然享受着这些早期投资带来的回报。如今，几乎所有美国人的生活都在某种程度上受到了计算机技术进步的影响。致力于早期计算机创建的基础研究投资正是美国今天需进行的投资，只有这样，未来几代人才将会在未来几十年中获得今天投资的回报。

1 David C. Mowery. 2011. "Federal Policy and the Development of Semiconductors, Computer Hardware, and Computer Software: A Policy Model for Climate Change R&D?" *Accelerating Energy Innovation Insights from Multiple Sectors*. Chicago: University of Chicago Press, for the National Bureau of Economic Research: 159-188.

2 Kenneth Flamm. 1987. *Targeting the Computer: Government Support and International Competition*. Washington, DC: Brookings Institution.

联邦对生命科学的投资已经降低了许多病疾死亡率和发病率，并推动了对抗心脏病、糖尿病和艾滋病毒的前沿研究的创新。例如，生物制药行业便是利用了（及补充了）生命科学领域中的一项大型公共资助的基础研究成果[①]。美国国立卫生研究院（NIH）在医学和健康领域的持续投资极其有助于该领域的研究发展，而且国立卫生研究院资助的科学家的研究成果获得了多项诺贝尔奖。

1900 年以后美国人均寿命所带来的累积收益对于 2000 年的美国人来说价值 120 万美元，而 1970 年后的收益为国家财富每年贡献约 3.2 万亿美元，相当于 GDP 的一半。改善未来健康水平的潜在收益也很大；例如，据估计癌症死亡率每下降 1% 将价值 5 000 亿美元[②]。

在材料和军事技术方面的联邦投资巩固了现代军事以及私营部门中有价值的创新。化学领域的进步（如第二次世界大战期间合成橡胶研究计划下的合成橡胶生产高峰）推动了制造业的创新，并直接维护了国家安全。20 世纪 30 年代和 50 年代联邦政府对原子物理学的投资创造了全球定位系统（GPS），永远地改变了军队的部署，更不要说我们每天的日常出行也因此而改变了[③]。

源头可追溯到联邦政府资助研究的企业也横跨各个行业。在《激发创新：联邦政府资助的大学研究如何创造创新、新企业和新岗位》（*Sparking Innovation: How federally funded university research creates innovation, new companies and jobs*）（以下简称《激发创新》）这一报告中，科学联盟（Science Coalition）确定了超过 100 家起源于联邦政府研究资助的公司。表 2.1 列出了一系列不同规模、位置、行业的与联邦资金来源相关的公司。

---

① Cockburn, Stern, and Zausner 2011, 115.
② Murphy and Topel 2006.
③ Committee on Science, Engineering, and Public Policy 1999, 31.

表 2.1　起源于联邦资助的大学实验室研究发现的公司

公　司	位　置	开始年份	员工	创新成果	联邦资助
Arbor Networks	切姆斯福德,马萨诸塞州	2000	125	网络安全技术	国防部、国家科学基金会
Audyssey	洛杉矶,加利福尼亚州	2002	75	技术修复室内声学对放音的影响	国家科学基金会
Buffalo BioBlower	布法罗,纽约州	2005	8	医疗、国土安全、战场的空气消毒技术	国防部
Cognex Corporation	纳蒂克,马萨诸塞州	1981	729	工业机器视觉技术	国家科学基金会
CREE, Inc	达勒姆,北卡罗来纳州	1987	3 168	提高发光二极管、电源和通讯产品效率的半导体技术	国防部
Fingerlake, Inc	格罗顿,纽约	1996	11	用于经济化、大规模生产养殖鱼的过滤器	农业部
Google	山景城,加利福尼亚州	1998	19 835	互联网搜索技术和基于 Web 的应用	国家科学基金会
Image Sensing Systems, Inc	圣保罗,明尼苏达州	1984	80	交通状况监测软件	交通部
ImagiSonix	斯特灵,马萨诸塞州	2006	3	用于农村、突发事件、军事以及灾害情形下的无线超声波设置	国防部
iRobot Corporation	贝德福德,马萨诸塞州	1990	538	用于军事、工业和消费者使用的机器人	国防部、宇航局
Molecular Imprints, Inc	奥斯丁,德克萨斯州	2001	125	运用"步进快闪式"纳米光刻技术制成更小、更快的计算机芯片	国防部

续　表

公　司	位　置	开始年份	员工	创新成果	联邦资助
SenSound, Inc	底特律, 密歇根州	2003	8	在产品设计、开发和制造中技术定位确切的噪声源	国家科学基金会
TomoTherapy, Incorporated	麦迪逊, 密歇根州	1997	665	机器精准辐射癌细胞,并限制其对健康细胞的损害	卫生研究院
Universal Display Corporation	尤因, 新泽西	1994	80	平板显示器、激光器和其他光生产设备的有机发光二极管技术	国防部、能源部
Webscalers	宾汉姆顿, 纽约	2002	7	比传统搜索引擎更深入网络的元搜索引擎	国家科学基金会
Xenogen	霍普金顿, 马萨诸塞州	1994	489	活体成像,可使科学家通过观察药物对活体动物的影响进行药物效果评价研究	国防部、卫生研究院

(2) 教育

20 世纪初,美国在教育方面引领世界,在之后的几十年里,美国的平均教育水平显著提高。出生在 19 世纪 70 年代的美国人平均接受的正规教育不到 8 年。而对于出生在 1910 年的美国人来说,这一平均水平已经上升到了近 10 年;出生在 1940 年的美国人的平均教育程度上升到了近 12 年①。对于在 1876 年到 1951 年之间出生的人群,10 年间每一年的公民平均受教育程度都在稳步增长(见图 2.7)②。

---

① 表 1.4, Goldin and Katz 2008, 20.
② Goldin and Katz 2008, 19.

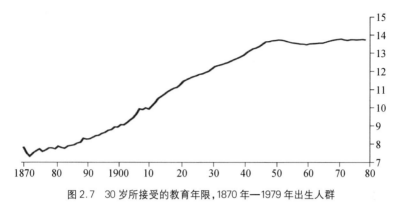

图 2.7　30 岁所接受的教育年限，1870 年—1979 年出生人群

来源：经济和统计管理局（ESA）基于集成的公共使用微数据系列进行的计算，
Minnesota Population Center，University of Minnesota（see http://usa. ipums.
org/usa/）.

注：本数据是基于 ESA 对出生于美国的 30 岁或以上的人口所受教育平均年份进
行的计算数据。因为教育变量是根据教育成就类别进行编码，如年级和高等教育水平，
所以有必要将数据转换为连续变量来进行平均年份的计算。用于将教育变量重新编码
至教育年限的估计数值的方法部分是基于 Goldin 和 Katz(2008)的研究。

　　到 20 世纪 50 年代，美国有将近 80％的年轻人在全日制中学就
读[1]。与工业化的西欧比较，二者之间的差距是明显的。20 世纪 50 年
代，在包括法国、意大利和英国在内的 18 个欧洲国家中，只有不到 30％
的年轻人接受了普通中等教育；除瑞典以外的其他所有国家的该数据
都在 20％以下。如果将技术学校的青少年也考虑进来，欧洲中学的入
学率仍未超过 40％[2]。这种差距也扩大到了高等教育。在 20 世纪 50
年代，美国高等教育的招生规模迅速扩大，美国大学的入学率远远高于
任何欧洲国家。促成大学入学率增加的因素有许多，包括《退伍军人权
利法案》(GI Bill)和广泛的公立大学系统，尤其是每个州都拥有的赠地
学院。

　　此外，美国的学院和大学系统在世界上最著名大学中所占比例并不
均衡。例如，根据 2011 年—2012 年的一组排名，世界排名前 25 所大学
中有 18 所美国大学，前 50 所大学中有 30 所美国大学；英国紧随其后，在

---

[1]　Goldin and Katz 2008, 26.

[2]　表 1.7, Goldin and Katz 2008, 40.

前25所大学中有4所英国大学,前50所大学中有7所英国大学①。因此,美国也成为了留学生的首选目的地②。

(3) 基础设施

在过去的一个世纪里,公共部门所支持的基础设施投资对于美国快速增长的生活水平和经济增长是至关重要的。例如,水处理和水分配系统挽救了生命并促进了贸易。早期的水处理系统大多是有针对性地保护公众免受水传播性疾病的侵害,如伤寒、痢疾和霍乱③;但后来的公用水设施提供了统一且专用的供水,这对工业生产和发电具有重要作用,同时它也保护公众免受环境污染影响④。在方框2.1中重点介绍的州际高速公路系统是当时最大的公共工程项目,它联结了整个国家,这是其他任何项目都做不到的。

(4) 相互联系

关于研究和开发(研发)、教育和基础设施,我们将在后面的章节中分别加以讨论,但它们并不是分开和独立的实体。正如一些评论家所指出的,竞争力和创新的因素并不像是孤岛,而更像是一种网络或生态系统。

网络中某一部分的变化——如教育——通过这一系统会引起连锁反应:满足研究人员的需求,创造基础设施的需求,然后通过对不同新技能的需求反过来影响学校。美国的产业,如在制造业章节中讨论的那些产业,处在这个网络的关键节点部位——创造对具有特定技能的劳动力的需求和参与整体的研究和创造,并建立新的基础设施(见图2.8)。因此,尽管本报告依次在独立的章节阐述创新力和竞争力的主题,但读者们应该记住它们是相互联系的。

---

① Times Higher Education 2011 - 2012.
② OECD Indicators 2011, 321.
③ U. S. Environmental Protection Agency 2000.
④ Finn 2002.

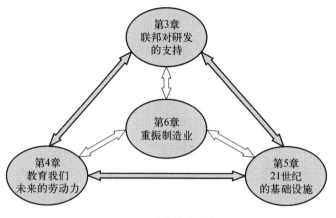

图 2.8 创新生态系统

四、奋 勇 向 前

美国在其整个历史发展中经历过威胁其经济增长和繁荣的无数挑战,但美国总是能够迎击与克服这些挑战,并在此过程中提高美国公民的生活水准。私营部门是这一增长之繁荣的主要驱动者,而且企业因为创新而依然极具竞争力。

政府与私营部门合作,通过提供必要的组成部分,在支持创新方面发挥了关键作用。特别是,联邦政府为基础研究提供了资金和支持,这些资金对 20 世纪的许多重大创新都很重要。联邦政府也帮助鼓励建立世界领先的高等教育体系。一流的大学和学院培训了在私营部门领导创新活动所需的工作人员。从 19 世纪的铁路到 20 世纪末和 21 世纪初的宽带互联网络,企业创新和竞争所需的基础设施是在联邦政府的支持下建成的。在这三个领域中,政府的角色是必要的,因为私营部门本身难以进行充分的投资。

在 21 世纪的最初十年,美国经济不再像过去那样增长迅速:创造就业机会增长放缓,人口收入水平停滞不前。美国的创新能力在这一时期也受到影响，这并非偶然。联邦政府对基础研究的支持没有跟上经济增长的步伐，教育系统没有做好足够的准备来培养学生成为熟练工人，国家的基础设施也没有跟上美国人口和美国企业日益增长的需求。

其他因素也削弱了美国的创新能力。制造业是过去创新的关键驱动力，现在正经历着长期的衰退。与此同时，美国很难进入某些外国市场，很难在世界各地保护知识产权，并实现税收制度的平衡。如果美国要恢复其卓越的创新能力，就必须处理好每一个因素，以及本报告中强调的其他因素。

尽管问题清单很长，克服这些问题需要时间，但我们已经有一系列政策工具可以帮助美国解决这些问题。解决这些问题的任何明智而成功的做法，都必须从执行以下 10 项关键政策建议开始：

1. 持续支持政府对基础研究的资助

为了保持美国在创新领域的领导地位，联邦政府继续支持基础研究至关重要。另外，由于高质量的科学教育和科学进步的实现需要很多年的时间，因此基础研究的投资应该是稳定的，从而增强新的科学博士学位的职业前景，并鼓励年轻的学生选择科学作为其未来职业领域。

2. 加强和扩大税收抵免

尽管联邦政府在研发中的重要作用显而易见，但私人对研发的投资依然至关重要。简化、增强和扩大的企业研发税收抵免将为私营企业承担与研发支出相关的风险带来适当的激励。

3. 加快从基础科学实验室到商业应用的思路转移

企业家们很难单凭他们的想法获得早期的资助。商业化的其他障碍仍然存在，例如创业者缺乏商业经验。"概念证明中心"可以通过在发展过程的各个阶段支持企业家来克服这一障碍，而这些中心需要得到政府的进一步鼓励。政府致力于继续实施"i6 绿色挑战"（i6 Green Challenges）以帮助这些研究中心发展。其他举措也应该受到鼓励，包括先进的制造业伙伴关系,即产业界、学术界和政府合作并加快新兴技术的发展。

4. 弥补 STEM 的缺陷

目前学生离开中学后继续学习及参与 STEM 领域培训不足,所以我们必须设法解决 STEM 参与不足和在全国范围内学校 STEM 表现不佳的问题。解决这些问题的一个途径就是实施诸如"为创新而教育"(Educate to Innovate)此类的项目,利用公私伙伴合作的形式,通过互动游戏和其他方法向所有学生(尤其是弱势群体)提供接受 STEM 教育的机会。在提高地方和区域雇主们的竞争地位同时,促进和帮助处于不利地位的青年和失业工人进行 STEM 职业发展的另一种途径,就是利用劳工部(DOL)的"劳动力系统之 STEM 机会计划"(STEM Opportunities in the Workforce System Initiative)。2009 年的这些补助金主要集中在扩大和调整一站式就业中心(One-Stop Career Centers)当前和新的 STEM 劳动力教育和培训战略、活动和资源。此外,还需要额外的资金来培训更多的 STEM 教师。应实施诸如国家科学基金会的"扩大循证改革的实施与论证"(Widening Implementation and Demonstration of Evidence based Reforms, WIDER)等计划,以改善大学本科 STEM 的教学,从而获取更多成果。

5. 增加无线通信的频谱

美国在未来几年将面临频谱危机,这可能会严重制约创新。"国家无线计划"(National Wireless Initiative)所确定的目标包括将无线宽带业务的频谱数量翻一番,并帮助农村地区获得无线宽带业务。

6. 增加数据获取以促进创新

开放数据获取是成功创新政策的关键组成部分。为鼓励这一做法而采取的步骤包括启动名为 data. gov 的网站,旨在为公众提供可以获取有价值数据集的平台,例如通过创建标准简化对高价值数据的访问,以及利用挑战和奖励汇集创新者社区以激发新技术的开发等。未来我们需要继续和扩大这些努力。

7. 协调联邦对制造业的支持

为了扭转制造业下滑的趋势，继续资助和支持国家标准与技术研究所(NIST)的 MEP，"选择美国"(Select USA)以及"先进制造业合作伙伴"(Advanced Manufacturing Partnership)等各种制造业项目，是至关重要的。此外，重新聚焦和协调改善由全国经济委员会(NEC)主任斯珀林(Sperling)和商务部长布雷森(Bryson)联合主持领导的制造业政策办公室(Office of Manufacturing Policy)的新结构下的各项制造业项目，同样显得相当重要。

8. 继续加强区域集群和创业精神培育

有证据表明，区域创新集群增加了就业和劳动力收入。联邦政府内部已经开展了多项努力，这些努力须继续下去以促进和鼓励创业和区域创新集群。在鼓励集群方面，政府做出的努力包括 i6 挑战(鼓励创新伙伴关系模式的竞争性赠款计划)，经济开发署(EDA)的"促进区域创新集群特别工作组"(Workforce for the Advancement of Regional Innovation Clusters)，农业部的为农村地区提供区域战略的举措以及最近重获批准的 SBA 小型企业创新研究和小型企业技术转移计划。为了鼓励创业者，"创业美国"(Startup America)项目增加了获得资金的机会和促进了师徒制(mentorships)的建立，"创业美国伙伴"(Startup America Partnership)机构则启动了一个在线网络，为企业家提供来自数十家公司的宝贵资源。像这样的努力将需要在未来几年继续得到支持，以确保企业家拥有他们所需的资源，从而为推动创新助力。

9. 促进美国的出口并改善进入国外市场的机会

对促进创新至关重要的是，美国企业必须公平和开放地进入外国市场。为了确保企业有这样的机会，美国政府启动了国家出口倡议(NEI)，国会通过了总统提交的与巴拿马、哥伦比亚和韩国实施自由贸易协定的立法。在这一发展势头的基础上,美国正在参与跨太平洋伙伴关系(Trans-Pacific Partnership, TPP)谈判,这是亚太地区主要伙伴的自由贸易协定。这项协议最终确定后将是一个重大的进步,因为它不仅解决了传统的贸易问题,而且还解决了包括监管协调、创新产品和服务的贸易和投资(包括数字技术),以及确保国有企业与私营公司开展公平竞争的机制等问题。

10. 确保私营企业能够蓬勃发展的条件

私营部门是美国创新的引擎,私营企业和企业家都有创新的最佳环境,这一点至关重要。为此,未来几年美国应该关注的领域包括改革企业税收制度,确保知识产权制度继续以鼓励增长的方式发挥作用。美国面临的经济挑战与我们历史上所面临的任何重要和令人担忧的问题一样。应对这些挑战将需要付出努力,制定政策,如上面所列之政策以及本报告中提到的其他政策。然而,毫无疑问,美国能够应对这些挑战,并随之变得更有创新性和竞争力,创造新的就业机会、新的业务和新的产业。

参考文献

Atkinson, Anthony B. , Thomas Piketty, and Emmanuel Saez. 2011. Top Incomes in the Long Run of History. " Journal of Economic Literature 49, no 1: 3 - 71. 2011.

Atkinson, Robert D. , and Scott M. Andes. 2009. The Atlantic Century: Benchmarking EU and U. S. Innovation and Competitiveness. The Information Technology & Innovation Foundation; www. itif. org/ publications/atlantic-century-benchmarking-eu-and-us-innovation-and-competitiveness.

Bernard, Andrew B. , J. Bradford Jensen, and Peter K. Schott. 2009. "Importers, Exporters and Multinationals: A Portrait of Firms the U. S. that Trade Goods. " Producer Dynamics: New Evidence from

Micro Data, edited by Timothy Dunne, J. Bradford Jensen, and Mark J. Roberts, 513 – 552. Chicago: University of Chicago Press, for the National Bureau of Economic Research.

Bureau of Labor Statistics. 2011a. "Multifactor Productivity Trends—2009." News Release, March 30; www. bls. gov/news. release/archives/prod3_03302011. pdf.

Bureau of Labor Statistics. 2011b. "Multifactor Productivity Trends in Manufacturing—2009." News Release, August 11; www. bls. gov/news. release/pdf/prod5. pdf.

Bureau of Labor Statistics. 2011c. "Multifactor Productivity Trends for Detailed Industries, 2009." News Release, September 23; www. bls. gov/news. release/pdf/prin3. pdf.

Bureau of Labor Statistics. Establishment Data. Table B – 1. Employees on nonfarm payrolls by industry sector and selected industry detail. www. bls. gov/webapps/legacy/cesbtab1. htm.

Charlton Research Company for Research! America. Your Congress – Your Health Survey, March 2011. www. your congressyourhealth. org/where_america. php? qq=509.

Cockburn, Iain M. , Scott Stern, and Jack Zausner. 2011. "Finding the Endless Frontier: Lessons from the Life Sciences Innovation System for Energy R&D." Accelerating Energy Innovation: Insights from Multiple Sectors, edited by Rebecca M. Henderson and Richard G. Newell, 113 – 157. Chicago: University of Chicago, for the National Bureau of Economic Research.

Committee on Science, Engineering, and Public Policy, National Academy of Sciences, National Academy of Engineering, Institute of Medicine. 1999. Evaluating Federal Research Programs: Research and the Government Performance and Results Act. Washington, DC: National Academy Press; www. nap. edu/catalog/6416. html.

Corrado, Carol A. , Charles R. Hulten, and Daniel E. Sichel. 2009. "Intangible Capital and U. S. Economic Growth. " The Review of Income and Wealth, 55 – 3; 661 – 685.

Delgado, Mercedes, Michael E. Porter, and Scott Stern. 2011. , Clusters, Convergence, and Economic Performance. March; www. isc. hbs. edu/pdf/DPS_Clusters_Performance_2011 – 0311. pdf.

Economic Research Service. 2011. Agricultural Productivity in the United States: Overview. Washington, DC: U. S. Department of Agriculture, May; www. ers. usda. gov/Data/AgProductivity/.

Finn, Bernard S. 2002. "Origin of Electrical Power" in Powering the Past: A Look Back. National Museum of American History, Washington DC; americanhistory. si. edu/powering/past/prehist. htm.

Fleischman H. L. , Hopstock P. J. , Pelczar M. P. , and Shelley B. E. 2010. Highlights From PISA 2009: Performance of U. S. 15-Year-Old Students in Reading, Mathematics, and Science Literacy in an International Context (NCES 2011 – 004). U. S. Department of Education, National Center for Education Statistics. Washington, DC: U. S. Government Printing Office.

Goldin, Claudia, and Lawrence F. Katz. 2008. The Race between Education and Technology. Cambridge, MA: Harvard University Press.

International Monetary Fund. 2011. World Economic Outlook Database. September 2011; www. imf. org/external/pubs/ft/weo/2011/02/weodata/index. aspx.

Jensen, J. Bradford. 2011. Global Trade in Services: Fear, Facts, and Offshoring. Washington, DC: Peterson Institute for International Economics.

Jorgenson, D. W. and Zvi Griliches. 1967. "The Explanation of Productivity Change. " The Review of Economic Studies. Stockholm,

Sweden: Institute for International Economic Studies: 34 – 3; 249 – 283.

Manyika, James, Lenny Mendonca, Jaana Remes, Stefan Klubmann, Jorg Schubert, Vitaly Klintsov. 2010. How to Compete and Grow: A Sector Guide to Policy. McKinsey Global Institute; www. mckinsey. com/Insights/MGI/Research/Productivity_Competitiveness_ and_Growth/How_to_compete_and_grow.

Manyika, James, Susan Lund, Byron Auguste, Lenny Mendonca, Tim Welsh and Sreenivas Ramiswamy. 2011. An Economy that Works: Job Creation and America's Future. McKinsey Global Institute, 1; www. mckinsey. com/mgi/publications/us _ jobs/pdfs/MGI _ us _ jobs _ full_report. pdf.

Murphy, Kevin M and Robert H. Topel. 2006. "The Value of Health and Longevity. " Journal of Political Economy, 114 – 5; 871 – 904.

National Academy of Sciences. 2007. Rising Above the Gathering Storm: Energizing and Employing America for a Brighter Economic Future. Washington, DC: National Academies Press; www. nap. edu/ catalog/11463. html.

National Academy of Sciences. 2010. Rising Above the Gathering Storm, Revisited: Rapidly Approaching Category 5. Washington, DC: National Academies Press.

National Center for Education Statistics, Mathematics Age 15, 2009 OECD PISA Data, International Data Explorer, nces. ed. gov/surveys/ international/ide/.

National Center for Health Statistics. 2011. "Table 22. Life expectancy at birth, at 65 years of age, and at 75 years of age, by race and sex, 1900 – 2007" in Health, United States, 2010: With Special Feature on Death and Dying. Washington, DC: U. S. Government Printing Office; www. cdc. gov/nchs/data/hus/hus10. pdf#022.

Nobel Prize Facts. Accessed on November 30, 2011; www.

nobelprize. org/nobel_prizes/nobelprize_facts. html.

OECD Indicators. 2011. Education at a Glance 2011. "Indicator C3: Who studies abroad and where?" Accessed 2 December 2010; www. oecd. org/dataoecd/61/2/48631582. pdf.

Peter D. Hart Research Associates, Inc. and The Winston Group. 2006. Keeping Our Edge: Americans Speak on Education and Competitiveness. 2006. Washington, DC: Hart/Winston; www. ets. org/Media/Education_Topics/pdf/HW_KeepingOurEdge2006. pdf.

Piketty, Thomas, and Emmanuel Saez. 2003. "Income Inequality in the United States, 1913 – 1998." Quarterly Journal of Economics 118 (February): 1 – 41.

Sachdev, Nikhil. 2007. "An Examination of the Wage Productivity Gap." Working Paper. Stanford University.

The Advisory Committee on Measuring Innovation in the 21st Century Economy. 2008. Innovation Measurement: Tracking the State of Innovation in the American Economy. U. S. Department of Commerce, Washington DC.

Thomson Reuters. 2011. Top 100 Global Innovators; www. top100innovators. com/home.

Times Higher Education. 2011. "World University Rankings 2011 – 2012." Thomson Reuters. Accessed 28 December 2011; www. timeshighereducation. co. uk/world-university-rankings/.

U. S. Bureau of Economic Analysis. 2010. Survey of Current Businessess. Accessed 14 November 2011; April.

U. S. Census Bureau, Foreign Trade Division. Accessed November 29, 2011. "Advanced Technology Product Definitions" in Foreign Trade Statistics; www. census. gov/foreign-trade/reference/glossary/a/atp. html♯general.

U. S. Environmental Protection Agency. 2000. "The History of

Drinking Water Treatment. " Fact Sheet; www. epa. gov/safewater/consumer/pdf/hist. pdf.

United States Nobel Prize Winners. Accessed on November 30, 2011; www. jinfo. org/US_Nobel_Prizes. html.

World Economic Forum. 2011. The Global Competitiveness Report 2011 - 2012; Geneva, Switzerland. reports. weforum. org/globalcompetitiveness.

第三章①

致力于超越：培养百万名
STEM 学位之大学毕业生

华盛顿总统科学技术顾问委员会执行办公室

巴拉克・奥巴马总统

白宫，华盛顿特区 20502

亲爱的总统先生：

我们很高兴地向您介绍由总统科学技术顾问委员会（PCAST）准备的这份报告：《致力于超越：培养百万名 STEM 学位之大学毕业生》。这份报告提供了用以改进大学前 2 年 STEM 教育的策略，我们认为这一策略是对 STEM 教育路径在这一关键阶段所呈现的机遇和挑战所作出的积极回应。

为了编制本报告，总统科技顾问委员会组建了专家工作组，包括来自中等后 STEM 教育教学、学习科学研究、课程开发、高等教育管理、师资培训、教育技术、产业与高等教育成功合作方面的专家。此外，该报告同时也在 STEM 中等后教育专家、STEM 从业者、专业协会、私营企业、教育者和联邦教育官员的支持下得以进一步完善和改进。

总统科技顾问委员会发现，与当前假设预期相比，经济预测指出在接下来的 10 年中还需要大约 100 万名 STEM 领域的大学毕业生。而目前

---

① Executive Office of the President, President's Council of Advisors on Science and Technology, 2012. *"Engage to Excel: Producing One Million Additional College Graduates with Degrees in Science, Technology, Engineering, and Mathematics." Report to the President.* Washington, DC: Executive Office of the President. https://files.eric.ed.gov/fulltext/ED541511. pdf. 本章内容选自该报告之概要报告（Executive Report）。

计划攻读 STEM 专业的大学生中只有不到 40％能够取得 STEM 专业学位。仅仅将 STEM 专业学生的保留率从 40％增加到 50％，就能在未来 10 年内实现增加百万名 STEM 领域大学毕业生这一目标的 75％。

总统科技顾问委员会确定了可以实现的五项重要建议：（1）促进经实证验证的教学实践的广泛应用；（2）提倡和支持用基于探究的研究性课程取代标准化的实验室课程；（3）在高等数学教育领域发起国家性试验，以弥补数学知识的准备不足；（4）鼓励发展利益相关者之间的伙伴关系，促进 STEM 职业路径的多元化；（5）由学界和商界领袖共同创建 STEM 教育总统委员会，为 STEM 本科教育的变革和可持续发展提供战略领导。

这些建议的实施将有助于实现您在 2009 年 4 月向美国国家科学院提出的一项关键性的 STEM 目标："未来 10 年，美国学生将在科学和数学科目上由中等水平上升到最佳水平。因为我们知道，今天教育水平高于我们的国家，明天将比我们更有竞争力。"委员会成员非常感谢能拥有在对国家未来至关重要的议题上提出意见的机会。

John P. Holdren 总统科技顾问委员会联席主席

Eric Lander 总统科技顾问委员会联席主席

经济预测指出，如果美国想要维持其在科学技术领域的历史性优势地位，与现在的人才培养速度的产出相比，美国需要在下一个 10 年多培养约 100 万名 STEM 领域专业人才。为了达到这一目标，美国每年获得 STEM 本科学位学生的数量需要比当前增加 34％。

目前美国每年在 STEM 领域大约有 30 万名毕业生能够取得学士学位和副学士学位。只有不到 40％的大学生打算进入 STEM 专业并读完 STEM 学位。计划攻读 STEM 专业的大学生中只有不到 40％能取得 STEM 专业学位。仅仅将 STEM 专业学生的保留率从 40％增加到 50％，就能在未来 10 年内实现增加 100 万名 STEM 领域大学毕业生这一目标的 75％。许多中途放弃 STEM 专业的学生在基础课程中表现良好，他们本可以为 STEM 劳动力做出有价值的补充。将更多的学生留在 STEM 专业是为提供国家经济和社会发展需要的 STEM 专业人才最低成本、最快成效的政策选择，同时这一方式也不需要扩大基础入门课程的数量和规模，而这种扩大在许多学院和大学往往会受到空间和资源的限制。

学生放弃 STEM 专业的原因是制定保留策略的出发点。例如，表现优秀的学生通常把平淡乏味的基础课程视为他们选择转专业的一个影响因素。相反，对 STEM 专业具有较高兴趣但表现较差的学生却经常在 STEM 基础课程中所要求的数学科目学习上出现困难，而与此同时他们却无法从大学获得有效帮助。此外，许多学生，尤其是在 STEM 领域不具代表性的学生群体，指出他们选择放弃的原因之一在于 STEM 课程教师不受欢迎的教学氛围。

大学教师需要更好的教学方法来使课程更具启发性，在学生面对数学的挑战时为他们提供更多的帮助，并创造一种 STEM 学习者共同体的氛围。传统的教学方法已经培养了许多 STEM 专业人士，包括目前大多数的 STEM 劳动力。但越来越多的研究表明，通过多样化的教学方法可以显著改进 STEM 教育。这些数据表明，基于证据的教学方法（evidence-based teaching methods）在吸引所有学生方面更为有效，特别是"不具代表性的大多数群体"（underrepresented majority）——女性和少数族裔，他们约占大学生总数的 70％，但同时却在获得 STEM 本科学位的学生中不具有代表性（约占 45％）。这种不具代表性的大多数群体是 STEM 专业人士巨大的潜在来源之一。

一、需要改进高等教育前 2 年的 STEM 招生和保留策略

大学的最初 2 年是 STEM 专业招生和保留生源最关键的时期，这 2 年也是所有 2 年制和 4 年制大学所拥有的共同特征，如社区学院、综合性大学、文理学院、研究型大学和少数族裔服务机构。此外，大学前 2 年的 STEM 课程对未来 K－12 年级教师的知识、技能和态度有着重要的影响。基于这些原因，本报告重点关注将会影响大学前 2 年 STEM 教育质

量的行动。

　　基于对学生选择、学习过程和学习准备的广泛研究，支撑本报告的三大重点是：

- 改善大学前 2 年的 STEM 教育
- 为所有学生提供致力于超越的工具
- 发展 STEM 学位的多元化路径

　　下述建议将详细介绍如何将这些重点事项转化为行动。

　　本报告的标题"致力于超越"适用于学生、教师以及来自学术界、产业界和政府的领导。学生必须致力于 STEM 领域的超越。而作为教师，他们必须在有关为什么学生能出类拔萃且坚持完成大学学业的研究基础上致力于教学方法的超越。此外，成功还取决于杰出领导者的参与。包括美国总统，各学院、大学和企业的领导层以及其他领导人在内的领导者们必须鼓励和支持用以转变和维持 STEM 学习之合适的激励机制的创建。他们还必须鼓励和支持建立适用广泛的可靠指标来对持续改进周期的成果进行测量评估。

　　美国大学和学院的 STEM 教育转型是一项艰巨的挑战。其中的主要障碍包括教师的认识和表现、奖励和激励制度以及高等教育的传统。本报告中的建议旨在消除这些最重要的障碍，并使用有形的资源和实际的说服力来促进改变。从多种角度出发并运用多种工具来剖析这一问题的目的在于，让行动呈现其自身的势头，并能够在不需要联邦进一步干预的情况下实现可持续的彻底转型。

二、建　　议

　　总统科技顾问委员会针对从高中到大学的过渡期以及 STEM 本科教育前 2 年对 STEM 大学教育进行改革提出如下五项重要建议：

1. 促进经实证验证的教学实践的广泛应用。

2. 提倡和支持用基于探究的研究性课程取代标准化的实验室课程。

3. 在高等数学教育领域发起国家性试验，以弥补数学知识的准备不足。

4. 鼓励发展利益相关者之间的伙伴关系，促进 STEM 职业路径的多元化。

5. 由学界和商界领袖共同创建 STEM 教育总统委员会，为 STEM 本科教育的变革和可持续发展提供战略领导。

每项建议都将在下文中进行详细阐述。

建议 1：促进经实证验证的教学实践的广泛应用

有关人们如何学习的学习理论和经验证据以及对 STEM 课堂结果的评估都表明，需要改进教学方法以增强学习和学生的持久性。与依赖单一的课堂讲授法相比，让学生参与"主动学习"的课堂教学方法能强化信息记忆和批判性思维能力，并增加学生在 STEM 专业的持久性。STEM 教师需要采用证据支持的教学方法，这些证据来源于实验性学习研究和对 STEM 课程的学习评估。基于证据的教学方法被证明在各种课堂规模下都是有效的，甚至可以作为传统授课的强化补充手段用于提高学习效果。

基于证据的教学方法的广泛实施所面临的最明显障碍之一，在于大多数教师缺乏使用这些方法的经验，同时他们对于证明教师影响学习的大量研究也不够熟悉。联邦政府通过大量项目的支持将对这一现象产生重要的影响，这些项目为现有和未来的教师提供有关基于证据的教学方法的培训，并提供支持这类教学方法的应用材料。由国家科学院和美国物理学会（APS）运行设立的项目已经培养了许多教师。这些项目的评估表明，它们确实改变了参与者的教学方法，并对学生的成就和参与有着积极的影响。这些项目为教学法的复制和扩展提供了成功的模型。

虽然基于证据的教学法不一定比传统授课法需要更多的资源，但是对学院和大学来说,这种过渡需要漫长的时间和艰苦的努力。鉴于联邦政府在维持强劲的 STEM 劳动力方面可获得利益,联邦政府需要与私营学术机构共同合作投资以改变现状。在顺利度过过渡期后,这些变化便可以在没有外部援助的情况下长期维持。

这里所描述的朝着目标进行的持续变化,需要依靠可以衡量进展的工具。STEM 本科教育的评价指标将会为高等院校、教育部门、资助机构、外部评审者、认证机构、选择在何处学习 STEM 科目的学生以及那些创新设计项目提供依据。考虑到涉及高等院校和进行直接变革的学科的广泛性,我们有必要制定灵活的标准。

为实现建议 1 所需采取的行动

1-1　由联邦研究机构、学术机构、学科协会和基金会资助共同设立聚焦于学科的项目,对在职的和未来的教师进行基于证据的教学实践方面的培训。

在未来 5 年内,成功的项目对全国 23 万名 STEM 教师的覆盖率应达到 10％—20％。项目的扩展应使不同背景的来自所有学科和学校的教师都有机会接受培训,为所有的学生树立榜样。根据现有教学培训项目的数据,期望训练有素的教师能影响 10 位同事的教学目标是合理的;因此仅通过目标受众为小部分教师群体的这一项目,便能使相当大比例的 STEM 教师从中获益成为可能。此外,教授大学一、二年级学生入门课程的 STEM 教师约占 10％。因此,实现 10％—20％的 STEM 教师覆盖率的目标将直接锁定大多数接受培训的群体为那些在大学头两年教授 STEM 学科的教师。

在 5 年内,每年用于培训 2.3 万—4.6 万名 STEM 教师的费用总计达到 1 000 万—1 500 万美元。这类培训的资金应该由联邦项目、学术机构、学科协会和基金会共同提供。为了培养未来的教师,联邦研究机构应该要求由联邦培训基金资助的所有研究生和博士后研究人员都接受现代教学方法的指导。培训基金和机构资金的合作应致力于完成这一培训工作。

1-2 美国国家科学基金会创建"STEM 机构转型奖"（STEM Institutional Transformation Awards）竞争性资助项目。

竞争性资助项目的设计应着力于提供激励并促进 2 年制和 4 年制大学的教学创新。资金应该用于支持示范项目以及成功实践的数字化传播。资助项目每年应提供 2 000 万美元的资金，支持约 100 项多年期项目——平均每 5 年为一个周期，提供约 100 万美元资金的支持。资金可来源于美国国家科学院于总统 2012 财年提议的"拓宽基于证据之改革的实施和示范"（WIDER）项目，该项目可提供高达每年 2 000 万美元的资助。

1-3 国家科学院需要开发指标体系以评估 STEM 教育。

为了对本报告中呈现的目标实现的进展情况进行评估，学校、资助者、学生和认证机构都需要一套有意义的标准来衡量 STEM 教育的卓越程度。美国国家科学基金会和美国教育部应要求国家科学院努力领衔制定由实证证据支持的指标，并将该指标用于鼓励和评价教师行为和学生学习。

建议 2：提倡和支持用基于探究的研究性课程取代标准化的实验室课程。

传统的入门实验室课程往往不能抓住 STEM 学科的创造力。它们通常是重复操作经典实验来重现已知的结果，而不是让学生在参与实验时真正去探究和发现。学生或许会从这类课程中推断认为，STEM 领域往往是在重复过去，而不是探索未知。大学最初 2 年的工程课程长期以来一直使用能引发学生创造力的设计课程。最近，STEM 学科的研究性课程在不同院校得以实施，包括拥有众多学生注册的入门课程的大学。这些课程使学生在课堂环境中拥有个人项目和探索发现变得可行，使学生能够沉浸于真实的 STEM 经验并强化学生的学习；因此，这类课程为应该更广泛实施的课程类型提供了参考模型。

为实现建议 2 所需采取的行动

2-1 通过美国国家科学院的项目扩大高等教育前 2 年科学研究和

工程设计课程的开设。

国家科学基金会应该为研究模型或设计课程的复制和扩展提供初始资金,这可以通过现有的"STEM 本科教育转型"项目(TUES)或"STEM 人才培养"项目(STEP)来实现。大约 30％ STEM 学科的现有项目聚焦于高等学术机构中研究性课程的实施,每年的资金花费约为 1 250 万美元(基于 2010 财政年的资金水平)。基于"STEM 本科教育转型"项目中类型 3 和"STEM 人才培养"项目中类型 1 的资助范围,每年平均有 10 项提案以约 120 万美元的平均资金水平得到资助,这将在接下来的 10 年中影响到大约 100 所高校。

学院与大学应寻求与国家科学基金会资金相符的私人和慈善资助来源。研究性课程应成为"STEM 机构转型奖"的激励因素。由于研究性课程将取代昂贵的入门实验室课程,因此一旦实现这种转变,它们将不再需要持续的外部支持。

2-2　通过减少联邦研究资金的限制和重新规划教育部项目增加学生在教师研究实验室里进行研究和设计的机会。

教师项目的独立研究是一种学生能够体验真正的发现和创新的直接途径,它也将受到 STEM 科目的支持。所有相关的联邦机构都需要检查其部门中支持本科生科研的项目,并明确在哪些方面存在着阻碍和限制,对于那些妨碍到本报告中提议的用以支持学生早期参与研究的建议的政策或实践,都需要对其进行改变。联邦政府应该鼓励建立研究型大学和社区学院或其他没有研究项目的学院之间的项目合作。通过教育部 10 亿美元的卡尔·帕金斯生涯技术教育(Carl D. Perkins Career and Technical Education)项目以及加强联邦对少数族裔机构的重点性投资,可以对跨院校的研究机会进行资助。

建议 3：在高等数学教育领域发起国家性试验,以弥补数学知识的准备不足。

大学水平的数学技能和计算机技能日益成为通往其他 STEM 领域的大门。现在许多进入大学的学生缺乏这些技能,如果他们想要投身STEM 专业的话,就需要学习这些技能。此外,私营企业的雇主、政府和军方经常提到，他们难以招聘到足够的拥有所需数学水平的员工。这种准备的缺乏给高等教育和雇主带来了巨大负担。每年仅用于弥补高等教育中数学教育不足所需的资金投入就至少达 20 亿美元。同时，数学入门课程往往给学生留下所有的 STEM 领域都是枯燥和缺乏想象力的印象，这对于在未来将成为 K－12 教师的学生来说影响更为不利。减少或消除数学知识的准备不足是 21 世纪劳动力培养最紧迫的挑战和最有前景的机会之一。

　　缩小这种差距将需要各方从低年级开始进行多方面的协调行动。总统科技顾问委员会早前发布的有关 K－12 STEM 教育的报告《培养与激励：为美国的未来实施 K－12 年级 STEM 教育》（以下简称《培养与激励》）中包含了对于高校致力于这项努力的若干建议。尤其是，这份报告呼吁政府设立这一目标，即招收和培养至少 10 万名新的具有 STEM 领域学位及充足教学法准备的 STEM 中学教师，并为其提供引导性支持。本届政府已经接受了这一目标，将在未来 10 年中培养百万名 STEM 毕业生，这将有助于本目标的实现。

　　联邦政府在支持缩小数学知识的准备不足的知识基础发展方面起着关键的作用。例如，目前急需有关向大年龄段的学生教授数学的最好方法的研究，这样能使他们在大学前 2 年选择国家最迫切需要的 STEM 学科。一些发展性的数学课程已经证明了其在提高未达到大学数学水平的学生在数学能力方面的有效性，这些课程甚至在鼓励想要学习 STEM 专业的学生坚持完成学业且拿到 STEM 学位方面也颇为有效。数学教育研究应该探讨这些成功课堂的特点以及用于传播最佳实践的方法。

　　在《培养与激励》这一报告中，委员会同时也呼吁建立具有使命感的教育高级研究项目局（Advanced Research Projects Agency for Education, ARPA-ED)机构，它将：（1）发展致力于促进所有科目和年龄的学习、教学以及评估的创新技术和技术平台；（2）发展有效的、综合的和全过程的 STEM 教育材料。这些进展不仅将使 K－12 教育受益，还将为大学前 2 年期间许多 STEM 领域的学生都需要的发展性课程带来积极的改变。

为实现建议 3 所需采取的行动

3-1　美国国家科学基金会、劳工部和教育部需支持高校数学教育的国家性试验。

国家科学基金会以及劳工部和教育部都应该支持一项旨在消除数学瓶颈的由多校区参与的 5 年计划,这种数学学习的瓶颈目前正使得许多学生放弃学习 STEM 专业。国家性试验应该对多种探索项目进行资助,包括:(1) 针对即将进入大学的高中生的暑期课程和桥梁课程;(2) 面向高校学生的补习课程,包括依靠计算机技术的课程;(3) 由来自数学密集型学科(mathematics-intensive disciplines)而不是数学专业的教师开发和教授大学数学课程,包括物理学、工程学和计算机科学;(4) 在数学密集型专业领域而不是数学学科领域的本科和研究生课程中开辟培养中小学数学教师的新渠道。应将不同类型的机构纳入该试验中,以评估对不同类型学生和学校进行干预的影响。对结果进行评估时应考虑参与学校和资助机构的共同努力。

平均花费为 50 万美元、总计约 200 项的试验应由全国各机构资助,在 5 年间每年的成本为 2 000 万美元。数学准备问题在高等教育各个范围内各不相同,因此我们需要多种资源来资助不同机构类型的实验。这些试验的资金可来源于教育部提议的"世界领先计划"(First in the World Initiative)、劳工部的"职业路径创新基金"(Career Pathways Innovation Fund)或"贸易调整援助社区学院及职业培训资助计划"(Trade Adjustment Assistance Community College and Career Training),以及国家科学基金会提议的在接下来的 5 年重点关注数学学科的"STEM 本科教育转型项目"(TUES)或"STEM 人才培养计划"(STEP)。

建议 4:鼓励发展利益相关者之间的伙伴关系,促进 STEM 职业路径的多元化。

想要利用现有人才的广度,非传统学生应受到特别的关注。成人和在职学生以及来自非典型背景的 STEM 专业学生可能需要在 STEM 学科上获得成功的其他可供选择的途径。通向 STEM 能力的"渠道"的概念，应该被用于实现这些目标的多样化路径的形象所取代。包括 2 年制和 4 年制院校在内的所有大学和学院都需要在相互之间建立更好的联系，为 STEM 学位提供更多的切入点和路径。

为实现建议 4 所需采取的行动

路径的支持和建立将需要不同机构之间的协调努力。联邦政府可以通过战略规划、重新分配资金以及领导力来指导这项工作并鼓励必要的伙伴关系的建立。

4-1　为教育部面向高中生的暑期 STEM 学习项目提供资助。

教育部应该推出 2007 年《美国竞争法》（由时任参议员的奥巴马提出修订）中的暑期学习项目，为即将升入 11 年级和 12 年级的学生提供数学教学和 STEM 实践经验。该项目应该由联邦政府、州、地方实体和私营企业合作资助。基于国家科学基金会前青年学者项目暑期学院的规模，我们建议每年投资 1 000 万美元用于资助约 100 个项目，惠及约 5 000 名学生，并由学术机构和私人投资者共同分担主要的成本。

4-2　通过国家科学基金会的项目鼓励发展从 2 年制学院通往 4 年制大学的路径，并扩大劳工部项目的界定范围。

劳工部"贸易调整援助社区学院及职业培训资助计划"的使命，在于推动并促进社区与技术学院以及私营企业雇主之间的重要伙伴关系的发展，鼓励 2 年制和 4 年制院校开展科学研究和工程设计的交流。此外，这些活动可以通过劳工部"职业路径创新基金"对研究合作的重点关注来获得资助。国家科学基金会的"推进技术教育"（Advancing Technical Education）项目也可以聚焦于跨院校间的合作。这里所描述的桥梁应该为在 4 年制大学中的社区学院学生提供真实的 STEM 经验，让学生们与教师、学院或大学社区建立联系，更易于 2 年制学院学生升入 4 年制大学，或是为未计划攻读 4 年制学位的学生提供先进的经验。

4-3 建立公私伙伴关系以支持成功的 STEM 项目。

为了加强学生的 STEM 准备,联邦政府应该吸引私营企业和基金会的参与,来支持高中和大学之间、2 年制和 4 年制院校之间的联系,并确保项目中包含与行业认可的技能一致的学习标准和学习内容。

4-4 提高由教育部和劳工统计局提供的为 STEM 领域的学生、家长、STEM 学科共同体以及劳动力市场服务的数据质量。

为了促进非传统学生的 STEM 职业生涯路径发展,联邦政府应该提供当前有关 STEM 就业的全面数据。如今,招聘 STEM 专业人士的公共和私营雇主缺乏有关 STEM 工作者的技能、选择和可用性的数据。为了得到所需信息,政府应重新进行类似大学及高中加速项目 1988 调查(University High School Acceleration Program 1988 cohort)以及高中与高中后阶段学生(High School and Beyond)的调查;教育部应该投入更多的资源对学生从高中阶段到就业时期进行追踪;劳工统计局应该重新定义就业类别,将需要 STEM 技能的工作(如医疗职业和先进制造业)全部纳入"STEM"就业范围内。

建议 5：由学界和商界领袖共同创建 STEM 教育总统委员会,为 STEM 本科教育的变革和可持续发展提供战略领导。

需要鼓励高等教育和 STEM 相关企业的领导者们进行高等教育的彻底变革,培养美国所需要的劳动力。为此,我们建议总统通过行政令来建立负责提供有关 STEM 高等教育的建议和领导的 STEM 教育总统委员会。委员会应包括来自各学术机构、专业团体、企业和涉及 STEM 领域人力资本的发展和利用的私人基金会的成员代表。基于本报告提供的指导,委员会应提出相关建议,而这些建议可以通过总统所能运用的各种机制来大力提高 STEM 高等教育的质量。该委员会还可为公共和私营企业的领导者们搭建论坛,来参与对 STEM 部门进行评估的指标

的发展和部署(建议 1)，设计并支持 STEM 教育项目的协作联盟(建议
4)，这包括了扩大企业的实习项目以及将产业研究议程与大学研究课
程联系起来(建议 2)。此外，它还可以为高校数学教育的国家性实验
(建议 3)提供建议和参考;如果必要的话，它还可以对数学教育问题进
行进一步的研究。

第四章[①]
在先进制造业获得国内竞争力优势

一、AMP 指导委员会执行报告

先进制造业并不仅仅局限于新兴技术;相反,它由具有全球竞争力的美国制造商和供应商所具备的高效、高产、高度集成且严格控制的流程组成。美国先进制造业的加速发展和繁荣需要社区、教育者、工人和企业的积极参与,同时也需要联邦、州和地方政府的大力支持。

AMP 指导委员会(Advanced Manufacturing Partnership(AMP) Steering Committee)提议在国家层面制定先进制造业发展战略。该战略应作为国家战略框架,由各州和地方社区负责实施,促进美国先进制造业的持续复苏。

AMP 指导委员会提出了 16 项建议,主要围绕以下三大支柱展开:支持创新;确保人才渠道;改善商业环境。

这些建议旨在重塑制造业,在一定程度上保证美国的竞争力,为国家的创新经济注入活力,并激励国内制造业生产基地的发展。其目标在于确立美国在崭新且颠覆性的先进制造业技术方面的世界领导地位,而先进制造业技术正在改变着制造业的面貌。

---

① Executive Office of the President, President's Council of Advisors on Science and Technology, 2012. *Capturing Domestic Competitive Advantage in Advanced Manufacturing*. Washington, DC: Executive Office of the President. https: // www1. eere. energy. gov / manufacturing/ pdfs/ pcast_july2012. pdf.

AMP 指导委员会认为,现在已经得到采纳的许多重要措施,将对完善国家先进制造业的创新体系起着至关重要的作用。尽管一些美国大型企业已经具备经验和资源来迎接这一挑战,但是大量的中小型美国公司却被排除在现有创新体系之外。只有所有企业都能参与制造业创新所带来的这一变革,美国才能在全球先进制造业领域占据领导地位。

二、先进制造业伙伴关系

"先进制造业是一系列活动,这些活动(1)取决于信息、自动化、计算、软件、传感和网络技术的使用与协调,以及/或者(2)利用物理或生物科学所实现的前沿材料和新兴功能,例如纳米技术、化学和生物学。它包括生产现有产品的新途径,以及来源于新兴先进技术的新产品的制造。"

——总统科技顾问委员会给总统的报告

《确保美国在先进制造业的领导地位》

1. 起源

美国的长期繁荣取决于商品制造和销往全球市场的能力。制造业支持着经济增长,贡献着国家的出口量,并提供了数以百万计的就业岗位。通过支持三分之二的私营部门的研发以及聘请科学家、工程师和技术人员发明和生产新产品,制造业推动着美国的知识生产和创新[1]。

先进制造业涵盖制造业的各个方面,其中包括通过生产过程创新和供应链创新来应对客户需求做出快速反应的能力。随着制造业不断进步,它正日益成为知识密集型产业,并依赖于信息技术、建模和仿真。制造商也越来越关注环境可持续的实践,这将提高性能和减少浪费。

专注于先进制造业会带来诸多好处。如图 4.1 所示,和其他任何部

---

[1]　President's Council of Advisors on Science and Technology, "Report to the President on Ensuring America's Leadership in Advanced Manufacturing," June 2011, www. whitehouse. gov/ sites/default/les/microsites/ostp/pcast-advanced-manufacturing-june2011. pdf.

门相比，每支出一美元，制造业将为整个经济创造更多的价值。制造业能生产出从根本上改变或创造新的服务和产业的新产品。

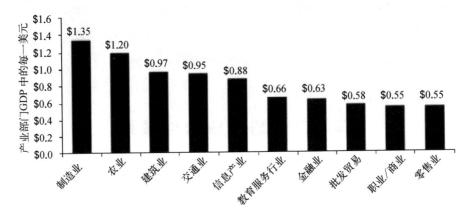

图4.1　产业部门每产出一美元所造成的经济效应(2010)

来源：AMP Steering Committee based on data from Bureau of Economic Analysis, Input-Output Tables available at www. bea. gov/iTable/index_industry. cfm.

然而，美国在制造业的历史领导力正处于一个拐点。尽管100多年来，美国一直是制成品的主要生产国，然而制造业占美国国内生产总值(GDP)和就业率(图4.2)的份额却一直在下降。

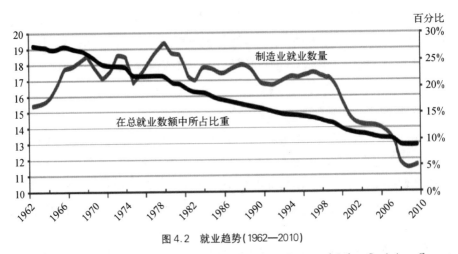

图4.2　就业趋势(1962—2010)

来源：AMP Steering Committee based on data from Bureau of Labor Statistics, Current Employment Statistics, 1962–2010 provided in Table B–1 at www. bls. gov/ces/tables. htm♯ee.

美国制造业领导力的损失并不仅限于低技术含量产业中的低薪工作,也不仅限于相对于低收入国家而言的地位。严峻的事实是,相对于高工资国家如德国和日本,美国在制造业领域的创新已然滞后,同时美国已经放弃了在某些中等技术和高技术产业的领导地位,这些产业拥有高比例的高技能工人。此外,美国和制造业有关的重要研发活动也已经流失到其他国家,在制造业领域生产和创造产品的竞争能力也在下滑——从笔记本电脑到平板显示器再到锂离子电池。正是认识到这一点,2011 年6 月,总统科技顾问委员会以及总统创新和技术咨询委员会发布了一份给总统的报告,即《确保美国在先进制造业的领导地位》①。该报告就振兴国家在先进制造业的领导地位提出了发展战略和具体建议。

为确保美国吸引制造业活动并保持在知识生产方面的领导者地位,该报告建议执行以下两项战略:

(1) 通过税收和商业政策、对基础研究强有力的支持以及对高技能劳动力的培训和教育来创造肥沃的创新环境,以此为商业提供最佳的整体环境。

(2) 加大投资应对市场失效情况,以确保新技术和设计方法在美国的开发,并保证技术型企业能拥有基础设施从而实现蓬勃发展。②

根据总统科技顾问委员会的报告,奥巴马总统在 2011 年 6 月 24 日发起了"先进制造业伙伴关系"(AMP)计划,这一国家层面的努力将产业界、大学、联邦政府和其他利益相关者结合起来以发掘新兴技术,因为新兴技术有潜力创造更多高质量的国内制造业就业机会,并将提高美国的全球竞争力。

在总统科技顾问委员会的框架内,AMP 指导委员会提出了三项有望达成的目标,它们紧密结合,一旦实施,将会引发累加效应:

1. 开发永久性模型用于评估、优先化以及建议联邦政府在先进制造业技术的投资;

---

① President's Council of Advisors on Science and Technology, "Report to the President on Ensuring America's Leadership in Advanced Manufacturing," June 2011, www. whitehouse. gov/ sites/default/les/microsites/ostp/pcast-advanced-manufacturing-june2011. pdf.

② 同上。

2. 建议开展一组合作项目，重点在于推进高影响力技术（high-impact technologies）以及创建合作模式，包括技术开发、创新基础设施和劳动力发展；

3. 为政府提供关于支持推进美国制造业投资行动的建议。

2. 过程

AMP 指导委员会还发起了五项工作流程，目标如表 4.1 所列。

表 4.1　工作流程目标

工作流程	目　　　标
技术开发	● 确定一种永久性机制，以用于识别和发展关键的制造业技术 ● 确定一组将保证美国制造业竞争力的高端技术领域
共享基础设施和设备	● 通过提供为所有美国制造业企业，特别是中小企业服务的独特的功能和设施，来评估为企业化解风险、扩大规模并降低企业从研发到生产的技术发展成本的机会
教育和劳动力发展	● 确定用于支持稳健的人才供应的具体行动，以此来为对投资美国先进制造业活动感兴趣的公司提供人力资本
政策	● 向政府提出经济和创新政策方面的建议，这些政策会直接影响整体经济氛围、改善科研合作的能力以及优化支持美国制造业生产和就业的商业化的途径
拓展	● 进行利益相关方的拓展和审查 ● 实施和巩固地区会议的研究结果

来源：AMP Steering Committee.

AMP 指导委员会与全国范围内的利益相关方进行了广泛磋商，以确定对有潜力改变美国产业的先进制造业的投资机会。值得注意的是，此次共举行了四个区域会议——分别在乔治亚州的亚特兰大、马萨诸塞州的剑桥、加州的伯克利以及密歇根州的安娜堡——这些会议论坛为 1 200 名代表产业界、学术界和政府的与会者提供了公开分享其观察、观点和建议的机会。此外，委员会还通过各类制造产业和学术性贸易及专业协会进行了广泛的调查。

这些磋商在很大程度上影响了 AMP 指导委员会对总统科技顾问委

员会的建议。指导委员会坚信,这些建议通过构建先进制造业技术的国家路线图、加快制造业从制图板上的设想跨越到生产层面的速度、发展同类别的最新技术、培训未来劳动力以及开发基础设施和共享设施来实现中小型和大型制造商的创新和竞争,将会为制造业在未来的突破提供基础。

每个工作流程对应一份报告,这为 AMP 指导委员会的报告及建议提供了基础。这些报告可以在相关附件中找到,同时也可在网上查询。

三、先进制造业的重要性

1. 先进制造业在全球经济中的作用

在 20 世纪期间,美国制造业产量增加速率相对稳定,整体投资能力稳步扩大。从 20 世纪 60 年代末到 90 年代末,美国制造业就业人数大约为 1 700—1 800 万。然而在过去的 10 年里,这种平衡发生了变化。近 10 年来,制造业产量近乎于零增长。美国失去了三分之一的制造业劳动力,在新产能方面的投资也趋于停滞①。这一时期制造业就业人数的减少不能仅仅归因于生产率增长的损失,而是源自制造业这一行业竞争力的整体下降。这其中有诸多影响因素。竞争力的下降导致了包括先进技术产品在内的制成品方面的巨额贸易赤字以及美国制造业生产量在全球份额的损失。人们越来越担心在过去 10 年里的产能损失已经影响到美国的国家创新和制造能力,阻碍了制造业的新投资。

先进制造业在如今的经济中扮演着一个关键的角色。制造业为美国的创新做出了不计其数的贡献。与制造业生产过程的接近创造了横跨企业和行业的创新潮流,这激发了支持新一代产品和工艺的思想和能力。通过这种方式,充满活力的制造业产业与国家的创新能力建立了密不可分的联系。

---

① Stephen J. Ezell and Robert D. Atkinson, The Case for a National Manufacturing Strategy, Information Technology and Innovation Foundation, 2011, www2. itif. org/2011 - national-manufacturing-strategy. pdf.

　　尽管近年来制造业就业人口出现了下降，但制造业产业仍然雇佣了近 1 200 万名工人。这些产业负责着美国很大一部分的研发投资——而这一研发投资是驱动创新的关键因素之一。制造业领域中的中小企业是美国经济至关重要的组成部分：2009 年，84％的制造业企业是中小型企业[①]；2010 年，中小型企业雇佣着美国 51％的制造业劳动力[②]。

　　一个健康发展的制造业将引发连锁反应。首先，平均每个制造业的工作支持着 2.5 个其他领域的工作；而在先进制造业领域，每个高技术制造业工作支持着 16 个其他领域的工作[③]。制成品的最终销售额中的每 1 美元支持着其他经济部门 1.35 美元的产出[④]。与其他行业相比，制造业拥有最大的倍增[⑤]。制造业不仅支持着巨大的经济活动，它还激励着其他领域的创新和研究。2009 年，美国制造业国内商业研发支出达到 1 950 亿美元，占美国国内商业研发支出总和的 70％[⑥]。

　　制造业对于就业的重要性并不能通过简单统计生产工人的数量来衡量。生产阶段对就业的影响在于延长了的产品价值链，从产品设计与生产的创新和投入阶段，这包括生产资源、组件、供应商，一直持续到包括分销、销售和为产品生命周期服务的维修在内的产出阶段。因此，制造业的总就业及其对经济的影响远远大于简单从事生产环节本身。

　　制造业对于全球贸易平衡也有重要影响。在过去 10 年中，工业制成品占美国贸易的 65％[⑦]。过去 20 年美国制造业的下滑在某种程度上导

---

① Census Bureau, Statistics of U. S. Businesses, 2009, www. census. gov/econ/susb/.

② Bureau of Labor Statistics, Current Employment Statistics, 2010, bls. gov/ces/cessizeclass. htm♯TB_inline? height＝200&width＝325&inlineId＝ces_program_links.

③ Ross DeVol et al. , "Manufacturing 2. 0: A More Prosperous California," Milken Institute, June 2009, www. milkeninstitute. org/pdf/CAManufacturing_ES. pdf.

④ Bureau of Economic Analysis, Industry-by-Industry Total Requirements after Rede nitions (Producer Price Indexes), 2010, www. bea. gov/iTable/index_industry. cfm.

⑤ The Manufacturing Institute, The Facts about Modern Manufacturing, 8th Edition, 2009, www. nist. gov/mep/upload/FINAL_NAM_REPORT_PAGES. pdf. Data are presented in Figure 1.

⑥ National Science Foundation, National Center for Science and Engineering Statistics (NSF/NCSES). InfoBrief NSF 12 - 309, March 2012, www. nsf. gov/statistics/infbrief/nsf12309/nsf12309. pdf.

⑦ National Science and Technology Council. A National Strategic Plan for Advanced Manufacturing, 2012. www. whitehouse. gov/sites/default/les/microsites/ostp/iam_advancedmanufacturing_strategicplan_2012. pdf.

致了长期的贸易逆差。事实上,自 2002 年起,美国在先进技术产品上每年都有贸易赤字①。如果没有一个充满活力的制造业产业,根本没有办法减少此类长期的贸易逆差;仅仅通过服务行业是不可能实现贸易平衡。

为重振美国经济,追求长期的经济繁荣,美国必须拒绝这一想法,即认为国家应该放弃制造业,而追求服务业。没有其他产业比制造业创造了更多的高薪工作,来维持数目庞大的美国家庭。相反,美国需要认识到,制造业和服务业是相互依赖、相互影响的。业内人士都知道将制造业和服务业分开并不是明智的;制造业与创新是密不可分的。如果将制造业和服务业分离,将无法实现可持续的经济增长。如果美国试图仅仅依靠创新,那么创新——以及创新所创造的价值——将会跟随着海外制造业而产生和发展。

2. 制造业对国家安全的重要性

保持先进制造业的技术优势是一个国家安全问题,这对维持美国的全球竞争力至关重要。一个强大的制造业不仅确保了国防和商业产品及服务的供应,而且也保证了这些商品的完整性,尤其是电子产品和其他关键性物品。然而,美国国家安全并不仅限于国防所需的产品和技术,还包括国家的能源安全、食品安全、健康安全、网络安全和经济安全所需的产品和技术。

在前进的过程中,美国必须保证获得低成本和安全可靠的能源。美国已经在光电、先进能源存储设备和替代原料方面取得了很大进展,但它需要加快发展先进制造技术来支撑在成本上具有竞争力的经济。对于全球粮食安全的重要性,美国和世界都有目共睹,而先进制造业将通过高技术种子和植物基因组学以一种可持续的、高效的方式来解决不断增加的人口的粮食问题。全球老龄化人口越来越依靠尖端药品和医疗技术,而在这一领域,先进制造业起着举足轻重的作用。最后,经济的每一个领域都越来越依赖信息技术系统,因此,信息技术不仅对国家安全至关重要,

---

① U. S. Census Bureau, Foreign Trade Statistics, Advanced Technology Products, 2011, www. census. gov/foreign-trade/balance/c0007. html.

而且对保持美国在全球经济中的领导地位也影响重大。信息技术的新突破要求制造业的进步来提供下一代系统和工具；先进制造业正是依赖于这些新一代流程的未来系统①。

3. 创新与先进制造业的相互作用

其他国家目睹了由制造业经济创造的前所未有的经济繁荣，并重视制造业的内在价值。他们正在积极角逐制造业技术和制造业生产。美国的主要经济竞争对手已经认识到充满活力的制造业所能带来的益处，并已开发出吸引制造业投资的途径。同时，这些国家也在努力发展之后的研发过程。这正如国家标准与技术研究所经济学家格里高利·泰奇（Gregory Tassey）所言："研发和制造业的协同定位问题尤其重要，因为它意味着从研发和制造业生产获得的增值都将促进创新经济，这一点至少存在于技术形成阶段。"②许多人认为，研发和制造业生产可以被分离，与此同时美国专注于研发和设计。然而，研究表明，制造业外包将会导致后续研发能力的损失。"失去这种'制造业'接触将很难想出有创意的点子"③。与此相关，在美国建立制造业工厂还有额外的好处，即能提供更快接触到中间产品和服务的供应、大量的工人以及接近消费者的机会，此外还能通过供应链和员工流动增加跨公司知识溢出效应④。

目前世界面临的问题是复杂的，单靠服务业并不能予以解决。这些问题的解决需要制造业企业的创新、创造力和独创性以及学术界和国家研究实验室的共同努力。随着世界人口的增加和新经济体的出现，社会需要新的解决方案来满足其对能源、水、食品、健康、安全和公

---

① Department of Commerce, "The Competitiveness and Innovative Capacity of the United States," January 2012, www. commerce. gov/sites/default/les/documents/2012/january/competes_010511_0. pdf.

② Gregory Tassey, The Technology Imperative (Northampton, MA: Edward Elgar, 2007).

③ Erica R. H. Fuchs, "The Impact of Manufacturing O shore on Technology Development Paths in the Automotiveand Optoelectronics Industries," Massachusetts Institute of Technology, June 2006, esd. mit. edu/people/dissertations/fuchs. pdf.

④ Michael Greenstone, Richard Hornbeck, and Enrico Moretti, "Identifying Agglomeration Spillovers: Evidence from Winners and Losers of Large Plant Openings," April 2010, emlab. berkeley. edu/~moretti/mdp2. pdf.

共基础设施的迫切需求。这些挑战的解决是复杂的,需要新的方法和途径。这些复杂的问题依靠单一学科已经不能予以解决,而需要跨学科方法以及私营部门和公共部门之间的协作。此外,世界上最顶尖的大学、企业家、国家实验室和大中小型企业需要共同合作来直面世界上最严峻的挑战;揭示科学基本原理;发现新型分子和材料,以及衡量新流程和操作。

4. 美国的全球竞争力

由于无法更新和调整政策,美国正在慢慢放弃其在先进制造业的长期领导地位。世界各国为新工业营造了更为积极的氛围,并鼓励当地企业投资。公共政策应该鼓励投资。世界一流的教育系统和员工培训实践将成为制造商的吸引磁石。近年来,由美国政府支持的研发系统对先进制造业所需的技术进步仅给予了非常有限的关注。这善意的忽视给美国的制造业带来了损害,而与此形成鲜明对比的是德国、韩国、日本和中国对先进制造业所需技术的重点关注。

因此,美国 AMP 指导委员会提出,美国必须建立一个国家经济框架,并依据该框架制定战略措施并采取支持行动来促进美国的经济健康及先进制造业的长期力量的恢复。

为了实现这一目标,指导委员会建议美国制定先进制造业议程以提高未来 5 年美国的全球竞争力。确保长期可持续的增长要求美国做好劳动力的准备,吸引并留住境外熟练工人,并提供激励措施鼓励企业在全球经济增长关键地区的长期商业投资。

AMP 指导委员会还建议建立国家先进制造业战略和共同议程,以实现制造业在美国的蓬勃发展。

四、建　　议

AMP 指导委员会提出了一系列建议,这些建议围绕三大核心支柱:

支持创新、确保人才渠道以及改善商业环境。委员会的建议旨在彻底改造制造业，在某种程度上保证美国国家竞争力、培养创新经济并发展稳健的国内制造业基地。我们重点关注将美国定位为在新的颠覆性先进技术（disruptive advanced technologies）方面引领世界的领先地位，这些技术正在改变着制造业的面貌。我们认为应该采取几个关键步骤，但最重要的是强化我们在先进制造业领域的创新体系。虽然全国最大的一些公司有能力为迎接未来制造业的挑战做好准备，但是有超过 30 万的中小型企业仍处于创新体系之外①。只有利用创新系统的力量在制造业领域创建技术优势，美国才能引领世界先进制造业。

美国能够并将引领世界先进制造业。今天，我们已经能看到一些从研究实验室产生的制造业新技术的例子，这些新兴技术将会对制造业的生产方式产生颠覆性的影响。这些例子包括大幅降低资金成本的新型纳米制造业技术，降低传统生产过程中能源消耗的生物制造业和分离方法，减少浪费的创新性添加处理流程和材料，以及能降低风险、优化供应链、使收益最大化的智能制造工具和方法。这些创新的例子将对诸如资金成本、材料质量和能源可用性等因素产生直接影响。

对于新型先进制造业技术的部署来说，十分关键的是要拥有一批训练有素且已经为领导这场制造业革命准备有绪的高技能劳动力。各产业、教育机构和公共部门之间鼓舞人心的伙伴关系引起了指导委员会的注意，这种合作关系可以缩小制造业的技能差距。这些伙伴关系主要是地区间的合作，并涉及社区学院的参与。对于这些最佳实践和所有参与者（政府、产业界和学术界）的关注将引发进一步的教育创新和由美国充满活力的先进制造业产业所创造的新的职业热潮。

我们看到了运用政策"杠杆"改善国内制造业的商业环境的重要机会。除了用以创造公平竞争环境的税收和贸易政策，我们还看到监管机构尽早参与制造业发展进程的机会，以此来开发更精简的监管框架，并同

---

① BLS, Current Employment Statistics, op. cit.

时更新能源政策。

最后,AMP 指导委员会的建议还包括适用于任何区域性或国家性的制造业策略的概念。我们设想成立一系列地区性的制造业创新研究所(MIIs),使其成为连接先进制造技术与研究和商业应用的桥梁。这些公私合作关系将形成一个国家基础设施网络,在放宽获取新技术的权限的同时,也在新技术方面给予教育支持。在地区层面上,通过利用区域竞争力形成独特的合作关系开启先进制造业的创新,对于改变美国制造业的全球竞争力而言是十分关键的。这种地区性的关注也加强了美国的集体性"产业联盟"①。

表 4.2　建　议　总　结

支柱Ⅰ:支持创新
1　**制定国家先进制造业发展战略** 通过系统化流程确定和优先考虑交叉尖端技术,开发和维护国家先进制造业战略。
2　**增加交叉尖端技术的研发资金** 除了确定对先进制造业至关重要的交叉技术的"优先名单"外,AMP 指导委员会还制定了用于评估申请研发资金的技术的流程。
3　**建立制造业创新研究所的全国性网络** 制造业创新研究所应该形成公私伙伴关系,促进先进制造技术的区域生态系统发展。制造业创新研究所是集中众多建议的平台。
4　**加强先进制造业研究中的产业/高校合作** 应该改变高校免税债券基金设施的状况,实现高校和产业之间更广泛更强大的互动。
5　**打造更稳健的先进制造业技术的商业化环境** AMP 指导委员会建议采取行动将制造商和大学创新生态系统联系起来,创建从企业启动初期到增长阶段的连续的资本获取通道。
6　**建立国家层面的先进制造业门户网站** 应该创建可搜索的制造业数据库,将其作为用于支持中小企业获取基础设施的关键机制。

① Gary P. Pisano and Willy C. Shih, "Restoring American Competitiveness," Harvard Business Review 87 (July-August 2009), hbr. org/hbr-main/resources/pdfs/comm/fmglobal/restoring-american-competitiveness. pdf.

续　表

支柱Ⅱ：确保人才渠道
7　**纠正公众对于制造业的误解** 培养公众对于制造业职业的热情和兴趣是一项关键的国家需要，广告宣传活动应该作为该方向的一个重要步骤。
8　**利用退伍军人人才库** 归来的退伍军人拥有很多制造业人才渠道中需要填补技能空白的关键技能。AMP指导委员会就如何将这些退伍军人与制造业就业机会联系起来提出了具体建议。
9　**投资社区学院教育** 社区学院层级的教育是影响制造业技能差距的"最佳点"。政府应该增加对该领域的投资，紧跟领先的创新者的最佳实践。
10　**发展伙伴关系，提供技能证书和认证** 先进制造业认证过程中的可转移性和组合性将为负责人才渠道的组织的协调行动创造条件。
11　**加强大学先进制造业项目** 发展教育模块和课程，使大学成为孕育先进制造业新的关注焦点的摇篮。
12　**启动国家制造业奖学金和实习项目** 创设先进制造业国家奖学金和实习项目的建议将带来许多资源，但更为重要的是，它们将体现国家对制造业就业机会的认可。
支柱Ⅲ：改善商业环境
13　**制定税制改革政策** 制定一组特定的税收改革，从而帮助国内制造商实现公平竞争。
14　**简化监管政策** 创建更为智慧和精简的先进制造业监管框架。
15　**改善贸易政策** 推进具体的贸易政策，改善商业环境。
16　**更新能源政策** 先进制造业中的能源问题非常重要，必须得到解决。

来源：AMP Steering Committee.

这三大核心支柱是密切相关的。没有任何一组建议是独立存在的。真正的进展需要依靠三大核心支柱共同的协调行动。接下来，我们将分别详细讨论每一项核心支柱以及组成相关支柱的建议。

支柱 I：支持创新

建议 1：制定国家先进制造业发展战略

国家的研究和创新生态系统高度依赖制造业基地对需要解决的问题和挑战提供持续的反馈。

只有当与有关制造过程的知识和控制联系起来时，产品创新这一环节才是最为有效和高效的。因此，产品的设计本身就涉及对产品制造过程的设计，两者是不可分割的。将这两者割裂，正如我们目前频繁在做的，对两者都会产生非常负面的影响，因为它们是相互依存的。

技术，是在不断进步的。前沿的事物可以迅速成为一种商品。因此，先进制造业伙伴关系的一个主要目标应该是开发和建立一种永久性机制，来确定和识别下一代先进制造业技术，因为这些技术将对美国的经济增长和竞争力提升产生巨大的影响。

从历史上来看，美国在基础研究和应用研究方面都有着充满活力的制造业基地和活动项目。美国研究活动的特色在于其投资的规模、广度和活力。

与美国不同，其他主要工业化国家正在采用一种更为系统化的规划过程，并将其与国家利益和战略保持明确的一致性。实施结构化规划过程的关键因素有着诸多益处。然而我们认识到，美国的优势在于灵活性和独创性，以及研究型大学和私人/国家实验室等资产。在仅由一家企业实体来独自开发一项创新的突破性技术难以承担风险的情况下，公私合作却可以加快适销产品的概念转变，同时消除开发过程中的投资风险。利用潜在的优势使美国制造业企业适应全球市场的变化，并将企业与适量的结构结合，将加速关键的前沿性制造业技术创新。

联邦政府、产业界和学术界必须共同合作创建一套可持续的流程，从而对能推动美国制造业未来成功的相关技术进行有效识别并实现相关技术的商业化。

为此，我们提出了拥有四个不同阶段的技术生命周期过程：

第一阶段：创建国家先进制造业战略规划和目标。

- AMP 指导委员会承认和支持最近发表在国家科学技术委员会的报告《先进制造业国家战略规划》中的建议①。
- 向前发展，我们建议成立国家先进制造业项目办公室②，协调制定国家先进制造业发展战略，并密切协调与产业界和学术界的合作。在这个阶段，未来的场景和预测将基于对国家战略（国防、能源、健康、安全和经济）和全球市场需求的分析，以及对宏观经济趋势的预测。这种分析应每 5 年进行一次，由产业界、学术界和政府领导者共同参与，并且应该是一个征求意见、运用集体智慧和在参与者中建立共识的包容的过程。优先级目标的标准在美国国家安全需求（国防、能源、食品、健康和经济）、全球市场需求、美国商业竞争力准备和全球技术准备方面应该是一致的。
- 表 4.3 列出了相关框架以及对于所需分析的本质内容的直观图。相对重要性（由高到低）和准备评估（由高到低）将定义所产生的影响和驱动美国竞争力所需的技术类型。它还将指导美国政府、产业界和大学在推进技术中扮演好各自的角色。

第一阶段成果→战略需求和所需技术的优先列表

第二阶段：创建技术路线图。

- 通过国家优先事项、产业工作团队、学者和机构专家被委任开发路线图，实现开发新技术并将它们转化进入现有供应链的战略规划。路线图应该包括对关键价值和绩效指标的指导。对成熟的产业来

---

① National Science and Technology Council, "A National Strategic Plan for Advanced Manufacturing," www. whitehouse. gov/sites/default/les/microsites/ostp/iam _ advancedmanufacturing _ strategicplan_2012. pdf.

② National Institute of Standards and Technology (NIST), "National Program Office for the Advanced Manufacturing Partnership Established at NIST," Press Release, December 19, 2011, www. nist. gov/public_affairs/releases/npo-121911. cfm.

表4.3 联邦政府在先进制造业技术上的投资优先级框架

美国国家需求	全球市场需求	美国制造业竞争力	全球技术准备	影响	推动美国制造业竞争力所需技术	美国政府的作用	产业的作用	大学的作用
高	高	高	高	成熟领域 美国是全球强劲的出口国	保持领导力的应用研究和发展	战略需求要求该能力	领导研究和生产投资	主导应用研究
高	高	高	低	美国定位为强劲的领导地位 技术不可用	基础应用研究	战略需求要求该能力	确定线路技术图开发技术并建立制造业能力和设备	进行基础研究
高	高	低	高	美国落后 净进口	需要大量投资填补差距	战略需求促进建立美国制造业基地	建立全球竞争力的制造业能力和设备	技术突破
高	高	低	低	新领域 高潜力出口 全球无领先者 需要新技术和设施	基础研究	战略需求推动研究和设施建设	与大学和国家实验室合作来主导基础和应用研究开发和建立所需设施	主导基础研究
高	低	高	高	美国特定需求 技术成熟 政府线路图推动设备投资	设备投资	战略需求要求该能力推动未来设备投资	建立设备满足国家需求	技术突破
高	低	高	低	美国特定需求 政府线路图推动设备投资	基础应用研究	战略需求制定要求	建立设备满足国家需求	主导基础研究

续　表

美国国家需求	全球市场需求	美国制造业竞争力	全球技术准备	影　响	推动美国制造业竞争力所需技术	美国政府的作用	产业的作用	大学的作用
高	低	低	高	美国需求 其他生产 全球需求低 美国弱势	需要大量投资填补差距	战略需求推动设备建设和刺激	仅在政府资助时建设该能力	技术突破
高	低	低	低	美国需求 无人生产 需要新创造	基础研究	战略需求推动研究	建立设备来演示技术和满足国家需求	技术突破
低	高	高	高	美国领导 强劲出口 产业推动基于全球需求的研究	应用研究	刺激出口	产业领导生产研究和投资	技术突破
低	高	高	低	美国领导 强劲出口 产业联盟领导未来路线规划	基础应用研究	刺激出口	产业确定线路技术图 开发技术并建立设备	进行产业资助下的基础和应用研究
低	高	低	高	美国暂未处于领导地位 商品化市场	需要大量投资填补差距	不需要采取行动除非美国处于弱势	仅在技术突破能够实现全球竞争力时投资	技术突破

续 表

美国国家需求	全球市场需求	美国制造业竞争力	全球技术准备	影 响	推动美国制造业竞争力所需技术	美国政府的作用	产业的作用	大学的作用
低	高	低	低	新领域 高潜力出口 无领先者 需要新技术和设施	基础研究	刺激出口	推动研究和开发 与大学建立合作进行基础研究	进行产业资助下的基础研究
低	低	低	低	无需求 不需要行动				

说,这类行为应该由产业界、政府和学术带头人组成的联盟推动。对新兴技术而言,联邦政府应当建立由关键性主题专家所组成的工作团队。

第二阶段成果→每项优先技术的技术路线图

第三阶段：创建和管理项目。

● 基于第二阶段中创建的技术路线图,AMP 指导委员会建议建立有稳定资金的多年制项目以发展研究能力,并创建一个机构中心用于协调技术转移至现有企业以及在职员工的再培训。只要有可能,这类共同资助的模型在产业界和政府共同倾力下的使用是至关重要的。对成熟产业来说,联盟应创建和管理项目。对新兴产业和技术来说,政府在推动研究和基础设施建设上起到的作用更大,因此也是主要的利益相关者,项目应该由专门的来自联邦机构的项目经理管理。只要有可能,建立好的项目应该由所建议的制造业创新研究所进行主导研究,以及发展和维护产业人才渠道。30 余万中小企业以及延伸价值链成员能否参与其中并获得研究基础设施的获取权限是至关重要的。由于项目受各种利益相关者的资助,因此必须有政策来清晰地界定产业参与者的知识产权获取权限。

● 我们建议使用一种竞争选拔过程来分配项目资金,这一过程基于提案评估和奖励的明确标准。具体来说,建议使用美国国家标准和技术研究所(NIST)的方法,并且应包括关键标准如方法创新、对贸易性/差别化的影响、商业案例和商业化的技术投资回报。

第三阶段成果→技术项目的建立和执行

第四阶段：评审进展和进程修正。

● 关键利益相关者、机构代表和来自学术界和产业界的专家应定期对项目进行评审以确定关键成果和进程的修正需求。当项目获得进展时,项目审查团队应该提供实时的技术援助、当前的以及更新的建议。项目资金必须是稳定的,因此我们建议投资组合内部分配需要服从审查和调整,这全部基于严格的、标准的分析,如商品化率的测量、中小企业的数量、使用能源数量和类型的减少或是教育和再培训的成果,同时,变化的宏观经济环境的影响也应该被考虑在内。

第四阶段成果→关键利益相关者定期审查投资组合项目

表4.3为我们提供了一个为先进制造业投资设置优先级的框架。

建议2:增加尖端交叉技术的研发资金

11项技术领域被选入初始列表,并成为先进制造业国家项目办公室应该关注的焦点。尽管没有足够的时间为每一项技术做详细的技术路线发展图,但通过与关键利益相关者群体的协商,包括AMP指导委员会本身、AMP指导委员会区域会议与会者、MAPI成员、制造业科学国家中心(NCMS)、公立和赠地大学协会(APLU),我们最终确定将这些技术作为进一步考虑的热门候选。

这些技术将能满足国家的重点需求如国防、能源独立与效率、食品安全、国土安全和卫生保健。它们对于提升美国制造业的竞争力非常关键,无论是在商品的差别化还是可贸易性方面。大学、国家实验室、中间技术研究院、独立研究机构和社区学院需要与产业界共同努力来支持这些制造业技术的研究、开发和部署,并为产业界开拓人才培养渠道。

下面将详细介绍这11项技术。

● 先进传感、测量和过程控制(包括信息物理系统):这组技术已经应用在几乎所有的产业领域。这些技术对于通过端到端供应链效率的方式提高贸易性是非常关键的(如,在工厂与后勤系统、自动化控制和系统间协调中无处不在的低成本传感器)。此外,能源和资源效率的大趋势,更高的安全性和质量也高度依赖传感和自动过程控制的进步。最后，新兴技术如纳米制造和生物制造等也需要专门的传感器和控制模型。

- 先进材料的设计、合成和加工：这些技术包括小分子、纳米材料、配方溶液、涂料、复合材料和集成组件（如光伏设备）的设计和合成。它们需要计算建模、先进的合成工具（如高流通量）和高级研究分析（如材料基因组）的结合。几乎所有未来的大趋势——能源效率或替代能源设备、应对资源短缺的新材料、下一代消费设备、化学安全和保障上的新范式——在很大程度上都依赖于先进材料。先进材料将加速数十亿美元的产业的崛起。

- 可视化、信息学和数字化制造技术：这个领域需要专注于高度腐蚀性和高温过程中（这种过程对从化学合成到轻质材料，再到飞机引擎的每一处都有影响）的嵌入式传感、测量和控制系统的研究。此外，它还包括能实现制造业高性能、高度控制的结构和设备的控制系统。最后，它需要建模、仿真和可视化技术，这些技术使得在实际生产开始之前在虚拟空间优化产品及其制造过程成为了可能（这避免了耗时和昂贵的测试和实验），同时生成的数据也能支持关于产品保证和可靠性的结论。

这些技术的例子包括企业级智能集成制造方法，如直接从计算/数字化设计到化学和材料的计划、采购和交付，再到定制化产品和组件的制造。一方面主要涉及制造业竞争力，通过端到端供应链效率实现——缩短制造周期，降低工人受伤率和疾病率，提高过程收益率及能源效率等——这主要是由跨企业间价值链各实体间更多的网络信息、信息控制和信息管理所带来的。另一方面涉及产品设计、生产和市场化的速度，这将是一个关键性的区别。

- 可持续制造：这种方法旨在最大化每个原子的物质和每焦耳的能量。作为国家的关键需要，可持续制造涉及创新技术和系统，使之能最优化利用原材料、能源和资源,具体包括高性能催化、新颖分离方法、新的反应堆和废物管理系统等领域。重点领域是高效能源制造业——高能耗生产过程需要由低能源消耗选择代替。再制造等领域(即回收组件的使用)还需要继续研究。除了节省能源消耗和带来更高的利润以外,可持续制造还可以增加产业的竞争力。

- 纳米制造:纳米材料被预测将会在技术应用中起到颠覆性的作用,这些应用从高效太阳能电池、纳米技术滤器下的环境控制、纳米生物系统为基础的医学应用到下一代电子产品和电脑设备。同样,设备上的微观结构将在提供新的特性或增强当前功能等方面发挥关键作用。这种可能性是无限的,但我们必须开发流程和质量控制系统从而发挥纳米制造的全部潜力。解决这类问题将能帮助企业扩大规模并降低成本。

- 灵活的电子产品制造:灵活的电子制造技术将在下一代消费者和计算设备中成为主流技术。其中一些设备甚至将会成为未来 10 年增长最快的产品。

- 生物制造和生物信息学:利用技术改进医疗保健要求更新、更有效和更便宜的分子。粮食安全是未来的一个关键问题,而生物、蛋白质组学和基因组学将在这方面发挥至关重要的作用。此外,这种技术有潜力提高制造业的能源效率。例如,它提供了室温合成路线,可以取代当前的高温流程。生物——纳米界面的创新,如使用自组装仿生制造,将有可能简化许多复杂和昂贵的纳米制造业技术,扩大其应用范围并增加其在经济上的可行性。

- 加法制造:越来越多的制造业应用已发展为高级定制和个性化产品的生产。加法制造(如 3D 打印)是实现个性化生产的一项重要技术。此外,这项技术还具有独特的功能和特性。例如,可以加工多个材料,通过嵌入式传感器和电路制作智能组件,内部特性能被生产出来并极大地提高性能,因此能将产品区分开来(如优化热性能的内部冷却通道,这一点依靠当前的制造技术是可以实现的)。

同时，能够高效地处理材料，几乎不造成浪费，还能提高采用加法制造技术的组织的可持续性。

● 先进的制造和检测设备：先进制造业在全球范围内发展，尽管有可能发生在其他地区，但美国企业仍然可以通过高附加值制造设备的生产和供应维持显著的优势，如生物反应器、数控机床或其他高技术生产工具。成为先进的资本设备选择的供应商，将帮助美国继续保持在创新和先进工程方面优势的同时保障自身的经济效益。

● 工业机器人：劳动密集型的制造业操作，如装配、产品检验和测试等过程中工业机器人的使用和自动化可以实现高耐力、高速度和高精度。机器人在处理高温、腐蚀性和有毒物质材料中的使用同样重要。这种技术在提高美国劳动力的安全性和生产力方面具有很大潜力，并使美国无论在国内市场还是出口市场都能与低成本国家竞争。未来在这一领域的发展将由生物纳米技术及其相关制造业的需求交叉推动。

● 先进的成型和连接技术：当前大多数机械制造流程仍然主要依赖于传统技术，主要对象是金属，如铸造、锻造、机械加工和焊接。这些技术仍将是未来生产过程的中流砥柱。然而，提升多种多样材料的能源和资源利用效率仍然具有新的不断扩大的需求。此外，改进的性能要求不断的创新以及对有助于维持美国的产业（从交通到基础设施）竞争力的变革性技术的寻求。

建议 3：建立制造业创新研究所的全国性网络

作为研究和发现的全球领导者，美国有着悠久的历史和良好的声誉。这一成就主要依靠卓越的研究型大学和国家实验室。然而，仍有许多研究发现并没有快速地转变成美国制造的产品。许多技术难以实现商业化，因为私营部门特别是私营中小企业，往往缺乏足够的技术资源，且无法在早期的技术研发中投入足够的资金。事实上，研究和生产之间的阶段是商业发展中的一个危险阶段，通常被称为"死亡之谷"。

　　在某种程度上,"死亡之谷"可归因于研究和制造过程这两者在活动方式上的显著差异。基础研究和新发现往往由好奇心所驱使,最终的目标往往是验证某一观点。相反,制造业活动是竞争性的、专注的、系统性的驱动体系,这一体系的目的是要设计、开发和扩大可复制的高产量、高质量、低成本的产品和工艺。图4.3描述了技术开发阶段(技术就绪水平TRL4)和技术示范(TRL6)阶段之间的投资差距。

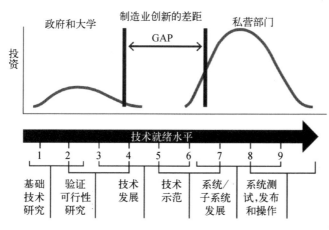

图4.3　制造业创新:投资差距

来源: AMP Steering Committee.

　　本报告为共享性国家机构的一些理想特点提供了广泛的基准,这类共享机构可被用于支持基础研究和制造业的技术转移活动,它们的理想属性如下:

● 通过联邦、州和地方政府在产业与大学之间建立长期合作伙伴关系;

● 持续专注于技术创新,建立强大的品牌身份和声誉;

● 能识别重要的新兴技术的能力,并具有将这些技术转化为市场上的产品和商业的变革性影响和能力;

● 能形成来自多学科的产业和学术专家组成的有效团队的能力,并共同解决从竞争前研究到专有技术或产品发展中所遇到的困难和问题；

● 对教师和学生在研究型大学及应用导向的机构中进行双重任命，以培养对研究应用、新技术和生产系统均十分熟悉的领导者；

● 拥有通过提供在多个区域创新中心工作的训练有素的工作人员提升需要新技术的中小企业的能力；

● 具备协助社区学院发展和提供各种制造技术课程的能力。

为使美国成功地将研究发现转化为制造业产品或应用，我们建议建立制造业创新研究所的全国性网络，搭建大学和国家实验室的基础研究与生产企业(尤其是中小企业)之间的桥梁。如图 4.4 所示，这些研究机构将作为技术开发、教育、劳动力培训的着力点。实际上，这些制造业创新研究所将成为分布式研究机构网络中嵌入的各个节点，连接国家及地区性的创新体系。

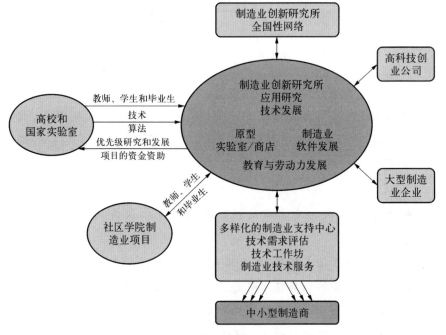

图4.4　制造业创新研究所模型

来源：AMP Steering Committee.

制造业创新研究所应该支持跨领域制造业技术的重点领域，首先应聚焦上文所建议的技术，其次应将重点置于新生的技术。未来应将支持的领域扩大到包括具有最大潜力商业化至生产成品的新兴技术领域，以及对更快、更清洁和更好的生产流程的采纳。制造业创新研究所需使用报告所建议的模型和路线图对这些领域进行识别和确认。一项开放和竞争性的同行评审过程将被应用于建立制造业创新研究所。

每一个制造业创新研究所都应该：

- 关注美国国家经济实力的某一领域或某一项有前途的新兴技术；
- 由某一产业协会（2个及以上的成员组成）和某所大学或国家实验室主持，新的或现有的伙伴关系如果包含有2所及以上的大型企业、相关中小企业的参与、至少一所主要的研究型大学以及其他地区性大学和社区学院的积极参与，便可以申请政府配套资金创建制造业创新研究所；
- 由来自商业界、学术界和支持制造业创新研究所的政府组织的代表组成的董事会监管；
- 通过灵活的合同制进行独立运作，依据规定，所有的制造业创新研究所都是这一全国性网络下的成员，并将采用由国家层面的董事会所规定的相似的治理模式；
- 配备有专职研究人员、工程师、支持技术商业化过程的创新推动者、常驻产业科学家和工程师、兼职教师、博士后研究人员和实习生；
- 作为大学和社区学院制造业项目的实践"培训中心"；
- 开展的项目包括竞争前研究以及专利技术和产品研究，并具有强大的、有利于制造商的知识产权（IP）协议；
- 通过混合式的融资模式从产业界、学术界和政府部门得到支持，政府（州或联邦）保证至少5年的资金支持，也有可能增至10年；
- 每个制造业创新研究所的产业界和政府资助比例为1：1；
- 在各地区建立分布式制造业支持中心，协助想要采用新技术的中小企业；

● 为希望发展和加强先进制造业项目的社区学院提供帮助；

● 为正在开发补充和支持技术的其他大学和企业发展提供资金；

● 为技术开发提供共享性基础设施，并作为一种"合作实验室"为研究型大学和企业服务，为现有的和创业的企业提供更多接触研究、学生、实习、劳动力发展、技术转让和商业化的机会；

● 提供多种商业服务，如设计、数字化制造、原型和测试服务以及员工培训。

建议 4：加强先进制造业研究中的产业/高校合作

发掘制造业创新研究所发展的全部潜力，还要求美国承诺提供有利于产业和大学科研之间合作的环境。行业和大学之间强大的研究伙伴关系是美国的历史性优势。新兴技术领域不断激烈化的全球竞争、对跨学科研究新模式的需求以及基础研究发现和应用研究之间更短的发展时间，都对加强研究和商业化方面的行业/大学合作氛围提出了新的要求。

AMP 指导委员会指出深化行业和大学间的合作并在全国一流大学投入更多资源是一项关键性需求。全球竞争的不断变化的本质激发了对更多快速发展的项目和协议的迫切需要，同时带来了对专有权和许可证授予的日益增长的关注。

为了消除政策障碍从而实现更稳固的合作发展，我们建议美国采取行动结束限制性税收政策，因为这些税收政策阻碍了行业/大学研究合作和伙伴关系的快速发展。具体来说，我们建议建立一项豁免机制或对 2007－47 税收程序做出例外适用，取消对在免税债券建立的建筑设施中进行的私人活动的限制。

建议 5：打造更稳健的先进制造业技术的商业化的环境

"自 2006 年 1 月以来，美国所有的风险资本金额中只有不到 10％流向了 100—400 万美元的融资范围的种子基金投资，69％的资金流向了三个州。"

——小型企业管理局，早期创新小型企业投资公司（SBIC）倡议

　　将制造商更充分地整合到强劲的创新生态系统中是一项关键的国家需要，这些系统是在过去几十年里由高校发展起来的。这些生态系统的普遍特征是种子基金、指导、孵化和创业培训项目。尽管我们建议培养制造商和大学创新生态系统之间更紧密的联系，但我们也意识到阻碍中小企业参与大学研究合作的最根本性障碍，同时也认识到其对新技术资本的获取也是非常有限的。应对这一挑战的一个起点，是创建紧密的协同关系以及保障项目之间的连续性，并通过创新且有针对性的采购计划帮助初创企业和那些能够支持新兴制造业技术扩展的企业。

　　接下来的步骤可能包括：

● 将制造业纳入高校创新生态系统

　　将制造业影响程度纳入高校技术管理协会（the Association of University Technology Managers）发布的年度绩效报告，反映来自创业公司和专利许可的国内生产和就业情况。这些评估的纳入将会把制造业置于高校技术转移战略发展的前沿和中心地位，并将鼓励关于最佳实践的充满活力的交流。每年一度的评估将引起政府进一步重视制造业在区域经济发展伙伴关系以及高校和制造商在赞助研究的伙伴关系的发展。

　　通过开拓国家制造业拓展伙伴（Manufacturing Extension Partnership，MEP）中心的工作业务，来创建直接的供应链开发、原型和先进制造业衍生的早期工程服务，在制造业支持资源和高校支持创业企业的努力之间建立强有力的联系。这一行动使得制造业拓展伙伴计划和制造业的考虑主要集中于高校的衍生性支持活动。

● 增强企业从启动初期到增长阶段的连续的资本获取通道

　　创建小型企业创新研究（Small Business Innovation Research，SBIR）项目的"0阶段"部分。这一项目将会为与测试新技术的商业潜力相关的前期阶段资金活动提供支持——包括早期的原型开发和市场开发。

　　"小型企业投资公司在 2011 财政年中对高增长小型企业投资了 25 亿美元。根据该项目统计，从 2007 年至 2010 年，每一美元中约有五分之一直接用于支持制造商。"

——小型企业管理局，

机构财务报告，2011 财政年度及项目统计

　　增加早期增长阶段的可用资源，推动创业企业与主要制造商的联系。各类机制（如美国国家科学基金会建立的 501(c)3 创新加速机制）应在全国范围内推广运用，以支持来自联邦先进制造业研究项目的创业企业。

　　为企业从起步阶段到规模化生产的顺利开展阶段扫清障碍，这主要是通过采购补给项目（如《国防生产法》Title III 拨款）的跨部门间协调。Title III 拨款项目旨在为国防部提供"强大的工具，以确保美国国内技术生产能力的及时创造性和可用性，这些技术对于美国国防系统的操作功能和技术优势具有潜在的广泛影响"。我们建议在先进制造业国家项目办公室和国防部 Title III 拨款项目以及其他相关的联邦采购项目之间建立正式的合作，来集中性地帮助企业从前期形成阶段到试验性阶段，直至最后的扩大生产规模阶段都能获得连续的资金支持。

建议 6：建立国家层面的先进制造业门户网站

　　制造业中小企业是美国经济的一个重要组成部分，根据 2009 年的数据，84％的制造业企业为中小型企业[①]。在 2010 年，中小企业雇佣着美国制造业 51％的劳动力[②]。中小企业的增长与美国经济的持续繁荣密不可分，是创新的重要来源。促进增长的关键因素之一是信息——具体来说，即技术援助和资源。我们的工作显示，中小企业的发展会因为缺乏这类技术援助和信息而受到阻碍。技术和信息分散在许多数据库和个人网站中，需要通过耗时的研究获取。

---

　　① Census Bureau, Statistics of U. S. Businesses, 2009, www. census. gov/econ/susb/.

　　② Bureau of Labor Statistics, Current Employment Statistics, 2010, bls. gov/ces/cessizeclass. htm♯TB_inline? height＝200&width＝325&inlineId＝ces_program_links. (STPI Calculations).

根据专家的报道,对于中小企业来说,依靠传统网页搜索此类信息并不会带来有用的结果。这个问题在一定程度上是由合作研究中心主导的研究和创新所具有的变化性和复杂性造成的。简单地说,寻找先进制造业中一些基本性常见问题的实际回答,对于拥有有限的时间和研发人员的小公司来说是十分费时费力的。

为了解决这一问题,我们提议创建和启用国家层面的先进制造业门户网站:在这一网络门户中,公司、组织和个人可以搜索到最能满足他们需求的联邦资助的合作研究中心。一旦拥有由各类渠道信息所组成的中心信息库,企业便可开发短期和长期的研发计划。通过为企业提供计划流程创新以及新产品的设计和开发的能力,国家层面的先进制造业门户网站将实现把创新推动至供应链的目标。它将把中小企业与公共资金资助的研发资源的现有网络连接起来,这些资源——通过立法意图和设想——都将成为中小企业获得先进制造业流程相关的技术援助和信息的关键获取点。

国家层面的先进制造业门户网站将会提供实时更新的、统一编目的信息组合,这些信息是关于合作研究中心的文件以及中小企业所需要的最常见类型的技术援助和资源。它还将允许州政府和地方科学技术政策制定者确定现有且可利用的受联邦政府资助的资源。此外,它将允许研究人员在某一给定区域或针对性技术上确定科技资源的相对覆盖面。这些知识可能造就更有效的科技政策投资和协调。

国家层面先进制造业门户网站的启用在前期的资源需求相对较小,因为合作研究中心可以使用标准格式通过网页报告界面在自己的设备上提供和更新信息。这类报告将组成门户的内容部分。网上信息清算中心本身需要合适的联邦机构进行长期的托管和维护。

我们建议门户网站的最初实施应限于经同行评议的机构设施或服务功能(如公共资金的受益者),以确保所提供服务的质量。

门户网站应提供常见问题的答案,如培训的可用性、访问费用、现场设施的扩大以及是否可以进行生产,这就要求网站具备关键词搜索功能。

门户网站将通过现有项目邮件列表的形式推出。例如,美国国家标准和技术研究所制造业拓展伙伴计划（NIST Manufacturing Extension Partnership）中有超过 7000 家客户公司参与合作①。我们建议将国家标准和技术研究所作为行政主办机构与能源部、国防部和关注前期制作过程的联邦政府机构中的门户计划相协调。数据库将和相关网站如制造业政府官方网页以及非营利和公共门户网站（如 Autoharvest. com）等实现链接。

支柱 Ⅱ：确保人才渠道

为了提升制造业的实力和竞争力，美国必须继续源源不断地输送技能型制造业专业人员。然而，近年来，公众对于制造业的误解长期占据了主导地位，制造业从业人员的形象并不是人们理想中的职业形象。传统上关于制造业工作的错误观点主要来自于重复性工作和对过去的印象。关于制造业就业的主要误解可以用三个"D"来总结，即工作枯燥（dull）、脏乱（dirty）和危险（dangerous）。此外，由于过去几十年里数以百万计的制造业工作岗位的损失和流向国外，制造业职业被视为很难提供工作保障，且没有长期性的职业发展路径。

事实上，制造业令人振奋、令人沉迷，它必不可少，也能实现环境的可持续性发展，它还提供了一条上升和实现"美国梦"的途径。

博斯公司（Booz & Company）最近的一份报告指出，"造成员工短缺的原因之一是传统制造业对学生缺乏吸引力"。该公司调查了 200 多名 STEM 专业的本科学生，发现只有 50% 的工程专业学生和 20% 的数学和科学专业的学生认为制造业是一个非常有吸引力的领域。报告还发现，在美国，"在同一时期，西门子声称拥有近 3 500 个制造业公开职位"，这些职位要求 STEM 技能，但 STEM 专业学生"对于填补这些岗位空缺的预期比较低"②。

---

① NIST, "Re-examining the Manufacturing Extension Partnership Business Model," October 2010：7, www. nist. gov/mep/upload/MEP_Bus_Model_Full_Report_October2010_a. pdf.

② Arvind Kaushal, Thomas Mayor, and Patricia Riedl, "Manufacturing's Wake-Up Call," Strategy & Business 64, Booz & Company and Tauber Institute for Global Operations, University of Michigan (August 3, 2011)：38, www. tauber. umich. edu/docs/Manuf-WakeUp_w_Cover. pdf.

由于选择制造业就业的学生越来越少,教育体系内对于与制造业相关项目的需求量也急剧减少。从 K - 12 年级到大学的教育机构不再重视经典工程和工程技术项目(如 2 年和 4 年的机械和制造业工程项目)中与制造业相关的课程。

也许年轻人对制造业最严重的误解,是"美国并不致力于保持世界制造业大国的水平,所有制造业最终都只会在美国以外的国家存在"[1]。这种观点必须得到扭转。美国要想保持竞争力,就需要拥有高技能的优秀员工来振兴、维持和改善美国制造业。

技能型操作员和技术员的就业机会正在增加,并且其增长速度超过了可用的合格的职位候选人,这阻碍了产业发展。这些创新的专业从业人员对于保障企业的长期竞争力至关重要。德勤公司和制造业研究所最近的一项调查显示,制造业被国家视为经济繁荣的核心力量以及为当地创造就业机会的首选产业(图 4.5)。当被问及哪种类型的新产业设施会支持创造 1 000 个新的就业机会时,被调查者将新的制造业设施排在第一位(表 4.4)[2]。

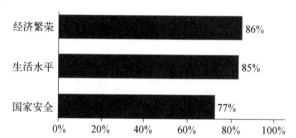

图 4.5　受访者中认为制造业对于美国经济繁荣、生活水平以及国家安全十分重要的所占比例

来源: Deloitte and the Manufacturing Institute, "Unwavering Commitment: The Public's View of the Manufacturing Industry Today," 2011 Annual Index, themanufacturinginstitute. org/~/media/2AB778520C734D888156A90B667C1E70. ashx.

---

[1]　Joe Anderson, Council Chairman, and Mike Laszkiewicz, Workforce Development Subcommittee Chair to Department of Commerce Secretary Gary Locke, "The Manufacturing Council," July 2011, www. trade. gov/manufacturingcouncil/documents/MC_Workforce_08222011. pdf.

[2]　Deloitte and the Manufacturing Institute, "Unwavering Commitment: The Public's View of the Manufacturing Industry Today," 2011 Annual Index, www. themanufacturinginstitute. org/~/media/2AB778520C734D888156A90B667C1E70. ashx.

**表 4.4　受访者对能为社区创造 1 000 个新的就业
机会的各类新产业设施的类型排名**

设　　施	排　　名
制造业设施	1
能源生产设施	2
保健设施	3
技术发展设施	4
交通枢纽设施	5
零售中心	6
金融机构	7

来源：Deloitte and the Manufacturing Institute, "Unwavering Commitment：The Public's View of the Manufacturing Industry Today," 2011 Annual Index, themanufacturinginstitute. org/～/media/2AB778520C734D888156A90B667C1E70. ashx.

　　德勤公司和制造业研究所的另一项关于支持制造业增长的可用技能的调查显示,82％的制造商称在招聘具有熟练技能的候选员工方面都有中等程度或严重程度的缺口①。56％的制造商预期在未来 3—5 年内这一短缺将会更加严重②。此外,74％的制造商声称这一缺口已经对公司扩展业务的能力造成了负面影响。这类缺口已经导致 5％的制造业岗位空缺,即使是面临着目前的高失业率③。要填补这一缺口,需要重点保护和发展面向有准备的制造业候选员工的强有力的人才渠道,使其成为美国制造业的关键推动者。

　　如果想要在教育和人才开发方式上取得持久的进步,美国就需要依靠成功的公私合作。AMP 指导委员会寄希望于美国的课堂和退伍军人,希望他们可以践行保障制造业人才渠道发展的观念,这将改变当前的状况。

---

　　①　Deloitte and the Manufacturing Institute, "Boiling Point? The Skills Gap in U. S. Manufacturing," 6, www. themanufacturinginstitute. org/～/media/A07730B2A798437D98501E798C2E13AA. ashx.

　　②　Deloitte and the Manufacturing Institute, "Unwavering Commitment：The Public's View of the Manufacturing Industry Today," 2011 Annual Index, www. themanufacturinginstitute. org/～/media/2AB778520C734D888156A90B667C1E70. ashx.

　　③　同上。

制造业面临的困难无法由公司、学术界或联邦机构单独解决。机会来自对这一伙伴关系的审视，这将帮助我们确定和采用最好的解决方案。伙伴关系是应对美国制造业快速变化的需求的一种强有力工具。识别且对技术创新做出回应可能是昂贵和耗时的，但通过拥有同样目的的组织的伙伴关系克服这些障碍是最好的路径。对于21世纪制造业领域来说，开发高技能的制造业专门劳动力和其他因素一样非常重要。我们研究了一些成功的伙伴关系例子来确认和回顾最佳的实践和特点。没有任何两种伙伴关系是完全相同的，即使是在同一地区且相似的合作伙伴之间，但是学术界、产业界和政府内部成功的员工合作都具有以下6个共同特征。

- 对学习的热情和对未来的远见：成功的制造业伙伴关系基于终身学习的热情。合作伙伴都有成功的愿景和参与全球竞争的承诺。基准点、研究和探索是最成功的伙伴关系的重要组成部分。同时成功的伙伴关系还需要在现任员工培训和新员工培训（针对来自K-12教育、社区学院和技术学校系统的年轻人）之间找到一个平衡点。

- 拥抱改变：未来的制造业将会与过去完全不同。现有的课程、教学方式和储存方式最终会被一种合作、创新和终身学习的文化所替代。一个拥有丰富人力资源的国家不能忍受失去竞争优势及其在STEM学科方面的国际地位。

- 组织各类机构分享专业知识：为了促进和推动改变，每个地区或社区都需要一个能够召集必要聚会的组织。最有效的召集组织是中立的非营利机构，它们颇有见地但又不受政治或其他因素的影响。专业组织和学术机构的良好地位也适合进行召集工作。制造业创新研究所可以作为这一关键召集工作的服务者，将教育和培训与已经接受这些机构所提供的研发服务的公司网络连接起来。通过将制造业创新研究所作为技术发展和劳动力发展项目的合作空间，可以为建立区域性劳动力市场和可持续研发能力之间的协同作用提供机构性认可。

- 合作基于共同的目标：有效的制造业伙伴关系必须建立在相互尊重、合作精神、对优势和缺点的坦诚认识、以合作和共识的精神实现目标的基础上。学术团体提供其专业技术来教授学生，但是学生的学习必须同时通过与产业的合作来进行开发与应用，反过来，产业的发展也需要稳定的 STEM 技术人才，因此产业界也必须更广泛地参与 K - 20 教育从幼儿园到研究生阶段的教育和社区活动。社区学院必须提供与新任和在职工人的技术培训相关的课程。为了保证这些课程与时俱进，这一措施的执行还需要依靠产业界及技术专家对各产业的具体技能技术提出建议。

- 具有清晰具体的角色分配：为了与合作伙伴联合来达成共同的目标，参与者首先必须就目标进行讨论协商并达成一致，然后需要对每一位利益相关者将带给这一合作关系的资源和将扮演的角色达成一致。

- 保持灵活性：制造业技术与信息技术一样发展迅速。为了适应这一飞速改变，所有参与者都必须做好准备并愿意对此作出快速的适应和反应。这种适应要求所有相关方的灵活性和合作性以及对现有培训和教育设施的协调运用，以避免浪费时间和重复工作。

"塑造内布拉斯加州高质量综合教育"项目（SHINE 项目）

SHINE 项目创建于 2009 年，其目标是提高学生对于高需求技术类职业的兴趣和参与度。项目将内布拉斯加州的制造业、能源、生物燃料和食品加工业的企业与中学和大学里 STEM 教育工作者及学生联系在了一起。

SHINE 项目通过让教师和学生接触到"真实世界"的商业环境，安排教育和商务人员参与教学和学习，在教育和商业之间建立伙伴关系。各方都能通过参与项目受益：

- 通过关注问题解决式学习的课程开发研讨会，教育工作者能与商业伙伴参与校外实习。

- 学生可以通过内布拉斯加州职业协会和夏令营活动探索职业生

涯,这些活动主要关注数学和科学是如何运用于商业活动的。

● 产业合作伙伴能从当地熟练技术人员组成的潜在人才渠道中
受益。

自 2009 年以来,内布拉斯加州 72 位 STEM 教育者和近 5 000 名中学生参加了美国国家科学基金会资助的 SHINE 项目。此外,还有 200 名学生参加了 SHINE STEM 夏令营。通过近 200 个 SHINE 项目学习资源借助于在线电子图书馆的广泛传播,SHINE 项目的影响力将进一步扩大。

来源：Project SHINE Webpage,mechatronics-mec. org.

高效的制造业伙伴关系创造了一种可持续的动态性变化的文化,这使得制造业技术的加速发展反过来也能回归到教育和培训中。当伙伴关系中的变化能满足人们和社会的需要并清晰和完整地被呈现出来时,这种变化是最有效的。我们要保证制造业伙伴关系中基于项目的学习与相关的主题以及课堂以外的发展密切相关并可应用。当美国政府为有影响力的学术项目提供资金、停止对无效项目的投资并填补产业界和学术界无法填补的差距时,它的角色最为凸显,努力也最为有效。

教育为未来奠定基础,因此我们现在需要改变用于培训所有层次的制造业劳动力的传统教学手段。先进制造业和企业的成功需要重要的 STEM 技术和传统的 K-20 年级(从幼儿园到研究生阶段的教育)所难以培养的问题解决技能、决策技能以及个人技能。因此我们有必要采取行动在近期扩大制造业劳动力规模,比如支持退伍军人计划和社区学院,以扩大未来的人才获取渠道。

让制造商参与各级学术机构对于那些选择制造业作为职业生涯的学生们来说好处多多。通过实习、学徒制、项目研究、合作组织、奖学金和雇佣关系,制造商伙伴可以有效地与 K-12 教育、社区学院、本科和硕士学生以及教授们合作。这些合作可以为在制造业领域工作的学者和学生提供机会,并且为研究和发现做出贡献。

学术界应该将制造业直接引入课堂,为学生提供真实的项目和研究机会,从而让学生真正参与其中并促进教师的专业发展。我们必须鼓励 K-20 教育系统的教师乐于接受各类基于真实项目的学习形式,利用好暑期实习,并与制造业专家共同交流。相应的,企业在课堂上必须成为积极且有回应的合作伙伴。

AMP 指导委员会鼓励在 K-20 教育范围内基于地方需求对各类基于真实项目的学习进行不同程度的选择。对这些项目的选择应该依据它们与制造业相关技能的相关性,比如说供应链管理、可制造性设计、承受和需求估计、经济以及团队管理。为了落实这些新的举措,我们必须建立产业界、学术界、地方和地区政府之间的教育伙伴关系。

建议 7：纠正公众对于制造业的误解

为了给可靠和可持续的制造业人才渠道奠定基础,AMP 指导委员会建议打造活跃和全面的"制造业形象"公益服务宣传活动,这将会提高制造业的影响力并纠正民众对美国制造业的误解。

建议 8：利用退伍军人人才库

退伍军人具备的许多工作经验和职业技能在目前的制造业领域的需求量都比较高,而且是一般的劳动力所不具备的。这包括成熟、遵守纪律以及在组织和领导下有效工作的能力。另外,许多退伍军人曾参加过广泛的技术培训,这些技能也能够非常方便地被运用到制造业岗位上,这可以使退伍军人成为技术专家、复杂机器操作者和工匠。除了这些技能以外,在 2001 年 9 月以后这一时间段在军队服役的退伍军人(第二次海湾战争退伍军人)面临着比普通人更高的失业率。美国劳工统计局发现,在 2011 年,退伍军人群体的失业率为 12.1%[①]。同样,随着伊拉克和阿富汗的撤军以及潜在的国防部资金削减,寻找工作的退伍军人的数量在近年必然会增加。当前存在的两种障碍正阻碍着退伍军人进入制造业：此领域的机会得不到重视,而且目前很难将军事技能与私营部门的工作资质结合起来。我们建议在国防部的过渡援助计划中增加一个先进制造业就业机会的培训模块,为过渡期的退伍军人提供职业选择的相关支持和

---

① Bureau of Labor Statistics, BLS Economic News Release: Employment Situation of Veteranc-2011, March 20, 2012, www. bls. gov/news. release/vet. nr0. htm.

信息。另外,国防部和劳工部应该加快推进军队职业分类编码,并将其转换成社会技能,同时为现役人员获得专业认证评估服务提供机会。

建议 9：投资社区学院教育

如今的制造业已然发生改变,它需要更多的高技能工人。雇主需求和新雇员技能之间的最大差距在于技术人员和设备操作员这类职位。这一差距导致目前许多职位上的工人并不合格。社区学院目前已经为缺乏技能的工人提供了培训,但这一明显差距仍然存在。

许多应该接受先进制造业职业培训的人员已经被社区学院录取。这些机构拥有适应地方需求的合作伙伴关系、公共设施和教学方式。社区学院在第二次世界大战后经历了飞速的发展,它们对退伍的美国军人进行训练从而帮助他们重新就业。这一基本原则可以帮助培训和再培训当今的劳动力以满足当地制造商的需求。投资社区学院并增进社区学院和产业界、大学、国家实验室以及 K - 12 教育之间的联系是制造业人才培养的关键步骤。适当调整政府的资助从而鼓励社区学院发展合作关系,可以创造出社区学院与产业、大学和国家实验室更有力的区域合作伙伴关系。

为了推进这些项目,AMP 指导委员会建议：

- 修改教育部颁布的国家需求领域研究生资助(Graduate Assistance in Areas of National Need, GAANN)项目,鼓励大学和社区学院层面的制造业助学金/奖学金的设立,或者在不同教育层次设立独立的奖学金项目。这类机会可以鼓励产业界、社区学院和大学之间进行合作。

- 通过整合国家科学基金会、教育部和劳工部的教育项目来建立国家制造业教育者网络,用以分享最佳实践、课程和资源。这一国家网络可以建立在国家制造业创新研究所网络提供的机构设施基础上。产业界和制造业的相关协会及组织都应被纳入该网络。

- 相关变化的提议和实施应与正在进行的联邦政府资助的研究项目申请一致,从而共同鼓励社区学院发展合作伙伴。制造业创新研究所应该作为专门人才的资源提供方，协助社区学院发展适当的课程、提供实践项目并与地区制造业公司实习项目保持协调。

建议 10：发展伙伴关系，提供技术证书和认证

AMP 指导委员会建议将教育和培训的重点放在培养具有操作和排除现代工厂设备故障的能力的员工上。全美大约有 1 500 所社区学院可以提供此类机会，来开发满足当地制造商要求且具有地方特色的课程。我们鼓励此类项目认证、社区学院的课程发展和标准化以及可累积升级的专业证书的使用，从而满足制造业的需要。

为了支持稳健的高技能制造业人才输送渠道的发展，国家标准、证书以及资格证明等对于向制造业提供认证其岗位候选人一致的基准能力是非常关键的，这些能力关系到候选人的教育背景、行为表现、领导力知识、制造业经验和个人能力。对于拥有必要知识和技术的员工来说，有效的市场取决于可靠的和适当的证书和资质证明。为了实现这一点，任何新的证书和资质证明都需要得到国家认可以及产业界、教育界和政府的接受和采纳。这些证书和资质将会产生效力，当它们：

● 涉及资质评估，精确衡量工人技能；
● 包括一项认证方案且该方案确保项目资质且与不断变化的产业需求保持一致；
● 不断发展和更新，适应员工和制造业领域不断变化的需求；
● 能产生得到全国公认与行业认可的证书，且证书在就业时能被优先考虑。

这一建议可以通过现有的努力加以实现。在 2009 年，制造业组织与 ACT、制造业技术标准委员会、国家金属加工技术机构、美国焊接协会以及制造业工程师协会共同合作建立了一个全面的认证模型，它提供了核心的框架和伙伴关系。这一伙伴关系被称为制造业技能认证体系（Manufacturing Skills Certification Systems, MSCS），目前它正处于增加更多行业认可证书的进程中。

与这一伙伴关系一致，我们建议支持产业协会、专业学会和教育组织参与合作，共同建立有关先进制造业能力模型中每一层级的标准、认证和证书的国家框架(见图4.6)。

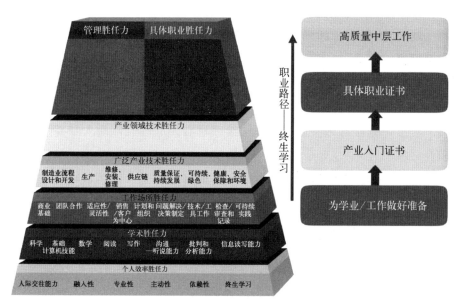

图4.6　劳工部先进制造业胜任力模型

来源：Advanced Manufacturing Competency Model, Adapted from Department of Labor's Employment and Training Administration www. careeronestop. org/competencymodel/pyramid. aspx? hg＝Y.

我们进一步建议为社区学院制造业项目设立类似认证的地区性审议体系，这些对专业证书的要求将被作为高中、社区学院和大学的课程发展的基础。

任何前进的路径必须包含两个主要功能——认证和证书——并将导致两类结果——普通教育和培训标准——以满足现有的和新兴的能力，并产生社会公认的个人证书。

国家层面的制造业相关协会应启动和协调一项证书注册项目，这涉及所有地区使用的证书，且这类证书可以通过"叠加"的方式促进与先进制造业有关的完整培训项目的开展。

正确技能项目（Right Skills Now）是依托政府和行业之间的伙伴关系而建立起的一项持续 16 周的快速通道培训计划，旨在满足各种规模制造商对劳动力的需求。

——制造业研究所，正确技能项目组

建议 11 和 12：加强大学先进制造业项目，启动国家制造业奖学金和实习项目

在确定先进制造业的基本要素和培养下一代教育者及工业领袖方面，美国主要的研究型大学起着关键的作用。它们能够建立并完善高质量的制造业专业并将制造业重新描绘成富有挑战性且能使人受益匪浅的职业领域。

然而大学却不能确保制造业学科能最好地适应大学学术环境。由于制造业并不能很好地与学位项目、学院甚至学校的常规边界相适应，制造业在大学总是被边缘化。

因此，AMP 指导委员会建议扩大现有的工程学教学大纲，增加制造业课程，并且开设新的研究生层次项目来帮助学生形成对制造业的全面认识以及掌握工程专业背景下的技术和操作观点。

公私伙伴关系对于实施这一建议从而保证美国制造业的卓越性来说是不可或缺的。与社区学院项目一样，制造业创新研究所将会在推动课程发展与提供实践培训以及协助当地制造业实习项目等方面发挥关键作用。该建议需要在以下几个层面上得到贯彻实行。

● 大学层面：在研究型大学建立新的硕士研究生层次的制造业领导力专业。这一学历项目应在对专业技术（如机器人和高级自动化）以及方法（如供应链管理和人力系统）的整合上做到全面性和综合性。

● 政府层面：资助国家制造业奖学金、制造业退伍军人领导力奖学金、培训者津贴的发放以及课程研发。这些行动计划能够帮助纠正未来劳动力对制造业的错误认识。

● 产业界层面：通过为先进制造业项目的毕业生提供专业的职业生涯路径，鼓励产业积极参与。通过与高校在课程和职业发展方面进行合作，产业界可以帮助增强制造业的专业性，使其成为在研究和实践上都具有高度吸引力的领域。实习项目可以让学生更好地了解制造业领导的职业生涯。在教育过程中，行业代表应该像导师和行为榜样那样对待参与这些新项目的学生，并与学生分享相关的制造业实践经验。

虽然我们不可能将教育系统分割成离散的部分，但我们认为以上建议在高中和社区学院水平的实施将最为有效，其次是研究生教育。产业界发现员工/学生在内容掌握和软技能方面都有一定的不足。这些不足可以通过使用基于项目的学习加以弥补，基于项目的学习可以培养年轻人为 21 世纪的工作做好准备。

支柱Ⅲ：改善商业环境

美国正面临着失去制造业领导地位的风险，尤其是发明和创新高技术产品的能力。为了吸引投资和生产，美国必须建立更具竞争性的商业环境，这包括强大的人才输送渠道、21 世纪的基础设施以及在研发上的强劲投资。这不但对美国整体经济的健康极为重要，还对正面临着激烈全球竞争的美国先进制造业领域有着重要影响。目前美国经济上的主要竞争对手们都在提升它们对各公司的吸引力，以吸引它们在美国之外的地区投资。

AMP 指导委员会不认为制定向特定公司提供直接投资或补助的国家产业政策是政府的职责。相反，AMP 指导委员会建议美国建立国家框架，创建对制造业有益的商业环境，从而刺激投资并巩固政府、学术界和产业界之间的伙伴关系。

为了让美国继续成为对商业有吸引力的地区，我们建议制定一项用于刺激投资及加强政府、学术界和产业界间伙伴关系的政策框架。这一政策框架的基础应该通过以下四个领域的目标政策来构建：

- 税收政策
- 监管政策
- 贸易政策
- 能源政策

建议 13：制定税制改革政策

先进制造业伙伴关系的关键点之一在于将美国本土的创新、研发和制造业联系起来。为了吸引对美投资，我们建议企业税制系统创造更有吸引力的商业环境，便于企业参与全球竞争。在经济合作与发展组织（OECD）的 34 个成员国中，美国有着最高的企业法定税率，包括联邦税和州税。这一税率对于总部设在美国以及有兴趣在美国投资的企业来说是一大障碍。

全面的税制改革对于美国先进制造业尤为重要。制造业是高回报工作直接或间接的源头。我们现有的税制系统并不鼓励国内资本在制造业上的投资，这削弱了创新和工作机会的稳定性，尽管它们在 20 世纪带来过空前的经济繁荣。税制系统扭曲了产业投资，让制造业、建筑业和其他高工资的资本密集型产业以并不具有全球竞争性的法定税率缴纳税款，这造成了制造业领域总投资的减少。

因此，我们需要改革税收制度来解决现有的税收制度对美国制造业的歪曲和约束。更有利的税收环境具有多重好处：激励美国本土企业以增加投资，鼓励其他国家对美国进行更多的直接投资，从而带动投资、创新和工作机会的增长。税制改革应该催生一种崭新的税收制度，从而在吸引和留住先进制造业及其相关的创新推动力方面保持国际竞争力。

尽管需要更广泛的税制改革来使所有美国企业都更具国际竞争力，但我们的建议主要还是针对美国先进制造业的发展。我们的建议组成了一项完整的建议集合，旨在解决资本和知识产权的移动特性带来的问题以及保留和重振与美国研发和生产能力紧密相连的历史力量。我们建议额外税收激励措施应该流向扮演以下三类重要先进制造业角色的经济实体：美国本土的创新、研发和制造。

我们建议降低企业税率,使其与其他发达经济体相一致。税率的减少和税基的扩大将会吸引更多的美国公司投资制造业,并将美国变为更吸引国外公司直接投资的地区。

我们建议采取以下行动:

- 通过免税代码认识制造业的重要性。鉴于全球竞争和制造业对经济的连锁效应,任何税制改革都应该鼓励对于制造业的投资。这可以通过降低国内制造业活动的税收来实现。
- 加强研发的税收优惠。将研发的简化免税收额度增加到 20%,并使之永久有效。
- 创建具有国际竞争力的企业所得税制度。必须以鼓励企业对美投资的方式来重新设计美国的税收制度,这主要通过改变现行法律对美国企业的国外收入的规定来实现。除了降低企业的税收,改革同样必须考虑美国公司的海外收入的税收待遇,包括对于部分免税系统的考虑(这种税收系统与英国最近采用的类型相似)或者考虑建立和日本相同的最低税地区。最后,综合税制改革必须确保美国公司的竞争力,无论是公司在美国本土还是在海外。

我们认识到,解决美国长期财政问题的努力可能会带来包括各类税率降息在内的重要提案。我们敦促这些讨论必须考虑周全,要认识到这些行为会如何影响先进制造业的发展环境。我们也必须警惕任何会阻碍美国制造业的有利环境的创造或者对美投资的新措施。

建议 14：简化监管政策

监管经常饱受批评,但其又是政府至关重要的功能。在周密的组织下科学而有效地实施监管是保护消费者、工人和环境的重要手段。当正确操作时,监管可以为社会带来重要利益,也能为产业带来更大的竞争力和信心。但是如果行为过度或不当,或是没有足够关注其可能带来的后果,监管也会阻碍创新和国际竞争力的提升。对此我们提出如下建议:

- 早期介入：监管者和被监管社会群体之间的合作可以显著促进规章条例的最终改进。机构和商业之间最理想的对话应该发生在评论期之前。加强先期通知立法流程（Advanced Notice Rulemaking Process）①的使用可以允许制造商进行成本效益分析。通过这样一种有意义的方式使得遵从规章条例更具成本效率。
- 目标成本效益分析：我们建议依托可以获取的最佳的科学方式进行成本效益分析和风险评估。

建议 15：改进贸易政策

公平和开放的国际贸易体系为美国制造业的创新提供了最好机会，即维持当前的就业并创造新的就业机会。我们建议美国政府基于最近的成功(如美国—哥伦比亚、美国—韩国以及美国—巴拿马的自由贸易协定(FTAS))带头更新贸易政策。自由贸易协定提高了美国出口商的竞争水平，消除了市场准入壁垒，减少了非关税壁垒并提供了争端解决机制。

贸易政策对于选择新设施点的制造商来说是一项需要考虑的重要因素，美国不允许竞争对手在进一步谈判协商的竞争中超过自己。因此美国必须优先那些能够帮助自己进入外国市场且能促进全球竞争力的政策；这些政策必须基于对非关税壁垒和出口管制政策的关注。跨太平洋伙伴关系(TPP)就是一个高标准和突破性的谈判示例，它将打破新兴前沿技术的新壁垒、保障监管的一致性、解决与国有企业的竞争并为亚太地区经济一体化提供模板。

在平衡贸易自由化的同时，美国政府应该确保执行贸易权利这一重点，特别是解决扭曲市场的补贴、不公平贸易和对知识产权的侵犯等问题，从而为美国制造业创造公平竞争的环境。

美国应该实现以下近期目标：

- 扩大市场准入：未来的关键阻碍不是关税，而是非关税壁垒——

---

① 先期立法制定的目的是征求对某一特定问题感兴趣的来自各个领域的公众的意见和建议，在此之后政府机构再决定是否正式提议该管理条例(法律规定)。

代表实际的市场壁垒的监管和标准阻碍。非关税壁垒领域的例子有创新原则、监管改革、海关便利化、强制技术转移和减弱知识产权保护。我们建议美国政府加强跨部门流程,在监管问题上创建一致议程并主动加强与其他关键贸易伙伴的合作和能力建设。

- 开展新的协商:美国政府应积极征求核心经济贸易伙伴的产业投入,促成新的协商。不少地区,如中东和北非,已经从最近的有关能力建设的努力中受益,这些努力最终会促成完整的贸易自由。在此期间,我们建议美国政府优先考虑跨大西洋伙伴关系(TAP)谈判,充分利用美国和欧盟作为发达经济体的优势,促使双方共同解决贸易壁垒,创建未来处理多边贸易自由化的模式。

- 改革出口贸易管制:我们建议美国政府加快对陈旧的出口贸易管理制度的改革。这一过程可以从重建美国军需品清单开始,主要通过协调所有参与机构的出口管制许可和行政程序,将其转变成为单一的信息技术平台。

建议 16:更新能源政策

能源是当今先进制造业应用的基本构建单位。为了生产现代材料和获取解决方案,先进制造业使用创新技术以增加投入价值,包括电子材料、制药突破和清洁可替代能源。然而,在寻求转型到可持续能源的未来时,美国的能源政策必须充分考虑能源成本对制造商的影响,以及其对新市场和新应用的潜在投资的推动。因此,没有能源政策为促进经济增长和繁荣提供丰富的供应,任何重振美国先进制造业的努力都是不完整的。对此我们提出以下具体建议:

- 关注能源效率和保护:能源效率是降低能源成本和减少碳排放最价廉和最可用的方法,这一点对于制造业尤为重要。通过提高能源效率所节省下来的每一美元都可以重新用于扩大业务,保持制造业的就业机会。例如,根据布鲁金斯研究所的研究报告,在接下来的 10 年,如果对美国所有符合条件的建筑进行改造,这将直接创造约 215 000 个工作岗位,其中 127 000 个是制造业的就业岗位[1]。我们建议制定政策,激励企业采取节约成本和创新的能源效率措施,并提供工具帮助各种规模的制造商实施提高能源效率的措施。

- 增加并实现多样化的国内供应:经济增长将继续依赖碳氢化合物能源,无论是石油、石脑油、天然气、乙烷或煤炭,同时将需要额外的国内供应来提高能源安全和减少价格波动。这些燃料和原料的投入对于制造业工艺非常关键,96％的制造业成品都将它们作为基本材料,这还包括实现进一步发展的可再生能源产品如太阳能电池板和风力涡轮机叶片。陆地上不断增加供应的非常规能源,如天然气、石油和从页岩中产出的天然气液体将成为未来几十年美国重要的资源。提高这些资源增值产品的可用性是确保经济增长和创造就业政策的当务之急。生产者和监管者需要共同努力,确保潜在储量以可以负担的成本及环境可接受的方式进入市场。天然气供应稳定、价格有竞争力将继续激励美国制造商在美国投资和创造就业机会。如今,工业用天然气作为原料推动着数十亿美元的投资。反过来,这些投资的乘数效应也将会影响到整个经济,包括其他较少依赖碳氢化合物原料的美国制造商。

- 加快可再生能源的发展:政府、产业界和学术界需要共同努力,加快发展有效和可持续的替代能源,包括可再生能源。随着全球对清洁能源的需求增长,美国有机会在制造业先进技术方面扮演关键角色,如能源存储设备、光伏发电和风力发电技术。自 2008 年以来,美国可再生能源生产几乎翻了一番。2011 年,美国太阳能装置增长率高达 109％,整体太阳能市场总值超过 84 亿美元[2]。

---

① Susan Helper, Timothy Krueger, and Howard Wial, "Why Does Manufacturing Matter? Which Manufacturing Matters? A Policy Framework," Brookings Institute, February 2012. www.brookings.edu/～/media/research/les/papers/2012/2/22％20manufacturing％20helper％20krueger％20wial/0222_manufacturing_helper_krueger_wial.pdf.

② Solar Energy Industries Association, U. S. Solar Market Insight 2011, March 14, 2012. www.greentechmedia.com/research/ussmi/.

然而,可再生能源在美国能源使用中仍然只占居一小部分。新政策需要将主要重心放在降低成本上,这将有助于推动需求增加。我们建议继续加大对前景技术和存储设备的公共/私人研究的财政鼓励力度。进一步说,任何鼓励对创新技术的早期接受(如来自煤炭的低碳能源和无碳能源、太阳能、天然气、风能、潮汐能、地热能)的措施都必须是针对朝着经济可行性发展的技术。

● 过渡到低碳经济:我们认为,创造长期的可持续的能源未来,美国需要向低碳经济转型。要实现这种转型和持续的经济增长,需要将基础研究、创新和积极实施适当地予以结合。广泛的技术组合的开发和实现对这种转型至关重要。美国有技术能力加速发展可持续能源,但新资本密集型制造业解决方案的大规模商业化要求增加公私伙伴关系。我们建议采取针对性的措施促进积极的基础研发,加速发展清洁能源和下一代节能技术的示例和部署。政府的政策在若干特定情况下可以起到很大作用,例如当关键技术的成本和市场开发风险超过单个公司的商业能力,或是在监管或责任风险超出私营部门的能力时,以及当投资时间线超过了私营部门的能力时。

五、结　　论

AMP 计划指导委员会提供了一套全面和综合的建议,围绕以下三大关键支柱展开:

● 实现创新
● 确保人才渠道
● 改善商业环境

这些建议旨在重塑制造业,在某种程度上保证美国的竞争力、维持国家的创新经济以及重振国内制造业基地。我们应该专注于如何在正在改变制造业面貌的新技术领域引领世界，而不是争论在过去的几十年里失去的制造业就业岗位是否可以回归原貌。我们强调的是美国创新体系的加强对于先进制造业的重要性。

只要在实施本报告所概述的建议时能够做到持续关注、利益结合以及协调行动，美国就能够并将引领世界先进制造业。我们已经看到众多来自新兴研究实验室的新制造业技术的例子，这些技术将对美国的制造方式产生变革性的影响。

国家和地区层面的产业界、学术界及政府都必须即刻开始行动，点燃智慧，共筑成功。

美国必须齐心协力，共同致力于重振制造业基地，以保障其在未来的发展。

第五章①
再论 STEM 劳动力
——《2014 年科学和工程指标》

一、概　　要

美国科学、技术、工程和数学劳动力(STEM 劳动力)的状况在有关国家竞争力、教育政策、创新,甚至是移民问题的讨论中都很突出。然而,相关的分析和对话却受阻于各方对 STEM 劳动力的组成和特征的不同理解,以及 STEM 知识和技能所支持的多样化、动态的职业路径(career pathways)。

为了促进有关 STEM 劳动力更具建设性的讨论并进一步影响决策者的见解和观点,美国国家科学委员会(NSB 委员会)探讨了近期有关 STEM 劳动力的研究和讨论,咨询了诸多专家,并对《2014 年科学和工程指标》报告中的数据进行了探索研究,研究的主要发现可以概括为以下三点。

1. "STEM 劳动力"对于创新和竞争力来说影响广泛且极为关键。它可以通过各种不同的方式定义,并由众多子劳动力组成。

STEM 劳动力由许多种类的掌握 STEM 相关技能的人员组成,他们

---

① National Science Board. 2015. *Revisiting the STEM Workforce: A Companion to Science and Engineering Indicators 2014*. Arlington, VA: National Science Foundation. https://www. nsf. gov/ pubs/ 2015/ nsb201510/ nsb201510. pdf.

运用 STEM 相关知识和技能在各自岗位中发挥作用。这一劳动力群体包括通过研究与开发活动进一步发展科学和技术的科学家和工程师,使用 STEM 知识和技能在非研发岗位上进行设计或采取创新的工作者,以及在技术需求岗位上需要 STEM 能力来完成工作任务的工作者。

尽管"STEM 劳动力"的概念被广泛使用并在法律上被引用,但各方对于它的定义仍然未能达成共识。各种各样的报告对 STEM 劳动力的定义各不相同,这导致了分歧性的(有时甚至是相冲突的)结论。此外,STEM 劳动力是异质的。它由许多不同的"子-劳动力"(sub-workforces)组成,这些子-劳动力基于学位、职业、教育程度或这些因素进行组合。每个子-劳动力的需求、供给和职业前景都可能会根据就业部门、行业或地理区域的不同而变化。无论是对特定的子-劳动力还是对整个 STEM 劳动力的具体问题和挑战进行笼统概括,都常常会导致关于 STEM 劳动力状况的错误结论。委员会发现,为了回答有关 STEM 劳动力的重要问题,有必要集中关注与具体的子-劳动力相关的数据。

2. STEM 知识和技能可以形成通往 STEM 职业和非 STEM 职业的多样化动态路径。

在美国,拥有 STEM 知识和技能的个人不需要遵循这种线性的"渠道",即从获取 STEM 学位通往相同的 STEM 领域的岗位。几十年的数据显示,拥有 STEM 学位之人士的职业途径众多,他们不仅可以获得自身研究领域内的工作,甚至还可以从事非 STEM 工作。尽管许多具备 STEM 学位的人并没有在 STEM 领域工作,但他们中的大多数表明他们的工作与其受过的 STEM 教育有关。学位和职业之间相对松散的联系是美国劳动力的一个显著特征。这一特点使个人能够在整个经济体系内的各类职业中运用 STEM 技能,同时雇主也可以利用任何能增加最大价值的方式来发挥具备 STEM 技能的员工的价值。

一种理解劳动力的"路径方式"可以促使政策制定者关注劳动力的高产的相关问题。这些问题包括：为了最大化个人机会和提升国家竞争力,员工在职业中需要具备哪些知识和技能？ 我们如何确保所有美国人都能有机会获得 STEM 的知识和技能？政府、教育机构和用人单位在促进和加强这些路径方面分别扮演着何种角色？

3. 评估、启用和拓宽劳动力路径对于促进个人和国家的繁荣和竞争力这一目标至关重要。

为了保障美国的竞争力和持续繁荣，我们必须培养强大的、掌握 STEM 相关技能的劳动力。首先，我们必须监测和评估劳动力路径的状况，并确定风险和挑战。第二，我们必须确保所有人都能接受高质量的教育。拥有 STEM 参与机会的全面的预科教育（pre-college education）将创造通往技术性 STEM 劳动力的路径以及追求学士、硕士和博士学位的 STEM 研究学习的机会。第三，我们需要消除那些传统上代表性不足的群体（如少数族裔、妇女、残疾人士、退伍军人和社会经济背景较差的个人）在参与 STEM 过程中所遇到的障碍。消除这些障碍将允许国家从所有国民的能力中获益，并确保人民可以全面参与竞争性的、知识和技术密集型的全球化经济。

当我们造就 21 世纪的劳动力时，制定能够满足民众具体且多样化的教育和培训需求的政策解决方案非常重要。长期以来，政府、教育机构和雇主在创建、维持和加强劳动力方面具有重要的补充性作用。随着美国劳动力的性质不断发生变化，以及 STEM 知识和技能对更广泛的员工的重要性日益增加，我们有机会重新设想政府、教育机构和雇主将如何更好地支持具备 STEM 能力的员工迎接今天和明天的挑战。

二、引　　言

自 1950 年国家科学基金会成立以来，确保国家科学劳动力（scientific workforce）队伍的长期实力一直是基金会的重要使命。在国家科学基金会成立早期，这一科学劳动力被认为是由在政府、学术或工业实验室中从事研发工作的科学家和工程师组成的。在之后的 65 年里，政策制定者、学者和雇主们已经认识到，STEM 知识和技能对整个美国的绝大多数劳动力都至关重要，而且具有 STEM 技能的员工有助于提升经济竞争力和促进创新。

在美国经济中无处不在的技术、全球竞争力的上升以及正在发生的人口结构变化，都意味着美国 STEM 劳动力不仅变得越来越重要，而且它的规模和复杂性也在不断增长。随着 STEM 劳动力的不断发展，有关劳动力充足性的争议——例如，高技能 STEM 工人（high-skilled STEM workers）的供给和需求是否处于平衡状态；在工人和雇主需求之间是否存在"技能不匹配"的状况——这些我们在期刊杂志、政府和行业报告以及众多媒体报道中均能发现。政策制定者、学生和其他希望了解 STEM 劳动力并做出重要决策和职业选择的人，往往会受到对 STEM 劳动力状况的争议性分析的阻碍，他们不得不在这些互相矛盾、混乱且不完整的信息的影响下做出决定。

作为《2014 年科学和工程指标》（以下简称《指标》）的同系列报告，本政策报告并不试图解决长期存在的有关劳动力的争论问题。相反，这份报告对劳动力进行了更为详细且基于数据的描绘，并提供了有关其特点的重要观点。我们希望这些观点能帮助政府、教育界和工商界领袖做出更好且更明智的决定，并在如何使美国劳动力长期保持强大且具有 STEM 能力这一议题上促成更富有成效的对话。

三、《指标》及本报告中术语 S&E 和 STEM 的使用

STEM 这一术语很有价值，但它的定义却非常松散。它能够使用科学、技术、工程和数学形成有关大部分美国劳动力的讨论，但它却并不具备数据采集和分析所需要的精确性。美国国家科学委员会的《指标》报告依赖于传统意义上更为狭义的构成单位——科学和工程（S&E）。

本报告在很大程度上使用了来自于《指标》的数据，因此很重要的一

点就是,S&E 数据并不完全符合 STEM 的一般概念。《指标》报告中的 S&E 劳动力数据关注的员工至少拥有学士学位,而且它对于劳动力的定义是基于由美国国家科学基金会认定为"S&E"的一系列职业和学位。相比之下,STEM 则不那么精确,它可能包括拥有副学士或其他学士学位证书的工人,这些人正从事着需要技术、工程或数学能力的工作。

《指标》中所指的 S&E 劳动力或"科学家和工程师",包括:

- 至少具备 S&E 领域或者 S&E 相关领域的学士学位的任何个人。
- 从事某 S&E 相关职业的任何大学毕业生,无论其学位与专业。从事医疗保健行业的个人也包含在 S&E 相关职业中,因此也属于《指标》中所定义的 S&E 劳动力。

《指标》中的 S&E 职业是指:

- 计算机和数学科学家
- 生物、农业和环境科学家
- 物理科学家(如物理学家、化学家、地球科学家)
- 社会学家(如心理学家、经济学家、社会学家)
- 工程师
- S&E 领域的高中后阶段教育教师

《指标》中的 S&E 相关职业是指:

- 卫生保健工作者(如医生、听力学家、护士)
- S&E 管理者(如工程经理、自然和社会科学经理)
- 大学前的科学与工程教师(如科学教师、数学教师)
- S&E 技术专家和技术人员
- 其他 S&E 相关职业(如精算师、建筑师)

《指标》将其他的职业定义为非 S&E 职业。

在讨论关于该劳动力的一般特征以及 STEM 的知识和技能对学生和在职员工的重要性之时，本报告将使用 STEM 或 STEM 劳动力等术语。与此相反，在讨论《指标》中的具体数据时，本报告将使用《指标》的 S&E、S&E 相关以及非 S&E 分类体系等术语。

1. "STEM 劳动力"对于创新和竞争力来说影响广泛且极为关键。它可以通过各种不同方式予以定义，并由众多子劳动力组成。

（1）美国经济中的科学与工程劳动力

60 年前，在"STEM"这一术语还未出现之前，国家科学基金会和国家科学委员会便开始出台科学和工程（S&E）劳动力状况①的相关指标。这一劳动力引起了国家的极大关注，因为它在促进创新、经济竞争力和国家安全方面发挥着核心作用。在基金会的早期研究中，创新被认为是属于"能理解自然的基本规律并熟练掌握科学研究技术的一小部分人"②的领域范围。因此，国家科学基金会最初的指标纲要所针对的人群主要集中在政府、学术界或工业实验室从事研发的高学历科学家和工程师身上。

然而，在过去几十年，分析师已经开始认识到尽管高学历的科学家和工程师是必需的，但仅仅依靠他们对于具有全球竞争力的知识和技术密集型经济来说却是远远不够的。第一，科学技术的进步使许多工作变得自动化，因此剩下的工作需要更高水平的 STEM 知识和技能③。其次，我

---

① 《2014 年科学和工程指标》的前身出现在 1955 年，当时基金会出版了第一册"统计年鉴"。J. Merton England, *A Patron for Pure Science*, Washington, DC: National Science Foundation, 1982, 254.

② Vannevar Bush, *Science — The Endless Frontier*, Washington, DC: National Science Foundation, 1990, 23.

③ Anthony Carnevale and Donna Desrochers, "The Missing Middle: Aligning Education and the Knowledge Economy," Washington, DC: U. S. Department of Education, 2002; Elka Torpey, "BLS Career Outlook: Got Skills? Think Manufacturing," June 2014. Retrieved from: http://www.bls.gov/careeroutlook/2014/article/manufacturing.htm; Daren Acemoglu and David Autor, "Skills, Tasks and Technologies: Implications for Employment and Earnings," in *Handbook of Labor Economics*, eds. Orley Ashenfelter and David Card, Elsevier: 2011, vol. 4B, 1043 - 1171; David Autor, Lawrence Katz and Alan B. Krueger, "Computing Inequality: Have Computers Changed the Labor Market?" *The Quarterly Journal of Economics* 113, no. 4, November 1998: 1169 - 1213.

们了解到创新并不是研发人员的特权。尽管从事研发活动的企业报告创新的几率更高,但美国大部分的创新都发生在并没有大量投入研发的企业中①。创新的采用和扩散通常要求组织依靠具有 STEM 能力的员工来学习、适应、安装、调试、培训和维护新的流程或技术②。

　　10 年的数据显示了美国工作场所中科技的日益普遍化。与传统思维下的科学和工程职业相比,STEM 知识和技能实际上被用于更多的职业(见图 5.1)。2010 年,大约有 500 万美国员工被官方认定为从事

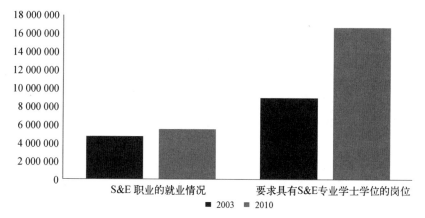

图 5.1　基于职业的美国 S&E 劳动力和 S&E 技术知识调查结果:2003 年和 2010 年

　　注:受过大学教育的人是指拥有学士或以上学位的个人。有关 S&E 专业(右侧)的数据包括从事 S&E、S&E 相关以及非 S&E 工作的个人,并不是所有从事 S&E 职业的人员(左侧)都认为,他们的工作需要至少学士水平的 S&E 专业知识(2003 年为 78%;2010 年为 87%)。

　　来源:SOURCES: National Science Foundation (NSF), National Center for Science and Engineering Statistics (NCSES), National Survey of College Graduates (NSCG), 2010. http://www. nsf. gov/statistics/sestat/. *Indicators 2014*.

---

　　① 国家科学基金会的商业研发与创新调查显示,尽管实施研发的企业明显在产品或过程创新方面有更大的几率,但美国超过四分之三的创新来自于那些没有明显参与研发活动的企业。Mark Boroush, "NSF Releases New Statistics on Business Innovation", Arlington, VA: National Center for Science and Engineering Statistics, 2010. Retrieved from: http://www. nsf. gov/statistics/infbrief/nsf11300/.

　　② 详见 Susan Helper 关于制造业高速发展的经历,"The High Road for U. S. Manufacturing," Issues in Science and Technology 25, no. 2, Winter 2009. Retrieved from: http://issues. org/25 - 2/helper/; Susan Helper, Timothy Krueger, and Howard Wial, "Why Does Manufacturing Matter? Which Manufacturing Matters? A Policy Framework," (Washington, DC: Brookings Institution, 2012). Retrieved from: http://www. brookings. edu/~/media/Research/Files/Papers/2012/2/22% 20manufacturing% 20helper% 20krueger% 20wial/0222 _ manufacturing_ helper_krueger_wial. pdf.

"S&E"职业①。然而,估计有 1 650 万受过大学教育的个人,包括许多从事销售、营销和管理工作的人,都声称他们的工作至少需要学士学位水平的 S&E 培训。此外,近年来,越来越多的工作岗位对这些能力提出了要求②。

表 5.1 基于职业、教育或 STEM 知识的 STEM 或 S&E 劳动力规模: 2010 年—2012 年

劳动力数量	标　　准	教育水平	来源(年份)
5 398 000	从事 S&E 职业③	学士学位及以上	NSF SESTAT (2010)
5 968 000	从事 S&E 职业	所有教育水平	BLS OES (2012)
19 493 000	至少具有一份 S&E 专业文凭	学士学位及以上	NSF SESTAT (2010)
19 456 000	员工声称岗位要求具有 S&E 专业的学士学位	学士学位及以上	NSF SESTAT (2010)
26 000 000	员工声称岗位要求具有大量 STEM 专业知识	所有教育水平	Rothwell/O * NET (2011)
142 469 000	美国的所有劳动力	所有教育水平	BLS CPS (2012)

来源: Bureau of Labor Statistics (BLS), Occupational Employment Statistics (OES) (2012) and Current Population Survey (CPS) (2012); NSF, NCSES, NSCG (2010), Scientists and Engineers Statistical Data System (SESTAT) (2010) integrated file. http://www. nsf. gov/statistics/sestat/. *Indicators 2014*; Rothwell, "The Hidden STEM Economy," 2014. http://www. brookings. edu/research/reports/2013/06/10 - stem-economy-rothwell.

随着美国经济的发展,职业任务甚至是职业本身也发生了变化。随着新行业的建立,新类型的工作机会不断涌现,同时也面临着亟待解决的新问题。为了保持竞争力,美国需要各个教育层次的具有灵活的 STEM 能力的员工。认识到这一点,最近的几份报告引起了人们对副学士学位

① NSF 对于 S&E 职业的定义并未将医疗保健工作纳入其中,而是将其归于 S&E 相关职业这一类别之下。

② 在 2003 年至 2010 年之间,拥有大学学历且声称他们的工作至少需要学士学位的 S&E 专业水平的人员数目增加了 28%,从 1 290 万增加到 1 650 万人。National Science Board, Science and Engineering Indicators 2014, Arlington, VA: National Science Board, 2014, 3 - 5.

③ 使用美国劳工统计局关于职业分类标准(SCO: Standard Occupational Classification)体系进行分类。

(sub-baccalaureate),或者说"技术型 STEM 劳动力"(technical STEM workforce)的关注。这一劳动力包括拥有高中或两年技术培训合格证书的工人,他们在自己的工作中使用大量的 STEM 知识(见方框 5.1)[1]。根据其中一份报告,当这些拥有副学士学位的工人被包括进来时,在美国就可能有多达 2 600 万个工作岗位需要至少某一领域的 STEM 知识和技能。这占了美国就业岗位的近 20%(见表 5.1)[2]。

方框 5.1

技术型 STEM 劳动力

技术型 STEM 劳动力,也被称为 STEM 副学士学位、隐藏的 STEM 或是中等技能的 STEM 工人;这类工人将传统的文化能力与技术专长结合在一起[3]。技术型 STEM 工作主要集中在信息技术、医疗保健和技术行业中,要求接受过高中层次及以上的教育,通常具备 2 年的学位、职业证照或证书[4]。

拥有副学士学位的工人在 STEM 劳动力群体中占据相当大的比例。国家科学基金会使用基于职业的 S&E 工人的定义,估计有四分之一的 S&E 工人并没有学士学位[5]。布鲁金斯学会(Brookings Institution)的乔纳森·罗斯维尔(Jonathan Rothwell)使用了更广泛的、基于技能的定义并集中专注于 STEM 而不仅仅是 S&E,而根据他的估计,有一半的 STEM 工作岗位是那些没有学士学位的工人可以从事的[6]。

---

[1] Jonathan Rothwell, "The Hidden STEM Economy", Washington, DC: Brookings Institution, 2013. Retrieved from: http://www.brookings.edu/research/reports/2013/06/10-stem-economy-rothwell; Executive Officer of the President, "President's Council of Advisors on Science and Technology (PCAST) Memo of September 2014", Washington, DC: Executive Of ce of the President, 2014. Retrieved from: http://www.whitehouse.gov/sites/default/les/microsites/ostp/PCAST pcast_workforce_edit_report_sept_2014.pdf.

[2] Rothwell, "The Hidden STEM Economy."

[3] PCAST memo of September 2014.

[4] 同上。

[5] Indicators 2014, 3 - 15.

[6] Rothwell, "The Hidden STEM Economy".

　　技术型 STEM 工作往往是那些接受副学士学位教育的个人所能获得的薪水最高且最为稳定的工作机会之一。在 2011 年，25 岁以上没有学士学位的员工在 S&E 行业的收入中值是从事其他职业的其他相同教育层次员工年收入中值的 2 倍（分别为 6 万美元和 3 万美元）。而拥有副学士学位的 S&E 工作者的失业率仅为其他工作者的一半左右（分别为 6% 和 11%）。

　　与拥有高等学历的科学家和工程师（有时被称为"STEM 专业人员"）相比，在国外出生的技术型 STEM 劳动力数量较少，92% 的技术型 STEM 员工出生在美国。非裔和西语裔美国人从事技术型 STEM 工作的比例高于从事专业型 STEM 工作的比例。此外，对技术型 STEM 工人的需求在全国范围内广泛分布，这与 STEM 专业人员不同，后者往往集中在高技术密集型地区（high-tech-heavy regions）①。

　　技术型 STEM 工作为在国内和全球经济转型中遭受重创的部分美国劳动力提供了新的机遇。然而，与上一代人相比，今天的中等技能工人所要求具备的 STEM 知识和技能程度更高。这正如乔治敦大学教育和劳动力中心（Georgetown University Center on Education and the Workforce）主任安东尼·卡内瓦莱（Anthony Carnevale）指出的，"这是一种新的中等技能，这更困难，而且需要更多的技巧"②。

（2）理解 21 世纪的 STEM 劳动力

定义 STEM 劳动力的挑战

　　组成 STEM 劳动力的各类工作者在满足不断发展的职业需求、支持创新以及增强美国竞争力方面起着明显的作用。社会各界已经开始认识

---

① Rothwell, "The Hidden STEM Economy".

② Anthony Carnevale cited in "Where the Jobs Are: The New Blue Collar," USA Today, 30 September 2014. Retrieved from: http://www.usatoday.com/story/news/nation/2014/09/30/job-economy-middle-skill-growth-wage-blue-collar/14797413/.

到这些工作者对美国经济的重要性,有关 STEM 劳动力的概念在政策讨论、报告、国会证词和主流媒体上经常被提及。这一概念甚至在法律和法规中也得到了引用①。然而,尽管 STEM 劳动力经常被提及,但各方对于它的定义并没有达成一致意见(或者说对于构成"STEM"的具体学科来说)②。

在缺乏统一定义的情况下,分析家们往往倾向于采用最适合他们的具体分析的方式来定义 STEM 劳动力③。一般来说,STEM 工作者被认为是拥有 STEM 相关学位或从事某一 STEM 相关职业的个人。但各报告在 STEM 的扩展程度方面有所不同。例如,某些对 STEM 劳动力的定义省略了那些拥有学士以下学位的工作者,或者遗漏了社会科学家。其他常用的定义则包括了所有这类工作者或者是其中的一部分。重要的是,关注于学位和职业的定义也往往会排除那些具有 STEM 能力的工作者,他们在工作中使用明显的 STEM 专业知识,但是并不具备 STEM 学位或者并不从事 STEM 职业。如果我们想要超越学位和职业的限制,更广泛地了解 STEM 技能是如何在工作场所中被运用的,以及有能力的员工是如何为经济增加价值的(见方框 5.2),那么囊括所有具有 STEM 能力的工作者则尤为重要。

---

① America COMPETES Reauthorization Act of 2010. Retrieved from: https://www. govtrack. us/congress/bills/111/hr5116/text; Committee on STEM Education of the National Science and Technology Council, "Coordinating Federal Science, Technology Engineering, and Mathematics (STEM) Education Investments: Progress", Washington, DC: Executive Of ce of the President, 2012. Retrieved from: http://www. whitehouse. gov/sites/default/ les/microsites/ostp/nstc_federal_stem_education_coordination_report. pdf.

② John Skrentny and Kevin Lewis, "Building the Innovation Economy? The Challenges of De ning, Building and Maintaining the STEM Workforce", La Jolla, CA: Center for Comparative and Immigration Studies, 2013, 1 and 7. Retrieved from: http://ccis. ucsd. edu/wp-content/uploads/CCIS. BuildingTheInnovationEconomy. pdf.

③ For example, Indicators uses "S&E, S&E-related, and non-S&E"; a recent GAO report used "core STEM, healthcare STEM, and other STEM"; and a 2013 Brookings report characterized the STEM workforce as including "professional STEM" and "technical STEM." Indicators 2014, 3 - 9; United States Government Accountability Office, "Science, Technology, Engineering and Mathematics Education: Assessing the Relationship between Education and the Workforce", Washington, DC: Government Accountability Office, 2014. Retrieved from: http://www. gao. gov/assets/670/663079. pdf; Rothwell, "The Hidden STEM Economy".

方框 5.2

什么是 STEM 能力？

目前对于 STEM 相关知识和技能的数据的收集正在进行中。这一研究将通过澄清我们对技能、教育和职业之间的相互联系的理解，来补充基于学位和职业的分析。美国劳工部的职业信息网络项目正在开发一个数据库，该数据库拥有近一千份职业中的工作者能力的详细信息①。

安东尼·卡内瓦莱（Anthony Carnevale）和他的同事们分析了 O＊NET 的数据，以确定哪些能力与 STEM 职业密切相关②。与 STEM 相关的认知能力包括：数学、化学和其他学科的知识；STEM 技能，例如复杂的问题解决、技术设计和编程；以及 STEM 能力，包括演绎和归纳推理、数学推理和数字天赋。与 STEM 相关的非认知能力（non-cognitive competencies），包括对调查和独立工作的偏好。

随着 STEM 知识和技能的使用在工作中变得越来越普遍，对于 STEM 劳动力的定义没有完全单一适用的标准也变得越来越顺理成章。尽管缺乏对 STEM 劳动力的统一定义并不一定会成为一个问题，但对于试图发展健全的数据驱动政策的政策制定者来说，这无疑是一个挑战。任何报告中的分析都部分取决于被纳入 STEM 劳动力定义中的人员。因此，有关 STEM 劳动力的报告有时相互之间不能进行比较，而且它们的结论也不一定是概括性的。对于定义的困惑以及关于"谁才算是一名 STEM 工作者"这一问题的冲突信念，导致了关于 STEM 劳动力长期和突出的争论，并加剧了形成对具体问题（有关其充分性）的共识性回答的挑战（参见方框 5.3）。

---

① The database, O＊NET Online, can be found at http://www.onetonline.org/.

② Anthony Carnevale, Nicole Smith, Michelle Melton, "STEM", Washington, DC: Georgetown University Center on Education and the Workforce, 2014. See p. 8 for a full list of the O＊NET competencies associated with STEM. Retrieved from: https://cew.georgetown.edu/wp-content/uploads/2014/11/stem-complete.pdf.

方框 5.3

有关 STEM 工人过剩—短缺的争论

美国是否缺少 STEM 工作者是一个长期存在的、具有高度争议性的政策问题。自 20 世纪 50 年代以来,声称 STEM 工人短缺的说法周期性地出现。关于过剩—短缺的争论在过去是与冷战时期美国对于科技人才的焦虑有关①,而如今这一争论却是在全球化和全球范围内流动的 STEM 知识、专业技能和劳动力的背景下展开②。

分析家、媒体和政府报告都突出强调了对美国 STEM 劳动力规模的各类担忧。这包括:满足对具备科学和技术知识及能力的工人的需求③;消除美国学生在数学和科学成绩方面的巨大差异④;参与商业部门的报告,报告显示熟练的本土 STEM 工作者资源短缺⑤;为

---

① Michael Teitelbaum, Falling Behind? Boom, Bust, and the Global Race for Scientific Talent, Princeton, N. J. : Princeton University Press, 2014, 29 - 36.

② Richard Freeman, "Immigration, International Collaboration, and Innovation: Science and Technology Policy in the Global Economy," NBER Working Paper No. 20521, September 2014. Retrieved from: http://www. nber. org/papers/w20521. pdf.

③ National Research Council, "Rising Above the Gathering Storm: Energizing and Employing America for a Brighter Economic Future", Washington, DC: National Academies, 2007; Council on Competitiveness, "Innovate America: Thriving in a World of Challenge and Change", Washington, DC: Council on Competitiveness, 2004; Business Roundtable, "Tapping America's Potential", Washington, DC: Business Roundtable, 2005; William Butz, Terrence Kelly, David Adamson, Gabrielle Bloom, Donna Fossum, and Mihal Gross, "Will the Scientic and Technology Workforce Meet the Requirements of the Federal Government?", Arlington, VA: RAND, 2004.

④ ACT, "The National Condition of STEM 2013", Washington, DC: ACT, 2013. Retrieved from http://www. act. org/stemcondition/13/ndings. html; National Research Council, "Expanding Underrepresented Minority Participation: America's Science and Technology Talent at a Crossroads", Washington, DC: National Academies, 2011; Equity and Excellence Commission, "For Each and Every Child — A Strategy for Education Equity and Excellence", Washington, DC: U. S. Department of Education, 2013. Retrieved from: http://www2. ed. gov/about/bdscomm/list/eec/equity-excellence-commission-report. pdf.

⑤ Microsoft, "A National Talent Strategy: Ideas for Security U. S. Competitiveness and Growth", Seattle, WA: Microsoft Corporation, 2012. Retrieved from: http://www. microsoft. com/en-us/news/download/presskits/citizenship/MSNTS. pdf; Jonathan Rothwell, "Still Searching: Job Vacancies and STEM Skills", Washington, DC: Brookings Institution, 2014. Retrieved from: http://www. brookings. edu/~/media/research/les/reports/2014/07/stem/job% 20vacancies%20and%20stem%20skills. pdf. For a counterpoint to the Microsoft report see: Daniel Costa, "STEM Labor Shortages?: Microsoft Report Distorts Reality About Computing Occupations", Washington, DC: Economic Policy Institute, 2012. Retrieved from: http://www. epi. org/publication/pm195-stem-labor-shortages-microsoft-report-distorts/.

人口结构的转变做准备，这一转变将提高那些在 STEM 领域一直以来未被充分代表之群体的人口比例①。此外，美国一直依赖出生于国外的 STEM 人才，当这些群体在全球范围内拥有越来越多的就业选择时，就对我们提出了一项新的挑战：美国是否对这类出生于国外的 STEM 人才保持着源源不断的吸引力？②

鉴于这些担忧，一些分析人士认为，美国已经或即将面临 STEM 劳动力短缺的问题③。一些人提到了劳动力市场的某些信号，如高工资，此外还有这一事实，即招聘广告中的 STEM 空缺职位是非 STEM 类工作平均发布天数的 2 倍多④。其他分析人士指出，STEM 工人的短缺是具有 STEM 能力的工作者"转移"到其他提供更好工作条件或薪酬的高技能职业的副产品⑤。与此相关的，有人说即使供应增加，美国还是有可能出现 STEM 工人短缺的现象，因为大量的高技能工人会帮助推动创新和竞争力的发展，但这恰恰可能会造就对这类工人的高需求⑥。

那些认为美国并没有出现 STEM 工人短缺现象的分析家们看到的则是不同的画面⑦。他们认为，美国 STEM 学位持有者的总数

---

① The Nation's Report Card 2012. Retrieved from: http://www.nationsreportcard.gov/ltt_2012/summary.aspx; National Academies, "Expanding Underrepresented Minority Participation".

② Robert Atkinson, "A Short and Long-term Solution to America's STEM Crisis," The Hill, 11 March 2013. Retrieved from: http://thehill.com/blogs/congress-blog/technology/287435 - a-short-and-long-term-solution-to-americas-stem-crisis.

③ National Academies, "Rising Above the Gathering Storm"; Council on Competitiveness, "Innovate America"; Business Roundtable, "Tapping America's Potential".

④ "Short on STEM Talent," US News and World Report, 15 September 2014. Retrieved from: http://www.usnews.com/opinion/articles/2014/09/15/the-stem-worker-shortage-is-real; Rothwell, "Still Searching," 1.

⑤ Carnevale et al., "STEM," 40 - 52.

⑥ Robert Atkinson, "ITIF Debate: Is There a STEM Worker Shortage?" debate, National Academies Keck Center, Washington, DC, 12 March 2014.

⑦ For a sample of this literature see: Michael Teitelbaum, "The Myth of the Science and Engineering Shortage," The Atlantic, 18 March 2014. Retrieved from: http://www.theatlantic.com/education/archive/2014/03/the-myth-of-the-science-and-engineering-shortage/284359/; Robert Charette, "The STEM Crisis is a Myth," IEEE Spectrum, 30 August 2013. Retrieved from: http://spectrum.ieee.org/at-work/education/the-stem-crisis-is-a-myth; Hal Salzman, "What （转下页）

超过了 STEM 工作的数量,而且那些本应表明某种短缺(如工资上涨)的信号并没有系统地出现①。分析人士还对学术界的劳动力市场动态表示担忧——因为在学术领域,博士学位持有者被授予终身教职的比例正在下降——而在工业领域,有报道声称,新毕业的学位持有者和持临时签证的"外籍工人"(如 H-1B、L-1)取代了现有的工人②。其中一些分析师甚至认为企业声称短缺和不匹配是希望能够降低薪酬和培训成本③。

有关过剩—短缺问题的研究显示,对于美国在 STEM 工作者方面是否有盈余或短缺这一问题并没有简单的"是"或"否"的回答。答案总是"视情况而定"。这取决于正在讨论的对象是劳动力的哪一部分(如副学士学位、博士学位、生物医学科学家、计算机程序员和石油工程师)以及劳动力所处的地方(农村、大都市及"高科技走廊")。这也取决于研究者所理解的"足够"或"缺乏"的 STEM 工作者是就工作者数量、接受教育或职业培训的工作者素质、种族、族裔或性别的多样性而言,还是就所有这些因素的集合而言。

委员会注意到,各方在有关短缺问题的争论中也存在着许多共识。争论双方的分析人士都始终强调 STEM 技能在经济中的价值。

(接上页) Shortages? The Real Evidence About STEM Workforce," Issues in Science and Technology 29, no. 4 (Summer 2013). Retrieved from: http://issues. org/29-4/what-shortages-the-real-evidence-about-the-stem-workforce/; B. Lindsay Lowell and Harold Salzman, "Into the Eye of the Storm: Assessing the Evidence on Science and Engineering Education, Quality, and Workforce Demand", Washington, DC: Urban Institute, 2007. Retrieved from: http://www. urban. org/UploadedPDF/411562_Salzman_Science. pdf.

① Charette, "The STEM Crisis is a Myth"; Ron Hira, Paula Stephan et al. , "Bill Gates' Tech Worker Fantasy: Column," in USA Today, 27 July 2014. Retrieved from: http://www. usatoday. com/ story/ opinion/ 2014/ 07/ 27/ bill-gates-tech-worker-wages-reforms-employment-column/13243305/; Costa, "STEM Labor Shortages?"

② Hal Salzman, Daniel Kuehn, and B. Lindsay Lowell, "Current and Proposed High-skilled Guest-worker Policies Discourage STEM Students and Grads from Entering IT", Washington, DC: Economic Policy Institute, 2013. Retrieved from: http://www. epi. org/publication/current-proposed-high-skilled-guestworker/.

③ Peter Cappelli, "Skills Gaps, Skills Shortages, and Skills Mismatches: Evidence for the US," NBER Working Paper 20382, August 2014. Retrieved from: http://www. nber. org/papers/w20382. pdf.

同样，许多分析人士认为，有必要提高所有各级STEM教育的质量和人员数量，并解决STEM劳动力中缺乏种族/族裔和性别多样性的问题。最后，许多分析人士指出，政府需要更多地关注企业对STEM工人的需求，并指出需要收集更多的数据来提高我们对职业路径的理解。

尽管STEM劳动力的概念已经变得司空见惯，但这一用词掩盖了构成它的工人的异质性。关于STEM劳动力的许多最为紧迫和最具争议的问题——无论定义如何——都不能通过对STEM劳动力的整体考察来得出答案。事实上，我们所说的STEM劳动力是由不同组成和特点的"子劳动力"（sub-workforces）组成的集合体。这些子劳动力可以通过以下各项维度来研究：

● 学位/教育水平（如具有博士学位或"副学士学位"的劳动力）
● 学位领域（如生命科学、工程、信息技术）
● 职业（如STEM领域的高校教师、化学工程师、生物医学技术人员）
● 地理位置（如城市与农村、硅谷、"研究三角园"）
● 用人单位类型/部门（如学术界、工业界、政府）
● 职业阶段（应届毕业生、职业中期、职业晚期）
● 上述因素的组合

这些子劳动力呈现了截然不同的"故事"。具体来说，面向不同种类的STEM子劳动力的市场可能差异悬殊①。例如，相对于量子物理学家，国家需要更多的副学士学位的卫生技术人员。卫生技术人员的潜在需求量更大，因为几乎每个城镇都需要大量的卫生技术人员来提供服务。相比之下，对量子物理学家的社会需求则更有限。

---

① Skrentny and Lewis, "Building the Innovation Economy?" 4.

对某种单一领域或职业的概括化也可能会具有误导性。例如,在"计算机和信息科学家"的类别中——他们约占 S&E 劳动力的 40%①——有许多不同的劳动力的"故事"。这一宽泛的职业类别包括研究科学家、网络开发人员、网络架构师以及计算机支持专家等职业②。这些工作需要不同的教育层次、培训类型和经验水平,而且重要的是,它们具有不同的地理分布模式③。因此,完全可以想象的是,无论是全国性的还是区域性的,某种计算机和信息科学工作者短缺的同时,另一种类型工作者过剩的情况都有可能出现。

对于学位水平相同的个人来说,STEM 劳动力的"故事"也会因领域的不同而有所不同。例如,拥有生物科学博士学位的 246 000 名工作者中大约有一半在学术界工作。因此,联邦对基础研究和应用研究投资经费的浮动、学术就业模式的结构变化以及国家对研究性大学拨款的减少,都会对他们造成不均衡的影响④。相比之下,全国 157 000 名工程类博士中只有略多于四分之一的人在学术界工作,大多数工程博士(65%)都在商业领域工作,并尤为受到市场波动的影响⑤。

这些以及其他例子都强调了一点,即 STEM 劳动力并不是整体性的。它不作为某个单一实体作用,不同工人所面临的机遇和挑战由于其所处的行业、所经历的培训以及所拥有的经验和技能的差异而各不相同。

---

① 在 5 398 000 名 S&E 职业工作者中,计算机和信息科学家约为 2 179 000 名。

② NSF 确认了 11 种不同的"计算机和信息科学家"职业:计算机和信息科学家—研究,计算机网络架构师、计算机支持专家、计算机系统分析师、数据库管理员、信息安全分析师、网络和计算机系统管理员;软件开发人员—应用程序和系统软件,网页开发人员、其他 CS 职业以及计算机工程师—软件。

③ 研发性职位往往在地理上非常集中,绝大多数的研发活动和大量就业机会均聚集在主要的 20 个大都市地区。2014 年 NSF 的一份报告显示,在 2011 年,美国公司的研发有近一半发生在这五个州:加州、华盛顿州、得克萨斯州、马萨诸塞州和密歇根。即使是在这些研发密集型的州,研发工作也不是在全州范围内平均分布的,而是更为集中出现在如硅谷、西塔和 128 号公路科技园区等地。相比之下,技术型 STEM 工人的就业机会往往在地理上更分散。Raymond Wolfe and Brandon Shackelford, "2011 Data Show U. S. Business R&D Highly Concentrated by State and Metropolitan Location", Arlington, VA: National Center for Science and Engineering Statistics, 2014. Retrieved from: http://www. nsf. gov/statistics/infbrief/nsf14315/; Rothwell, "The Hidden STEM Economy," 12 - 15.

④ National Science Board, "Diminishing Funding and Rising Expectations: Trends and Challenges for Public Research Universities", Arlington, VA: National Science Board, 2012.

⑤ Indicators 2014, Appendix Table 3 - 4.

在讨论劳动力问题或审议政策干预时，必须清楚地了解正在处理和解决的具体是哪一部分 STEM 劳动力。同样重要的是，要防止通过消除细微差别进行过度简化，或是通过将某一群体遇到的状况归类于整体劳动力所造成的过度概括化，例如，生物医学博士所面临的挑战并不一定适用于所有博士学位持有者或所有劳动力。

2. STEM 知识和技能可以形成通往 STEM 职业和非 STEM 职业的多样化动态路径。

（1）STEM 劳动力和职业路径

STEM 的知识和技能通常是（尽管不完全是）通过 STEM 学位的教育项目获得的[1]。这些能力使个人能够选择许多职业道路，进而从事众多职业，且不仅仅是那些在传统上被称为 S&E 或 STEM 的职业[2]。在美国受过高等教育且最高学历是 S&E 领域的员工中，只有不到一半的人员从事国家科学基金会所分类的 S&E 工作或是与 S&E 相关的工作（见表 5.2）[3]，这一事实使政策制定者、媒体甚至是学生都倍感惊讶。

表 5.2　学位拥有者的职业分布，最高学位领域（2010 年）

最高学位领域	总计（%）	S&E职业（%）	S&E相关职业（%）	非 S&E职业（%）
S&E 领域	100.00	35.1	13.9	51.0
S&E 相关领域	100.00	6.2	72.7	21.1
非 S&E 领域	100.00	20.5	29.3	50.2

注：由于四舍五入的关系，个别项目的数字加起来可能与总数略有出入。
来源：NSF, NCSES, SESTAT (2010). http://www.nsf.gov/statistics/sestat/. Indicators. 2014.

美国拥有科学和工程（S&E）学位的人员通常会在广泛的职业领域中寻求职业，这一趋势是美国劳动力的一个显著特征。几十年来的数据

---

[1]　学位的获得并不是获取 STEM 知识和技能和创造 STEM 人才的唯一途径。证书项目、课程学习、技术和职业项目、劳动力经验以及在职培训都可以培养工人的 STEM 知识和技能。

[2]　Carnevale et al., "STEM," 40 - 43.

[3]　2010 年，大约三分之一拥有 S&E 学士学位的工作者被国家科学基金会（NSF）划分为 S&E 职业，而其余的工作者被划分为与 S&E 相关的职业（14%）和非 S&E 职业（51%）。

显示,在美国,"学位并不是命运"——在所有教育水平以及所有教育程度上,学位和工作之间仅存在着某种松散的联系。与其他国家相比,美国大学毕业生在职业选择方面因学位领域所受到的限制更小。在欧洲和亚洲的一些国家,更为常见的是要求拥有与工作对口的证书,同时组织机构对于工作的重新设计也更为困难。相比之下,美国雇主可以非常灵活地利用员工的技能,以不同的方式获得价值[1]。随着美国经济继续发展,这种劳动力的灵活性对于工作者个人、企业和国家都是十分有利的。

虽然美国大多数 S&E 学位持有者从事着非 S&E 职业,但是不同的学历水平和领域造就了不同的就业模式。随着个人教育水平的提高,拥有 S&E 学位的个人从事 S&E 职业的可能性也会增加。例如,在物理科学领域中,38％的学士、58％的硕士和 78％的博士学位拥有者都从事着 S&E 职业[2]。不同领域中学位与职业之间的关联也有着明显的差异(见图 5.2)[3]。尽管存在这些差异,但对雇员的调查显示,许多拥有 S&E 学位的人员,不管在何处工作,都认为他们的工作与他们的学位有关。在这些并未从事 S&E 职业的 S&E 学位持有者中,有三分之二的人认为,他们的工作与他们的学位领域之间的关系要么是在某种程度上(32％)相关,要么是密切相关(35％),这进一步证明了 STEM 能力在整个经济中的价值[4]。

许多因素共同决定了职业路径[5]。对于从事 STEM 职业或者是工作要求具备高水平 STEM 专业知识的人员来说,获得必要的教育和培训是

---

[1] Giuseppe Bertola, Francine D. Blau, and Lawrence Kahn, "Comparative Analysis of Labour Market Out-comes: Lessons for the US from International Long-Run Evidence," NBER Working Paper No. 8536, October 2001. Retrieved from: http://www. nber. org/papers/w8526; Carnevale and Desrochers, "The Missing Middle," 25.

[2] Indicators 2014, Figure 3 - 7.

[3] 对于拥有 S&E 领域学士或以上学位的个人,要想了解他们在不同领域学位与职业之间的详细关系,可参见《2014 科学和工程指标》图 3 - 6 和附录表 3 - 3。

[4] Indicators 2014, Table 3 - 5.

[5] 就业岗位流动性、职业变化以及 S&E 学位持有者和工作者的职业途径是热门的研究领域。NCSES 和研究社区正在探索如何利用来自 NSF 的博士学位获得者调查(SDR)和国家大学毕业生调查(NSCG)项目的纵向信息来了解职业发展轨迹的方法。

至关重要的①。随着个人在职业生涯中不断发展进步，他们最初所接受的教育和训练对于路径选择的影响可能会让位于其他的因素。在个体层面，这包括(但不限于)专业兴趣、职业机会的可得性和相对吸引力、生活方式偏好、在职培训或继续教育的机会、工作经验以及机缘巧合之处。外部力量(诸如科技变革、创业活动、商业需求和公共政策)也会影响路径选择。在一个充满活力的经济体中，这些路径本身也正在不断地被创造、取代和重塑。

这些因素以及如今工人的流动性都意味着职业生涯路径不一定是线性的。例如，某一拥有 STEM 知识和技能的个人可能会在一开始从事STEM 工作，然后又在另一个领域获得其他专业的学位。某一受过 STEM教育的律师或是某一同时拥有 STEM 学位和工商管理硕士学位的个人可以在许多工作环境中增加独特的价值。同样，个人可能会在学术界开始一段职业生涯，之后又进入政府或产业界(或者又返回到学术界)。

学位领域对应的是学士学位的专业，或者是双专业中的第一学位，受访者为 25 岁至 64 岁已经完成学士或更高学位学习的人员。职业群体主要是根据 2010 年的职业分类标准系统进行划分。美国人口普查局(TheU. S. Census Bureau)对 STEM 职业的定义包括计算机和数学职业、工程师、工程技术人员、生命科学家、物理科学家、社会科学家、科学技术人员以及 STEM 管理人员。与 STEM 相关的职业包括建筑师、医疗从业者、医疗管理人员和医疗技术人员。非 STEM 职业是指未包含在 STEM 职业或与STEM 相关的职业中的所有其他职业。

美国人口普查局创建了一个交互工具，以探索大学专业与从事职业之间的关系(见图 5.2)。圆圈分割部分显示毕业于每一大学专业(左)和从事每一职业群(右)的人员比例。专业和职业之间的连线显示了从事某一特定职业的人员在某大学专业中的比例。图 5.2 显示的是工程学(A)和社会科学(B)学位持有者从教育到职业的"路径"。

---

① 《2014 年科学和工程指标》，图 3 - 4。2011 年 ACS 的数据显示，从事 S&E 专业领域(74%)工作的员工中拥有学士或更高学位的比例要高于其他所有职业(30%)。注：这些数据不包括后中等教育 S&E 教师。

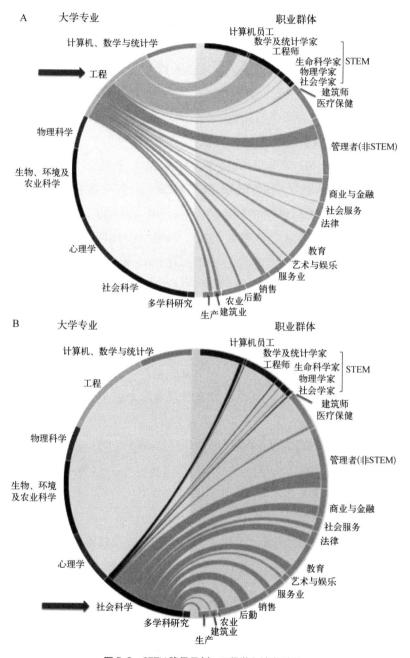

图 5.2　STEM 路径示例：工程学和社会科学

来源：U. S. Census Bureau, 2012 American Community Survey. https://www. census. gov/dataviz/visualizations/stem/stem-html/

工程学和社会科学的学位持有人从教育到职业的"路径"看起来是截然不同的。工程学位持有者主要从事 STEM 工作,特别是工程和计算机科学领域的工作。相比之下,大多数的社会科学学位持有者都是通过职业途径进入非 STEM 工作。这一示例中并未提及的是,这些模式对于不同层次的学位来说也是不同的,并且很可能会在个人的职业生涯中不断发生变化。

(2) 一种理解劳动力的路径方式

关于 STEM 劳动力状况的许多问题都是关于供给和需求的。通常使用的"STEM 通道"(STEM pipeline)模型——其基础假设是从正式的 STEM 教育到 STEM 职业的线性发展——可以鼓励实现这一方式,即把具有某一领域学位的人员的数量与同一领域中所预期的工作数量相匹配的方式。相比之下,一种"路径方法"(pathways approach)则提供了有关 STEM 劳动力更为准确且更动态的图景(参见方框 5.4)。

方框 5.4

超越 STEM 通道：从教育通往职业的多种路径

"STEM 通道"的隐喻暗示了一种连续的从教育到就业的线性顺序,它从小学开始,一直延续到高等教育以及就业。在 K-12 教育的背景下,这一通道的概念是十分有价值的,学生必须学习基本的(有时是累积的)STEM 和非 STEM 知识和技能,从而为未来的教育、培训和职业机会做好准备。国家对于确保所有学生都拥有这一根本性基础的承诺代表了对培养我们的未来劳动力以及见多识广的公民的集体投资。

在小学和中学教育之外,这一通道的隐喻便不再那么有用了,甚至还存在一定的误导性。中学后的学校 STEM 教育和培训路径呈现多样化的特点。学生对其中学后教育和职业道路的规划有多种选择：技术学校或 2 年制学院的技术培训；通过 2 年制和 4 年制大学课程的结合追求学士学位①；包括在职培训和/或教育福利的军事服

---

① 在美国获得 S&E 学位的人中,大约有一半是通过 2 年制学院至少学习了部分课程。Indicators 2014, Table 2-5 and John Tsapogas, "The Role of Community Colleges in the Education of Recent Science and Engineering Graduates". Arlington, VA: NSF Science Resource Statistics Division, 2004: Retrieved from: http://www.nsf.gov/statistics/infbrief/nsf04315/.

务;或者是提供在职培训的工作。

　　进行 STEM 教育的决定也常常出现在高中毕业后。许多学生由于工作、抚养孩子、照顾亲人或是经济原因会暂时离开学校一段时间。其他个人因为职业兴趣的改变或对新机会的回应而选择返回学校。许多人在工作的同时也要进行他们的业余培训或教育。国家教育统计中心最近公布的数据估计,在这种情况下,有 73% 的本科生可以被认为是非传统性的①。

　　为了确保在 21 世纪经济竞争中保持强大且具有灵活的 STEM 能力的劳动力,美国必须为所有学生在小学和中学阶段打下坚实的教育基础。同时要在这一基础上,确保各种教育和职业的"入口"及"出口"的可用性,以适应个人在职业生涯所做的转变。确保员工的灵活选择将需要政府、教育工作者和雇主的集体参与。

　　与线性通道的模型不同,一种路径的方法能更准确地代表学位和职业之间的关系。STEM 知识和技能使得个人能够从事各种各样的职业。例如,拥有计算机和数学科学专业的学士或更高学位的人员能够选择多样化的职业道路,其中有超过一半的人员从事计算机科学和 S&E 职业领域以外的工作②。路径方法使我们认识到,特定的某种职业可以利用具有不同教育和培训背景的个人所拥有的不同专业知识。例如,在计算机和数学科学领域只有 44% 的"计算机和数学科学家"拥有学士或更高学位,而超过四分之一的员工根本没有 S&E 领域的学位③。鉴于计算机科学的学位和工作之间存在着松散的联系,试图评估"计算机科学工作人员"的状态(即需要将计算机科学学位持有者的数量与计算机相关职位空

---

　　① Susan Choy, "Nontraditional Undergraduates: Findings from the Condition of Education 2002". Washington, DC: National Center for Education Statistics, 2002. Retrieved from: http://nces.ed.gov/pubs2002/2002012.pdf.

　　② 在 2010 年,大约有 190 万名最高学位是"计算机和数学科学"的 S&E 毕业生就业。在这些最高学位是"计算机和数学科学"专业的 S&E 毕业生中,有约 96 万人从事计算机和数学科学家工作。

　　③ Indicators 2014, 3-15.

缺的预测相匹配)必然是具有误导性的[1]。

(3) 路径方式——提出更好的问题

"路径方式"鼓励将关于劳动力竞争力问题的焦点从我们具有"多少学位/员工"转变为需要"什么样的知识和技能"(见方框 5.5)。同样,路径方式也从近期教育个人从事当今的工作这一重心转移到专注为个人提供所需要的适用技能和归纳性的 STEM 和非 STEM 能力,从而使个人能够在不断变化的劳动力需求中适应和发展。

方框 5.5

对 STEM 的补充：面向 21 世纪 STEM 劳动力的其他知识和技能

艺术和人文学科通过教授学生研究的解释性和哲学模式、磨练沟通和写作技能、培育多元文化和全球理解、培养对历史、美学和人类经验的欣赏而对 STEM 教育进行补充。正如美国艺术与科学学会(American Academy of Arts and Sciences)最近的一份报告所强调的,人文和艺术的研究发展出了批判性的观点和富有想象力的回应[2]。这些思维方式有助于提高创造性,进而提高竞争力[3]。

除了具有包括 STEM 和非 STEM 学科的全面的教育以外,用人单位还表示如今的 STEM 员工还必须具备对于职场来说非常重要的各类技能特征[4]。这些技能包括独立工作和团队合作,坚持解决难题的意愿,以及对职场期望值的理解。

---

[1] 衡量当前的以及预测未来的劳动力供应和需求的困难会使这一问题加剧。Peter Freeman and William Aspray, "The Supply of Information Technology Workers in the United States", Washington, DC: Computing Research Association, 1999, 68; National Research Council, "Assuring the U. S. Department of Defense a Strong Science, Technology, Engineering, and Mathematics (STEM) Workforce", Washington, DC: National Academies Press, 2012, 40.

[2] American Academy of Arts and Sciences, "The Heart of the Matter: The Humanities and the Social Sciences for a Vibrant, Competitive, and Secure Nation", Cambridge, MA: American Academy of Arts and Sciences 2013, 9. Retrieved from http://www. humanitiescommission. org/_pdf/hss_report. pdf.

[3] American Academy of Arts and Sciences, "The Heart of the Matter," 9.

[4] The New York Academy of Sciences, "The Global STEM Paradox", New York: New York Academy of Sciences, 2014, 4.

这种路径方式可能也会促使政府、教育和行业领导人对这些路径的状况进行评估，并共同努力使它们得以实现并不断加强。特别是，对于路径的专注强调我们面临的这一集体挑战，即要确保所有的学生都能获得 STEM 路径，并确认和清除阻碍他们成功的障碍。

作为规划道路前进的第一步，委员会提出了一系列政策制定者在评估、支持和加强长期的 STEM 路径时所需要解决的关键问题：

- 什么样的政策对于确保所有学生和在职人员（不分种族/族裔、性别、社会经济地位、语言环境和其他人口特征）都有机会进入这些工作路径来说是必要的？
- 一旦进入这些路径，员工可能会遇到什么类型的阻碍和困难呢？什么政策可以帮助消除或解决它们？
- 我们如何评估和加强那些我们认为对国家竞争力尤为重要的职业路径的状态？
- 政府、教育机构和企业在启用路径及加强长期的劳动力方面所扮演的角色是什么？

3. 评估、启用和加强劳动力路径对于实现促进个人和国家的繁荣和竞争力这一目标至关重要。

（1）评估路径状况——指标

职业路径的可用性和状况影响着政府、用人单位、学生以及他们的家庭。从长远来看，如果基本的 STEM 路径相对于其他职业选择来说不够具有吸引力，那么很少有学生会选择并坚持完成 STEM 课程。STEM 路径的状况也影响着在职员工。如果这些路径的状况较差，在职员工可能会认为它们不够有吸引力，并将考虑他们的学位领域以外或者是整个 STEM 领域以外的其他职业。因此，监测和评估这些路径的状况并确定风险和挑战是十分重要的。劳动力市场指标（如收益和失业率以及与解决为什么拥有 STEM 学位的人员选择在学位专业以外领域工作的原因相关的指标）有助于提供关于 STEM 路径的可用性和状况的信息。

　　关于 STEM 劳动力的指标往往会将 STEM 工作者的数据与所有工作者进行对比。这样的比较表明，STEM 知识和技能（通常通过某一 STEM 学位获得）与明显的劳动力市场优势相关联。然而，与一般劳动力的综合比较对于评估特定 STEM 路径的状况并没有特别的帮助。相反，通过对受过同等教育的个人或从事同一职业类别的个人的市场状况进行长期调查，可以更好地了解 STEM 职业的可得性和相对吸引力。

　　为了说明这一点，需要考虑这一事实，即 STEM 工人与美国整体劳动力相比，失业率一直以来都比较低①。有人可能会因此得出这样的结论：STEM 的劳动力路径是可靠且具有吸引力的。这未免过于简单化。与美国一般劳动力的比较并未全面覆盖某一领域的新学位持有者和在职 STEM 工作者的劳动力市场经验。与一般劳动力一样，从事 S&E 或 STEM 职业的个人的失业模式同样也受到整体经济环境的影响（见图 5.3）。例如，在最近的经济衰退中，"S&E 技术人员和计算机程序员"的失业率提高了 3 倍，从 2007 年的低点 2.1% 上升到 2010 年的高点 7.4%（在最近几年的回落之前）②。在更详细的分析中，人们可以发现 S&E（例如化学工程师、机械工程师）地理区域或部门中各领域和子领域有关失业数据的分解。此外，失业数据本身可能代表了对 STEM 工人的劳动力利用不足的低估③。例如，在生物科学领域和其他一些 STEM 领域最初获取博士学位的工作人员越来越多地接受临时的学术职位——这一趋势在仅仅通过调查失业率的情况下是不明显的。

　　薪酬是评估路径相对吸引力的另一个因素。尽管所有教育水平的

---

　　① 在 NSF 的 SESTAT 调查中，2010 年科学家和工程师的失业率为 4.3%，而所有工作者的失业率为 9.6%。

　　② Indicators 2014，3-28-3-30。

　　③ BLS 报告了几种有关劳动力利用的测量（见《指标》，表 3-12）。官方失业率（U3）是指那些没有工作但在之前的四周寻找工作的人的百分比。BLS 的未充分利用测量值（U6）包括不同种类的工人，他们没有全职工作，但愿意这样做。NSF 使用了类似的测量来检测 STEM 工人的就业不足——即那些从事兼职工作但是仍在寻求全职工作，或是因找不到专业领域内的工作而只能从事学位专业领域外工作的个人的比例。例如：R. Keith Wilkinson，"For 1993, Doctoral Scientists & Engineers Report 1.6 Percent Unemployment Rate But 4.3 Percent Underemployment"，Washington, DC: NSF Science Resource Studies Division, 1995. Retrieved from: http://www.nsf.gov/statistics/databrf/sdb95307.pdf.

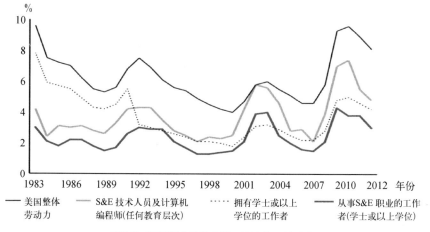

图 5.3　不同职业的失业率：1983 年—2012 年

来源：National Bureau of Economic Research, Merged Outgoing Rotation Group files (1983 - 2012); BLS, CPS (1983 - 2012). Indicators 2014.

STEM 学位持有者与一般劳动力相比都有工资溢价，但此类比较却忽略了这一点，即许多学生所面临的是在科学领域的更高学位和潜在的经济回报更丰厚的专业学位(如法学博士、医学博士)之间的选择。虽然在领域和教育水平上的薪酬比较较为复杂，但仍有一些证据表明，相对于应用科学或某些专业职业而言，基础生物学、数学和物理科学的博士学位持有者的收入已经出现停滞或下降①。具体来说，基础科学领域的博士的收入大约是律师收入的三分之二，而博士学位的获得通常需要多年的投入。基础科学领域博士的收入大约是拥有医学学位的人员的一半。

　　我们也可以通过调查经过 STEM 培训的个人选择在他们学位以外领域就业的原因，来评估 STEM 职业路径的吸引力——尤其是针对在职员工。2010 年，在 2 200 万名从事 S&E 职业或是 S&E 相关职业且受过大学教育的人员中，有 140 万人员(6.4%)非自愿地从事其最高学位领域以外的工作，因为他们无法在原本的领域中找到工作(见表 5.3)。这一

　　① Yu Xie and Alexandra Killewald, Is American Science in Decline? Cambridge, MA: Harvard University Press, 2012, 59.

比例在过去的 10 年里相对稳定①。

表 5.3　S&E 学位领域中非自愿从事领域外工作的
科学家和工程师 1993 年—2012 年

S&E 学位领域	1993 (%)	1995 (%)	1997 (%)	1999 (%)	2003 (%)	2006 (%)	2008 (%)	2010 (%)
所有科学家和工程师	7.8	7.7	7.3	5.4	5.9	6.2	5.3	6.4
S&E 领域最高学位	9.2	8.9	8.5	6.3	7.8	8.1	7.1	8.4
生物、农业和环境生命科学	10.3	10.2	10.0	8.3	10.1	9.7	10.1	10.1
计算机与数学科学	5.3	4.1	4.0	2.9	4.9	5.7	4.5	5.1
物理科学	9.7	10.2	10.0	7.6	8.8	8.6	7.1	8.2
社会科学	13.3	12.7	12.1	8.7	10.1	10.6	9.2	11.3
工程学	4.4	4.4	3.9	2.7	4.2	4.5	3.6	4.9

注：在 1993 年到 1999 年期间，科学家和工程师包括拥有一个或多个学士或以上 S&E 学位的人员，或者是拥有一个学士或以上非 S&E 学位但从事 S&E 职业的人员。在 2003 年到 2010 年期间，科学家和工程师包括拥有一个或多个学士或以上 S&E 学位或是 S&E 相关领域学位的人员，或者是拥有一个学士或以上非 S&E 学位但从事 S&E 职业或是 S&E 相关职业的人员。在 2010 年，这代表 2200 万人员。非自愿从事领域外工作的比例是指所有宣称他们的工作与其最高学位领域无关（因为无法找到最高学位领域的工作）的员工的比例。

来源：NSF，NCSES，SESTAT（1993 - 2010）。http://www.nsf.gov/statistics/sestat/. Indicators 2014.

　　尽管有些工作者因为未能找到合适的工作而受聘于学位专业以外的领域，但也有很多工作者是出于其他的原因而从事其最高学历领域以外的工作。常见的原因包括薪酬和晋升机会、工作条件、工作地点以及职业或专业兴趣的改变。受过 STEM 教育的工作者能够而且确实从事许多类型的工作，这对于他们自身以及认可他们价值的雇主来说都是十分有利的。然而，对于受过 STEM 教育的工作者来说，一系列职业选择的存在也强调了要确保 S&E 职业对学生和在职工作者来说仍然是较为有吸

---

　　①　根据最高学历和教育程度的不同，在专业领域外从事非自愿性工作（IOF：involuntarily-out-of-field）的人员的比例也存在着差异。在学科基础上，工程学位持有者的 IOF 比率最低，为 4.9%，其次是计算机和数学科学学位持有者，为 5.1%。最高的 IOF 比率在生物、农业和环境科学专业（10.1%）以及社会科学（11.3%）。随着学位水平的增加，IOF 的比例也会相应下降。与学士学位持有者相比，博士学位持有者非自愿从事专业领域外工作的可能性大大降低。Indicators 2014，3 - 31.

引力的选择的重要性。

（2）评估路径状况——满足国家需求

尽管有众多因素推动创新和竞争力提升，但跨国研究表明，受过良好教育的劳动力是一个关键因素[①]。认识到这一点，中国、印度和其他国家都在大力增加中等后教育阶段的投资，目标是通过建立一支高技能的国内劳动力队伍来推动经济发展[②]。随着众多国家同时加大对研发以及知识和技术密集型产业的投资，一场吸引 STEM 人才的全球竞赛正在兴起（详见方框 5.6）。

方框 5.6

全球背景下的美国 STEM 劳动力

我们必须在不断壮大且充满活力的全球科技企业的背景下来思考美国的 STEM 劳动力。《2014 年科学和工程指标》的数据显示，十多年来，以中国、韩国和巴西为首的其他国家通过对高等教育和研发的大力投入提高了自身的创新能力[③]。这些投资正在改变科技图景的平衡，因为亚太地区现在在全球研发中所占的份额已经超过了美国[④]。

全球 STEM 就业机会以及 STEM 技能的可移植性意味着几乎所有与研发/高技能 STEM 劳动力有关的政策议题——包括供给、薪酬和签证政策——都应该在全球背景下进行考量。S&E 工作者的供给和需求模型也必须考虑到 S&E 工作者的全球性流动[⑤]。对

[①] 根据德勤(Deloitte)和竞争力委员会(Council on Competitiveness)的一项调查，创新的高技能劳动力是一个国家竞争力的最关键驱动力。Council on Competitiveness, "2013 Global Manufacturing Competitiveness Index", New York: Deloitte Global Services Limited, 2012, ii. Retrieved from: http://www. compete. org/images/uploads/File/PDF％20Files/Council＿GMCI＿2012. pdf.

[②] For more information, see Indicators 2014, 2－37－2－45.

[③] "US Lead in Science and Technology Shrinking: Emerging Economies Shifting Global S&T Landscape," NSB Press Release 14－022, February 6, 2014. Retrieved from: http://www. nsf. gov/nsb/news/news_summ. jsp? cntn_id=130380&org=NSB&from=news.

[④] Indicators 2014, O－5 and 6－25.

[⑤] Richard Freeman, "Labor Market Imbalances: Shortages, or Surpluses or Fish Stories?" paper presented at Boston Federal Reserve Economic Conference, June 14－16, 2006. Retrieved from: http://www. pharmamanufacturing. com/assets/Media/MediaManager/JobShortages. pdf.

于接受 STEM 教育及从事 STEM 职业的人员来说，海外机会的增加也暗示着美国签证政策的变化，因为决策者需考虑如何使美国对于那些希望在美国追求 STEM 领域的博士学习和/或获得 STEM 就业机会的人员来说仍然是一个具有吸引力的目的地。

STEM 教育和研发的全球性变化尤其重要，因为美国大学中获得 S&E 学科博士学位的学生以及从事 S&E 领域工作的美国工作者中，有相当一部分是出生在外国的。国家科学与工程统计中心（NCSES）2012 年的一份信息简报称，在 2010 年美国科学、工程和健康领域获得博士学位的人员中，外国公民所占比例接近 40%①。在博士层次，除社会科学以外，外国出生的公民在每一种 S&E 职业中的比例都超过了 40%。尽管这些关于博士学位获得者和博士层次 S&E 工作者的统计数字十分引人注目，但事实上，在过去 10 年中，每一学位层次中从事 S&E 职业的外国出生工作者所占的比例都有所提高。国家科学基金会的调查（SESTAT）显示，2010 年，在从事 S&E 行业的大学毕业生中，有 27% 是在国外出生的，这高于 2003 年的 23%②。相比之下，在 2010 年，外国出生公民在美国总人口中所占的比例为 13%，略高于 2003 年的 12%③。

最近的（2010）数据显示，美国对于寻求 S&E 领域的进阶培训或就业的外国人员来说仍是一个极具吸引力的目的地。"促使美国博士"项目中三分之二的外国出生的博士生继续留在美国的优势包

---

① Wan-Ying Chan and Lynn Milan, "International Mobility and Employment Characteristics among Recent Recipients of U. S. Doctorates", Arlington, VA: National Center for Science and Engineering Statistics, 2012. Retrieved from: http://www. nsf. gov/statistics/infbrief/nsf13300/.

② Indicators 2014, Table 3 - 27. Among all college-educated workers in 2010, 15% were foreign born.

③ Elizabeth Grieco, Yesenia Acosta, G. Patricia de la Cruz, Christine Gambino, Thomas Gryn, Luke Larsen, Edward Trevelyan, and Nathan Walters, "The Foreign-Born Population in 2010", Washington, DC: U. S. Census Bureau, 2012. Retrieved from: http://www. census. gov/prod/2012pubs/acs - 19. pdf; Luke Larsen, "The Foreign Born Population in the United States: 2003", Washington, DC: U. S. Census Bureau, 2004. Retrieved from: http://www. census. gov/prod/2004pubs/p20 - 551. pdf.

括高生活质量、民主化、世界领先的研究型大学、良好的创业文化以及相比原籍国而言更广阔的职业道路①。

"停留率"(stay-rates)——用于衡量在获得美国博士学位后仍选择留在美国工作的国外出生的人员数目——仍然较为稳定②。然而,高技能的 STEM 工作者所面临的新兴的全球竞争意味着我们必须确保美国的大学仍然吸引着最优秀的外国出生的学生,同时研究资金、就业机会和签证政策也使得美国仍旧保持着全球竞争力。

满足企业需求

最近的诸多报告表明,许多领域的企业在满足劳动力需求方面都面临着困难③。它们的招聘挑战的确切性质是一个充满着许多不确定性的领域。有报道称,与技能相关的不匹配可以以多种形式存在。例如,制造业研究所(Manufacturing Institute)2011 年的一份报告显示,制造业行业正经历着招聘具有特定 STEM 技能(如解决问题的技能)和"就业价值"能力(如职业道德、及时性)的员工的困难④。虽然这两类反应都构成了某种潜在的不匹配,但根本原因和可能的解决方案却截然不同。

在思考技能不匹配时,至关重要的问题是要确定某一潜在问题的所在之处。是缺乏 STEM 技能还是一般资质（如口头和书面沟通能力、合作能力）？如果是一个 STEM 问题,那么这是某一特定 STEM 知识或技

---

① Indicators 2014, Table 3 - 29.

② Indicators 2014, 3 - 56 - 3 - 58.

③ See for example: Deloitte and the Manufacturing Institute, "Boiling Point: The skills gap in U. S. manufacturing," 2011. Retrieved from: http://www. themanufacturinginstitute. org/~/media/A07730B2A798437D98501E798C2E13AA. ashx; Rothwell, "Still Searching"; and David Smith, Diego De Léon, Breck Marshall and Susan Cantrell, "Solving the Skills Paradox: Seven Ways to Close Your Critical Skills Gaps", Accenture, 2012. Retrieved from: http://www. accenture. com/SiteCollectionDocuments/PDF/Accenture-Solving-the-Skills-Paradox. pdf.

④ Rothwell, "Still Searching"; Boston Consulting Group Press Release, "Skills Gap in U. S. Manufacturing is Less Pervasive Than Many Believe," 15 October 2012. Retrieved from: http://www. bcg. com/media/PressReleaseDetails. aspx? id = tcm: 12 - 118945. 这是由美国制造业协会(Manufacturing Institute)在 2001 年开展的一项研究,它要求制造业部门确定当前员工最严重的技能缺陷。受访者认为"问题解决能力不足"(52%),缺乏基本的技术培训(43%)和匮乏的基本就业技能(如: 出勤及时性、职业道德; 40%)是最主要的技能缺陷。Deloitte and the Manufacturing Institute, "Boiling Point".

能的缺陷（如使用某一特定语言进行编程的能力），还是某种概括性
STEM 能力（如数学推理）方面的缺陷？这些挑战是在新员工、现任员工
还是两者中均有体现？这些技能不匹配和短缺是出现在全国范围内，还
是仅在某一特定地理区域内出现①？

　　了解问题的性质对于解决方案的制定来说至关重要。在某些情况
下，如果存在技能不匹配的情况，可能最好的弥补方式不是通过正式教
育，而是通过面向新员工和在职员工的"技能提升"或是在职培训机会予
以补救②。继续教育和培训对于从事知识和技能快速变迁的工作的在职
员工来说尤其重要③。最近的报告强调，在美国，雇主提供的培训机会并
不像在其他国家那样普遍，而且可能正在下降④。虽然了解当前的在职
培训模式仍需更多时间，但对于教育工作者、雇主和政策制定者来说，首
先需要认识到如今的工作者不仅需要强大的教育基础，而且还需要有在
职培训和技能更新的机会，这一点十分重要。

满足基本的研究需要

　　受过博士训练的科学家和工程师是美国劳动力的一个小而重要的群
体。为了成为一名博士研究科学家，学生必须经历多年的专业教育和培
训。总的来说，这一投资催生了明显的劳动力市场优势，在 STEM 领域
拥有博士学位的个人与美国的整体劳动力相比具有明显的低失业率和工
资溢价⑤。然而，博士生职业前景的回报率越来越低，尤其是在学术领域，

---

　　① 在"Still Searching"中，Rothwell 审查了全国范围内的职位空缺数据并得出结论，STEM 技
能的相对价值、需求和稀缺性因特定技能的不同而各不相同。他还发现，某一工作职位空缺得以填
补的时间长短取决于当地工人对这一特定职业的供应。与失业率高的地区相比，失业率较低的地区
需要更长的时间来填补某一 STEM 工作职位空缺。

　　② Peter Cappelli, "What Employers Really Want? Workers They Don't Have to Train,"
Washington Post, 5 September 2014. Retrieved from: http://www. washingtonpost. com/blogs/on-
leadership/wp/2014/09/05/what-employers-really-want-workers-they-dont-have-to-train/.

　　③ Skrentny and Lewis, "Building the Innovation Economy?" 6.

　　④ Simon Field, Kathrin Hoeckel, Viktória Kis and Malgorzata Kuczera, "Learning for Jobs
OECD Reviews of Vocational Education and Training", OECD, 2009. Retrieved from: http://
www. oecd. org/edu/skills-beyond-school/43926141. pdf; Cappelli, "Skills Gaps, Skills Shortages,
and Skills Mismatch," 47.

　　⑤ 在 1993 年和 2010 年，生物医学博士的失业率约为 2%，而非自愿性地从事专业领域外工作
的比例在这两个时期都是 3% 左右。Indicators 2014, 3 - 39.

相关报告、国会证词和大众媒体都表现出了对这一问题的广泛关注①。

联邦研究资助不可预知的变化极大地破坏了 STEM 博士数量与永久性工作(从事这些工作可以使他们在学术领域运用自身受过的专业训练)之间的平衡②。例如,联邦在基础研究经费资助上的大幅度增加之后则面临着经费的趋于稳定或下降,这将造成"繁荣—萧条周期"的就业情形,因为在资助经费衰减或下降之后,原本被资金"繁荣"造就的机会所吸引的学生们将遇到不断黯淡的职业前景③。这一现象的最新例子是生物医学领域的博士生。从 1993 年到 2010 年间,美国在生物医学科学领域受过良好教育的博士学位持有者的数目增加了 71%,这至少在一定程度上是由于国立卫生研究院(NIH)的预算在 1999 年到 2003 年期间翻了一番("繁荣")④。这种翻倍现象之后通常便是不景气的资金预算("萧条")⑤。

学术就业的结构变化也会影响博士的职业生涯路径。自 20 世纪 70 年代以来,美国所有在学术界从事工作的 S&E 博士中,全职教师的比例一直在稳步下降⑥。从事学术工作的 S&E 领域博士取得终身教职的比例也在普遍

① "The Disposable Academic," The Economist, 16 December 2010. Retrieved from: http://www. econ-omist. com/node/17723223; Bruce Alberts, Marc Kirschner, Shirley Tilghman, and Harold Varmus, "Rescuing US Biomedical Research from its Systemic Flaws," Proceedings of the National Academy of Sciences of the United States of America 111, no. 16 (2014): 5773 - 5777. Retrieved from: http://www. pnas. org/content/111/16/5773. full. pdf + html; Jordan Weissman, "The Ph. D Bust: Amer-ica's Awful Market for Young Scientists - in 7 Charts," The Atlantic, 20 February 2013. Retrieved from: http://www. theatlantic. com/business/archive/2013/02/the-phd-bust-americas-awful-mar-ket-for-young-scientists-in - 7 - charts/273339/; National Institutes of Health, "Biomedical Research Workforce Working Group Report", Bethesda, MD: NIH, 2012. Retrieved from: http://acd. od. nih. gov/Biomedical_research _wgreport. pdf. An Internet search of "biomedical PhD glut" produces over 10,000 results ranging from government reports to articles in leading scientic and mainstream media publications to blog posts.

② "Biomedical Research Workforce Working Group Report," 15.

③ 正如在生物医学研究工作小组报告中所解释的那样,为期一年的预算拨款过程意味着,未来的国家卫生研究院的资金很难预测,并会受到"繁荣"和"萧条"周期的影响。Demographer Michael Teitelbaum also explored this idea in Falling Behind, 206 - 216.

④ Indicators 2014, 3 - 39.

⑤ Teitelbaum, Falling Behind, 63 - 68; Mauricio Gomez Diaz, Navid Ghaffarzadegan, and Richard Larson, "Unintended Effects of Changes in NIH Appropriations: Challenges for Biomedical Research Workforce Development," July 2012. Retrieved from: http://iseenetsim. net/community/connector/Zine/2012_Summer/UnintendedEffectsofChanges. pdf.

⑥ Indicators 2014, Figure 5 - 12.

下降①。对于生命科学、数学科学、社会科学、心理学和工程学领域的博士而言,终身职位的比例在 1997 年至 2010 年间下降了 4 到 9 个百分点。与此同时,在一些领域中,从事临时博士后工作的博士数量在过去几十年中则不断增加②。国立卫生研究院在 2012 年发布的《生物医学研究劳动力工作小组报告》中指出,新毕业的生物医学博士所面临的博士后职位的数量和时间长度都有所增加。这意味着,那些最终获得终身教职的个人将在年龄更大的时候才能获得终身教职,而首次获得美国国立卫生研究院主要资助的人员平均年龄约为 41 岁,这接近历史最高水平③。另外,大多数领域的研究人员正在经历更严峻的联邦资金竞争,这一现象导致了资助申请"成功率"的大幅下降④。

虽然博士学位持有者可获得的职业路径的范围和条件因专业领域的不同而各不相同——政策制定者应谨慎对待将生物医学科学家的情况推广到所有的 S&E 博士领域——但研发资金和高等教育的发展趋势为博士训练和职业提出了重要的研究课题。例如:

● 鉴于博士生毕业后的众多职业路径、影响学术职业道路的趋势以及在 21 世纪全球经济中研发所需的变化的知识和技能,应如何改善 STEM 领域的博士教育以确保他们能为更广泛的职业做好准备⑤?

① Indicators 2014, Figure 5 - 9.

② 见《2014 年科学与工程指标》图 5 - 18,从 1973 年到 2010 年期间,拥有科学、工程或医疗保健博士学位的个人在学术博士后职位上的就业数据。参见《2014 年科学与工程指标》表 5 - 19,在 2008 年和 2010 年接受博士后职位的主要原因。

③ 在 1980 年,大约 18% 的国家卫生研究院 R01 拨款的接受者年龄为 36 岁或更小;在 2010 年,这个数字是 3%。"Biomedical Research Workforce Working Group Report," 29.

④ For NSF, see the "Report to the National Science Board on the National Science Foundation's Merit Review Process, Fiscal Year 2013. Retrieved from: http://www. nsf. gov/pubs/2014/nsb1432/nsb1432. pdf; For NIH, see: NIH Research Portfolio Online Reporting Tools website. Retrieved from: http://report. nih. gov/NIHDatabook/Charts/Default. aspx? showm = Y&chartId=275&catId=2.

⑤ For example, see: American Chemical Society, "Advancing Graduate Education in the Chemical Sciences", Washington, DC: American Chemical Society, 2012. Retrieved from: http://www. acs. org/content/dam/acsorg/about/governance/acs-commission-on-graduate-education-summary-report. pdf; Council of Graduate Schools, "Pathways through Graduate School and Into Careers", Washington, DC: Council of Graduate Schools, 2012. Retrieved from: http://pathwaysreport. org/; Anita Jones, "The Explosive Growth of Postdocs in Computer Science," Communications of the ACM 56, no. 2 February 2013: 37 - 39. Retrieved from: http://cacm. acm. org/magazines/2013/2/160156 - the-explosive-growth-of-postdocs-in-computer-science/fulltext.

- 如何加强不同类型的博士对非学术职业路径的准备（如科学专业硕士项目①、产业界博士项目②）？
- 我们需要哪些数据来更好地理解博士学位持有者（如关于博士和博士后的职业路径更好的纵向数据）的职业路径；谁应该负责制定这些指标？

意识到科学家和工程师关键路径的不利状况可能会将美国研究企业置于风险之下，社区领导者已经提出和采取了一系列措施来应对这一情况（见方框 5.7）。

方框 5.7

对 STEM 博士职业路径所面临的挑战的回应

科学界正在回应博士劳动力所面临的挑战。一些团体呼吁进行课程改革和/或增加职业培训。例如，最近某一美国化学学会主席委员会总结道，研究生化学课程需要更新，大学和政府领导人应该专注于为研究生关键的专业技能培养提供机会③。同样，2012 年国家研究委员会关于研究型大学的一份报告呼吁加强 STEM 博士生对广阔的职业道路的准备④。博士后所面临的挑战得到了更多的关注。著名计算机科学家安妮塔·琼斯（Anita Jones）对计算机科学领域的博士与博士后的职业发展表示了担忧，并呼吁丰富博士后经历、给予

---

① 有关专业科学硕士学位的信息可见 http://www.sciencemasters.com. 专业科学硕士项目包括在某一新兴或跨学科领域的 2 年的学术培训，以及专业性学习部分，包括实习以及某些职场技能的"交叉培训"，如商业、通信和管理事务。

② 例如，生物技术和生物科学研究委员会在科学和工程领域（http://www.bbsrc.ac.uk/business/training/training-index.aspx）以及欧洲工业博士项目（http://ec.europa.eu/research/sme-techweb/pdf/european_industrial_doctorates.pdf）方面的合作奖项。

③ American Chemical Society, "Advancing Graduate Education in the Chemical Sciences", Washington, DC: American Chemical Society, 2012, Retrieved from: http://www.acs.org/content/dam/acsorg/about/governance/acs-commission-on-graduate-education-summary-report.pdf.

④ National Research Council, "Research Universities and the Future of America: Ten Breakthrough Actions Vital to Our Nation's Prosperity and Security", Washington, DC: National Academies, 2012. Retrieved from: http://www.nap.edu/catalog/13299/research-universities-and-the-future-of-america-ten-breakthrough-actions.

额外的指导和职业发展，使相关博士后能接触到多种职业道路①。

国立卫生研究院发起了多项计划、政策和组织变革以解决生物医学博士劳动力所面临的挑战。国立卫生研究院正在不断扩大早期独立奖项和独立奖励项目的路径，从而促进生物医学博士从事学术研究事业。国立卫生研究院还创造了"拓宽科学训练经历"（BEST：Broadening Experience in Scientific Training）项目，这为研究生和博士后研究人员提供了培训机会，以帮助他们为传统学术研究以外的职业做好准备。国立卫生研究院还建立了科学劳动力办公室，该办公室正在进行对生物医学劳动力的数据收集。

(3) 评估路径状况——参与和平等

美国劳动力的长期优势要求所有美国人都能获得全面的 STEM 和非 STEM 职业路径。这一迫切需要得到两个基本原则的支持：第一，每一位美国公民都有机会获得科学和技术进步的益处；第二，美国回应国家需求以及保持全球竞争力的能力需要由来自不同背景之个人的能力和创造力来维持。

美国在履行这一使命上的失败对国家和全球发展产生了重要影响②。美国未来劳动力的人口构成正在发生变化。美国教育部指出，截至 2014 年秋季，白人已经成为公立学校学生中的少数部分③。预计到 21 世纪中叶前，少数族裔将成为美国人口的多数组成部分。与此同时，女性和一些少数族裔（非裔、西语裔、美国印第安人/阿拉斯加原住民）在美国 S&E 工作者中所占的比例将低于他们的整体劳动力参与率。

尽管女性数目约占所有大学毕业生的一半，但在 2010 年从事 S&E

---

① Anita Jones, "The Explosive Growth of Postdocs in Computer Science," Communications of the ACM 56, no. 2 (February 2013): 37 - 39. Retrieved from: http://cacm. acm. org/magazines/2013/2/160156 - the-explosive-growth-of-postdocs-in-computer-science/fulltext.

② 这些发展包括变化的人口结构（如报告文本中所描述的）、外国学生流动性的增加，以及在研发和高等教育方面日益增长的全球竞争。

③ Based on a projection. National Center for Education Statistics, "Projections of Education Statistics to 2022", Washington, DC: U. S. Department of Education, 2014. Retrieved from: http://nces. ed. gov/pubs2014/2014051. pdf.

职业且拥有大学学位的人员中,她们只占 28%(详见表 5.4)。这并不奇怪,这一统计数据掩盖了主要的 S&E 职业类别中相当大的差异性。在 2010 年,社会科学家中有近 60% 为女性,几乎一半的生物学家是女性,然而女性在工程师中所占的比例不足 13%。1993 年至 2010 年期间,除计算机和数学科学家(这两者中女性的比例实际上下降了近 6 个百分点)外,女性在所有 S&E 行业的参与度都有所提高。尽管在 1993 年至 2010 年期间女性在 S&E 学位层次上取得了适度的进步,但在拥有 S&E 领域最高学历的人群中,女性也仍不具代表性。

表 5.4　根据 S&E 职业和最高学位,女性在劳动力中的比例: 1993 年和 2010 年(%)

指　　标	年份(%)	
	1993	2010
接受大学教育的劳动力	42.6	49.2
所有 S&E 职业	22.9	27.5
计算机/数学科学家	39.8	25.1
生物/农业/环境生命科学家	34.0	48.2
物理科学家	21.3	30.0
社会科学家	50.7	58.1
工程师	8.6	12.7
S&E 最高学位	31.3	37.3
学士学位	32.3	37.6
硕士学位	31.7	38.4
博士学位	20.4	30.3

来源: NSF, NCSES, SESTAT and NSCG (1993 and 2010), http://www.nsf.gov/statistics/sestat/. *Indicators 2014.*

关于少数族裔的数据显示,与其在美国整体人口中的表现相比,少数族裔在 S&E 学位项目以及 S&E 职业中往往属于被忽视的群体(见表 5.5)。以大学适龄人口增速最快的拉美裔为例,在 2010 年时,21 岁及以上的拉美裔占美国人口的 13.9%,但其在 S&E 最高学位持有者中只占有 6.8%，且从事 S&E 职业的人员中只有 5.2% 是拉美裔。然而亚裔却是例外。在 2010 年美国 21 岁及以上人口中，亚裔只占 4.9%，但从事 S&E 职业的人员中却有 18.5% 是亚裔。

表 5.5 种族和族裔在从事 S&E 职业的个人、S&E 学位持有者、大学毕业生以及美国居民等群体中的分布：2010 年

种族和族裔	S&E 职业	S&E 最高学位持有者	大学学位持有者	美国居住人口*
总数	5 398 000	11 385 000	40 623 000	221 319 000
总计	100.0%	100.0%	100.0%	100.0%
美洲印第安人或阿拉斯加原住民	0.2%	0.2%	0.3%	0.6%
亚裔	18.5%	13.9%	7.9%	4.9%
非裔	4.6%	5.7%	6.8%	11.5%
拉美裔	5.2%	6.8%	7.1%	13.9%
夏威夷原住民及其他太平洋岛民	0.2%	0.3%	0.3%	0.1%
白人	69.9%	71.5%	76.2%	67.5%
超过一个种族	1.4%	1.5%	1.4%	1.5%

* 21 周岁及以上。

注：拉美裔可能是任何一个种族。美洲印第安人或阿拉斯加原住民、亚裔、黑人或非裔美国人、夏威夷原住民或其他太平洋岛民、白人以及超过一个种族都是指非拉美裔的个人。由于四舍五入的关系，个别项目的数字加起来可能与总数略有出入。

来源：Census Bureau, ACS (2010)；NSF, NCSES, SESTAT and NSCG (2010). http://www. nsf. gov/statistics/sestat/. *Indicators* 2014.

一旦踏上 STEM 路径，女性和弱势群体的发展将不会像男性和白人一样顺利。例如，在从事 S&E 全职工作的 S&E 学位持有者中，在控制了教育背景、就业部门和经验等因素的差异性后，学士水平的女性收入仍比男性低 12%，在硕士水平层面女性比男性低 10%，而在博士水平则比男性低 9%[①]。族裔群体也有类似的收入差距，但种族差异比性别差异略小。

---

① Indicators 2014, 3 - 49 - 3 - 51.

　　STEM 领域女性学术职业路径的相关数据显示,终身教授职位申请人中的女性博士较男性更少,她们也更有可能从终身职位转向兼职职位,此外,随着女性职工学术头衔的不断上升,升职和奖励的差异也变得更加明显①。有关在学术界就业的少数族裔的数据表明,他们相比白人更难以在研究型大学任职,而且更难获得稳定的教师职位②。虽然学术界以外的 STEM 博士的职业发展数据更难追踪,但与其他群体相比,在学术界以外工作的非裔、西语裔和白人女性 STEM 博士则更有可能从事非STEM 类的工作③。

（4）实现并加强劳动力路径建设——提供参与机会并扫清障碍

　　实现劳动力路径建设的第一步是确保所有美国人都能获得高质量和全面的教育,这也包括对基本的 STEM 概念的学习。毫无疑问,参与机会的获取——尤其对未被充分代表的少数族裔和来自较低社会经济背景的个人而言——是一项巨大的挑战。如今 STEM 学科的成绩和高中毕业是进入 STEM 行业工作的必备条件,因此这一点令人不安:未被充分代表的少数族裔学生以及来自较低社会经济背景的学生在数学/科学上的得分低于亚裔和白人学生,同时他们的高中毕业率也更低。

　　累积的证据表明,学生成绩的鸿沟是差异性所造成的,这种差异性在正规教育的一开始便已出现。旨在确定影响这些成绩差距的因素的研究,大都关注与学校相关的因素,如教师质量、可用资源、学校行政领导和学校氛围,或者是非学校的因素,如性别、种族和社会经济地位④。越来越多的学者也开始探索其他非学校的因素,包括健康、贫穷、养育和个性,

　　① The National Academies, "Beyond Bias and Barriers: Ful lling the Potential of Women in Academic Science and Engineering", Washington, DC: National Academy of Science, 2006, 51-52.
　　② Lori Turk-Bicakci, Andrea Berger, and Clarisse Haxton, "The Nonacademic Careers of STEM PhD Holders", Washington, DC: American Institutes for Research, April 2014. Retrieved from: http://www. air. org/sites/default/les/downloads/report/STEM% 20nonacademic% 20careers% 2 April14. pdf.
　　③ Bicakci, Berger, and Haxton, "The Nonacademic Careers of STEM PhD Holders."
　　④ Indicators 2014, 1-12.

以阐明它们对学生成就的影响①。确定减轻甚至是消除产生这些差距的原因是美国所面临的一项关键和持续的挑战。

教育的"成就差距"并不是STEM知识和技能的劳动力职业路径建设面临的唯一障碍。美国大学妇女协会(American Association of University Women)2010年的一份报告总结了一项研究，该研究表明在年轻时期开始的文化和环境因素往往会阻碍女性追求或坚持STEM学习②。也有证据表明，女性对学术领域的满足程度更低，有可能比男性更早离开这些职业路径③。对未被充分代表之群体的经历进行的研究发现了许多额外的影响因素，包括大学负担能力、自信心、排斥感以及教师对学生的低期望④。

女性和少数族裔并不是面临进入STEM职业路径的重重障碍的唯一群体。退伍军人通常都受过技术训练，对于使用复杂的机器和系统也有着丰富的经验，但他们在进入STEM路径时却面临着诸多障碍。退伍军人可能并不知道如何将他们的经历转化为大众职业需要的经验和技能。尤其是伤残退伍军人面临的挑战更加艰巨。一些专注于学术咨询、实习、网络服务和同伴支持的倡议正在进行，以减少退伍军人(包括伤残退伍军人)遇到的障碍⑤。最近，联邦政府已启动了一个项目，旨在为那些对与科学相关的联邦工作感兴趣的退伍军人提供职业发展机会⑥。

---

① 非学校因素包括家庭特征，如家庭中的主要使用语言、养育方式、个性特征和与健康相关的因素，以及邻里特征，如失业率、贫困的集中和暴力发生率。Jeffrey Henig and S. Paul Reville, "Why Attention Will Return to Nonschool Factors," Education Week, 23 May 2011; Indicators 2014, 1 - 13.

② Catherine Hill, Christianne Corbett, and Andresse St. Rose "Why So Few? Women in Science, Technology, Engineering, and Mathematics", Washington, DC: AAUW, 2010. Retrieved from: http://www. aauw. org/les/2013/02/Why-So-Few-Women-in-Science-Technology-Engineering-and-Mathematics. pdf.

③ Hill, Corbett, and St. Rose, "Why So Few?" 2010.

④ National Academies, "Expanding Underrepresented Minority Participation", Washington, DC: National Academies Press, 2011. Retrieved from: https://grants. nih. gov/training/minority _ participation. pdf.

⑤ 支持个人(包括伤残退伍军人)进入STEM领域的活动之一请参见KC - BANCS的工作，见 http://www. kcstemalliance. org/about.

⑥ Billy Mitchell, "OPM targets vets for Federal STEM jobs," Feds Hire Vets, 4 November 2014. Retrieved from: http://www. fedshirevets. gov/BLOG/FHVNews/2014/11/6/OPM-targets-vets-for-Federal-STEM-jobs/.

四、讨论和下一步计划

1. 一种理解具有 STEM 能力的现代化劳动力的方式

这一《2014 年科学和工程指标》报告所提供的见解,强调了 STEM 知识和技能在增加个人机会和提升国家竞争力方面所发挥的无可争辩的作用。此外,这些见解还促使我们的思考开始超越一个独特且独立的 STEM 劳动力,转移到如何培养一个强大的、灵活的和多样化的且具有 STEM 能力的美国劳动力。这种具有 STEM 能力的劳动力比国家科学基金会建立之时的劳动力规模更大而且更多样化,包括了在不同工作场所使用 STEM 专业知识的所有教育层次的工作者,他们可以共同为一个动态的美国经济增加价值。

在这份报告中,委员会提供了对具有 STEM 能力的美国劳动力更具包容性的愿景,并提出一种用于分析和探讨它的更为细致的方法。使用这种方法首先需要认识到组成这一劳动力的各种工作者的共同和独特的情况。使用这种方法必须意识到,STEM 知识和技能使工作者能够在 STEM 和非 STEM 职业中追求多种路径,并允许企业通过开发灵活和高技能的多样化工人来满足不断发展的职业需求。它必须考虑到这些工人有着不同的职业兴趣和抱负,在他们的职业生涯中需要有特定的教育和培训机会,以及从支持他们的政策中有所受益。最后,这种方法必须承认并解决这一问题:并不是所有美国人都能顺利进入 STEM 所支持的众多职业路径。

2. 创建一个强大的具有 STEM 能力的劳动力——共同的责任

创建和维护长期的具有 STEM 能力的劳动力,需要政府、教育机构和企业共同实现他们的个人和集体责任,为所有学生和在职工作者评估、启用和加强职业路径。我们希望,本报告所提供的见解可以帮助决策者了解各自的角色,并促成关于如何培养具有 STEM 能力且能应对当代挑战并抓住未来机会的劳动力的对话。下面我们将就每一方如何参与这一对话提出意见。

(1) 美国国家科学基金会

国家科学基金会在提供有关科学和工程产业的指标方面有着重要的责任。具体来说，代表委员会编制《2014 年科学和工程指标》的国家科学与工程统计中心（NCSES），主要负责收集、分析和推广关于 S&E 劳动力的高质量和客观的数据。NCSES 正在努力解决目前在评估劳动力状况的能力方面的主要问题。这包括：

- 与联邦统计社区和其他组织进行合作，来收集更多且更好的与具有 STEM 知识和技能的个人相关的纵向数据；
- 收集能加强我们对影响职业路径的因素的理解的数据，尤其是女性、未被充分代表的少数族裔、退伍军人以及残疾人士；
- 扩大具有 STEM 能力的劳动力的覆盖范围，包括与对于技术工人和其他专业职业十分重要的文凭或其他非学位证书有关的信息；
- 与国家科学基金会合作，开发更多更好的 K-12 教育指标，以及由基金会资助机制所支持的科学家和工程师职业发展。

国家科学基金会在培养具有 STEM 能力的劳动力方面也起着主导作用，这主要通过投资人力资源发展实现（使用竞争性资金机制）。国家科学基金会还支持 STEM 教育研究，旨在确定核心的 STEM 能力，并在不同的背景和职业阶段加强 STEM 学习。从这项研究中获得的见解有望告诉我们，如何才能更好地提供 STEM 工作者在整个职业生涯中所需要的教育和培训。国家科学基金会的教育和人力资源理事会积极参与在国家科学基金会内部、与其他联邦机构以及学术和商业社区建立伙伴关系的努力，发展基于证据的最佳实践，以培养 21 世纪具有全球竞争力和创新力的劳动力。

(2) 政府、教育界和工商界领袖

委员会希望这份报告中的详细见解能够为政府和教育领导人在对相

互竞争的投资重点进行资源分配方面提供有价值的参考。当前大多数关于联邦政府的角色的讨论,主要专注于为学术研发提供更稳定和可预测的支持。这些对话正确地认识到不可预知的联邦资助对研发能力的不利影响。联邦资金的不稳定性也影响了博士生、博士后和研究人员的职业发展轨迹,因为他们的就业往往依靠联邦政府研究资金的支持。然而我们需要认识到联邦政府研发资金强劲和稳步的增长可能并不总是可行的,对于联邦机构、国会和研究机构来说,重要的是要考虑如何最好地降低预算情况对职业道路的不利影响。

教育领导者所面临的一个关键问题是,如何在资源稀缺之时保护和加强他们的核心教育使命,同时满足学生和工作者多样化和快速变化的教育和培训需求。各级教育机构的传统作用是使学生具备学习、批判性思考和踏上职业道路所需的一般性知识和能力。尽管这一责任仍然和以往一样重要,但很显然,教育和职业之间的关系正在发生变化,工作者在他们的职业生涯中需要不断进行技能更新和发展。社区学院、职业和技术教育项目以及更新的"以商业需求为导向"的教育项目,如专业科学硕士项目,可以搭建教育和技能培训之间的桥梁。

通过思考雇主所提供的在职培训、再培训以及其他专业发展活动将如何帮助加强他们员工的能力并提高企业竞争力这一问题,工商界领袖也可以帮助培养一个强大的具有 STEM 能力的美国劳动力。企业还可以探索与地方教育机构合作,以确保学生和在职员工能够学习到在工作任务不断变化且工作类别不断被创造和取代的环境中所需要的可迁移的STEM 技能和非 STEM 技能。

这些只是潜在对话中的一部分,当我们关注创建一个可以适应全球竞争性、知识和技术密集型经济需要的具有 STEM 能力的美国劳动力时,这些对话便会出现。通过承担这种共同的责任,政府、教育机构和产业界可以促进我们最重要的资源——我们的人力资本——的积累并使美国在科学技术领域继续发挥全球领导作用。

第六章①
美国创新战略

一、概　　要

美国一直是创新者的国度。诞生于美国的互联网如今是联系全世界30亿人民的纽带,美国科学家和工程师对人类基因组进行了测序、发明了半导体,并将人类送上了月球。然而,美国的发明创新还远未结束。

对于美国这样的发达经济体而言,创新是经济增长的源泉。尽管许多国家可以依靠现有的技术与商业模式实现经济增长,但美国必须持续开展创新,因为美国的工人和工厂往往处于技术革新的前沿。创新同时也是国家解决最紧迫挑战的一项有力工具,比如它可以使美国人民更长寿、过上更健康的生活,还能加速美国经济向低碳经济的转型。

去年,美国企业所创造的就业岗位数量增长速度创下了20世纪90年代以来的历史新高。现在是时候让我们重新致力于用创新来驱动未来几十年的经济增长和共同繁荣;现在也是时候让联邦政府开展种子投资,促使私营部门创造未来的产业及就业,并确保所有美国人从创新型经济体系中获利了。

奥巴马总统在2009年首次发布了《美国创新战略》,并在2011年进

① Whitehouse. 2015. *A Strategy for American Innovation*. Washington, DC: Executive Office of the President, National Economic Council and the Office of Science and Technology Policy. https: // obamawhitehouse. archives. gov / sites / default / files / strategy_for_american_innovation_october_2015. pdf.

行了更新。在这一总统战略的最新版本里,政府明确了用于支持创新生态体系持续发展的补充政策,这将使所有美国人获益匪浅。

1. 美国创新战略

正如图6.1所示,奥巴马总统的《美国创新战略》共有六个关键要素。该战略强调了联邦政府在投资创新基础领域、激发私营企业的创新动力、以及将美国建设成为创新者国家等方面的重要性。这一战略还描述了奥巴马政府将如何通过三大战略行动计划来建设创新的关键要素,这三大战略计划关注创造高质量就业及持续经济增长、促进国家优先事项的突破以及全民共建为民服务的创新型政府。

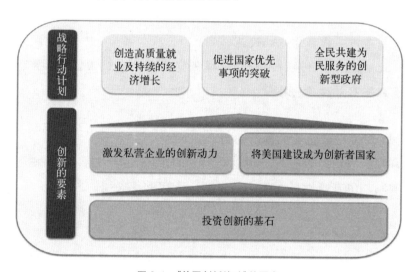

图6.1 《美国创新战略》的要素

(1) 投资创新的基石

美国创新生态系统的基石聚焦于以下领域,联邦政府为这些领域的创新进程提供了基础性投入。

● 使基础研究领域的投资保持全球领先
  总统一直呼吁通过对基础研究领域的大力投资来确保美国长期的经济竞争力与经济增长。

- 扩大获取高质量 STEM 教育的通道

  总统呼吁通过对 STEM 教育进行持续的大力投资来培养未来的工程师、科学家与创新者。这使得来自不同背景的所有学生都能接受 STEM 教育，从而为未来保持经济竞争力打下坚实基础。

- 为移民开辟通道以促进创新型经济的发展

  认识到外来移民在促进创业型社会与引领改变世界的发明创造中所发挥的独特作用，总统正致力于为他们开辟通道，使他们能继续为美国的经济发展做出贡献。

- 建设引领 21 世纪的基础设施

  政府致力于投资国家的基础设施建设，这不仅能为当前经济创造更多的工作岗位，同时还能促进长期的创新与经济增长。

- 创造下一代数字基础设施

  政府致力于开展持续投资以确保宽带的广泛使用，并支持下一代数字基础设施的建设。

(2) 激发私营企业的创新动力

联邦政府将及时应对阻碍创新活动的市场失灵问题，并确保提供合适的实验与创新条件从而赋予私营创新者们更多权利。这包括：

- 加强对研究与实验的税收抵免

  奥巴马总统建议拓宽并延长研究与实验税收抵免，并使其成为永久性政策，为美国企业的创新提供实质性与可预测的激励措施。

- 支持创新的创业者

  为了使美国成为创业的最佳地点，联邦政府正致力于确保所有美国人在创业中拥有相当大的成功希望。

- 确保为创新提供正确的条件保障

  联邦政府采取措施来确保创新者在将创新观点投入市场之后所面临的市场条件和规则都有利于进一步激发他们的各项工作，从而促进创新型经济的发展。

● 向创新者开放联邦数据

奥巴马总统明确了一项愿景，将联邦数据作为一项国家资源尽可能地向公众开放，以提高政府效率，提升管理问责，并促进私营企业创新、科学探索与经济增长。政府也同样致力于确保更多由联邦资助研究所得的数字资源与刊物能够免费向创新者、科学家以及公众开放。

● 从实验室到市场：将联邦资助的研究项目投入市场

联邦资助的研究项目在开展科技商业化过程中经常面对步履维艰的不确定状态。政府开展"从实验室到市场"行动计划，旨在加快联邦资助的创新研究实现技术转移。

● 支持地区创新生态系统的发展

联邦政府在支持各地区加强区域创新生态系统的建设中发挥着重要作用，区域创新生态系统将支持区域经济的持续增长并创造更多的工作岗位。

● 帮助创新型的美国企业在海外竞争中获胜

联邦政府制定了一项贸易议事日程以大力促进出口、消除市场准入障碍并加强对知识产权的保护。

（3）将美国建设成为创新者国家

联邦政府将帮助更多的美国人成为创新者：

● 通过激励性奖励激发美国人的创造力

政府将继续采用重要措施使激励性奖励成为每一个地区政府工具箱里的标准工具。

● 通过开展创客运动、大众外包与公众科学等活动激发公众的创新才能

联邦政府正致力于发掘新的途径以激发公众的才能，从而解决现实世界的问题；同时还努力促使更多的学生接受 STEM 教育并参加创业训练。政府的这些努力包括创客运动、大众外包与

公众科学。

（4）创造高质量就业及持续的经济增长

技术创新是美国经济增长的关键源泉。政府的协调努力对以下重要领域的就业与经济增长有着重要的影响：

- 在先进制造业方面进一步提升美国的竞争优势

  在制造业上的领先地位将进一步增加美国在传统产品与高技术产品上的竞争优势，并且确保美国发明的先进产品能够同时在美国进行生产。政府将出台新的举措来支持制造业的初创企业，并提升美国的小型制造商与制造业供应链的创新潜力。政府计划在10年内建立涵盖45所制造业创新研究所的网络，目前政府已经资助创建了10所制造业创新研究所。

- 投资未来产业

  当今的新兴技术将促使一大批对经济有广泛影响的革新性产品的出现，就像历史上曾出现的诸如蒸汽机与互联网等破冰性的创新产品一样，它们使美国经济甚至世界经济都发生了巨大变化。美国总统将致力于投资这些新兴技术。

- 建设包容的创新经济体系

  政府将采取积极行动以确保来自不同背景的所有美国民众都能参与到21世纪的创新经济中。

（5）促进国家优先事项的突破

将创新对于国家优先事项的影响最大化，就意味着需要甄别出那些能使投资获得革命性成果的领域，以应对美国和世界正面临的挑战。

- 迎击重大挑战

  政府正在为迎击重大挑战付出巨大努力，这些可以完成的宏大目标将利用科学、技术和创新来解决重要的国家问题或全球问题，并且具备充分利用公众想象力的潜力。

● 用精准的医学手段对抗疾病

政府投资开展"精准医学行动计划"(Precision Medicine Initiative),旨在更好地理解病人的健康、疾病以及身体条件背后的复杂机制,并更好地选择最有效的治疗手段。

● 通过"脑科学计划"加速新的神经科学技术的发展

"脑科学计划"(BRAIN Initiative) 将开发新技术以帮助我们更深入地了解大脑功能,提升研究者与医师诊断、治疗以及预防大脑疾病的能力。"脑科学计划"同时也将为人类感知与认知计算领域带来突破。

● 促进医疗保健的创新突破

医疗保健供给上的创新源于采购方、供应商和病人之间的合作,这一创新承诺将提升医疗服务的质量,预防医疗错误并降低成本。通过医疗保险与医疗补助中心的努力,政府正在尝试新的医疗供给模式,试图以显著的低廉价格提供相同或是更优质的医疗服务。

● 通过先进交通工具的使用大幅降低事故死亡率

加速先进交通技术的发展与使用,每年能够挽救成千上万的生命。政府将实施新举措以加快相关企业使用这些高新技术的步伐。

● 建造智慧城市

使我们的城市更加"智慧"意味着给城市配备工具以解决公民最关注的棘手问题。政府已经发布了一项新的研究与部署行动计划,将投资超过 1.6 亿美元用于联邦研究,并致力于利用由城市、大学、企业以及非营利性组织组成的更广阔网络来达成实际效果,例如能为公众减少 25% 及以上通勤时间的城市交通管理系统。

● 促进清洁能源技术的发展,提升能效

联邦政府将开展技术投资促进可再生能源与清洁能源的发展,提高能源的有效利用率,减少碳排放,同时帮助提升美国的能源安全水平。

● 开展教育技术革命

先进的教育技术可以带来教与学的变革，随着教育技术条件的日益成熟，联邦政府正致力于开展关键性投资来发展下一代教育软件。

● 推动太空能力的突破性发展

联邦政府将开发新的太空技术并妥善利用与私营企业的合作关系，在大力降低太空通道与空间作业的成本的同时执行更具影响力的太空任务。这些技术将帮助促进美国航天活动私营化发展。

● 探寻计算机技术的最新前沿

在最近发布的国家战略计算机行动计划的指引下，联邦机构与部门将共同合作致力于改进计算机的高性能状态，以提升经济竞争力、促进科学发现和创新。

● 到 2030 年以创新来消除世界极端贫困

政府将推出一种基于数据评价的全新发展模式，以数据的快速更迭与国家的积极参与为基础，它将激发各地的创新才能，以加快实现到 2030 年消除世界极端贫困的目标。

(6) 全民共建为民服务的创新型政府

将人才与创新性思维以及技术工具完美结合，政府能和全美民众一起为实现更好的发展成效。

● 采用创新工具箱解决公共部门的诸多问题

政府正在创建"创新工具箱"（Innovation Toolkit），它将提升政府机构以低成本为美国人民提供高质量公众服务的能力。这些举措将通过改进解决问题的核心程序与能力来提升政府工作的有效性与灵活性。

● 通过联邦政府机构的创新实验室形成创新文化氛围

创新实验室网络的创建能够促进联邦政府机构形成创新文化氛围，这一氛围将通过鼓励政府雇员或公众成员实施他们的创新想法来更有效地服务于美国民众。

● 通过更有效的数字化渠道为美国民众提供更好的服务

对于美国民众和企业来说,在网上参与政府服务行为应该像他们开展线上商业行为一样容易与直接。政府正在创建美国数字化服务团队,以加速应用私营企业在设计、建造与使用简洁的在线服务方面的最佳实践举措的发掘。

● 建立并使用证据驱动社会创新

政府正致力于通过使用存在的有效证据提升解决社会问题的能力。政府同时也在使用"为成功买单"的方法来为所取得的成绩买单,并且在不断增加此类基于证据的有效干预。

二、引　　言

"我们知道在当今全力发展创新的国家必将在未来全球经济中获胜。这是美国不能放弃的优势。"

——巴拉克·奥巴马总统,2014 年 1 月 28 日

美国一直是一个创新者的国度。美国的科学家、工程师以及企业家们发明了微芯片、创造了互联网、发明了智能手机、发起了生物科技革命,并且实现了宇航员的首次登月。但这些仅仅是美国创新的开始。当今,美国的创新者还致力于:

● 为癌症病人重塑白细胞以摧毁肿瘤,同时确保健康细胞不受损;

● 通过实时语言翻译来消除全球贸易与合作中的语言障碍;

● 创造技术基础,使得人类文明的太空探索不仅仅是参观,而是实现太空停留;

● 发展太阳能技术,在 10 年内实现太阳能像煤炭一样便宜的目标;

● 使得能用于设计与制造任何东西的工具变得大众化;

● 使得美国劳动人民拥有获得中产阶级工作的新技能——他们可以在自己喜欢的时间、地点并且以自己喜欢的节奏工作。

美国在这些领域以及无数其他同样令人激动的创新发展拥有领先世界的地位。在全球 20 所顶尖的研究型大学中，有 16 所在美国。同时美国还形成了创业文化并拥有灵活的劳动力市场。[①] 美国的创业者吸引了全球 40% 的风险投资，美国的创新热点获得了全世界的羡慕。在创新上的持续领导力将激发经济更加快速的增长、提高产能并创造高报酬的工作。

但是美国无法自鸣得意，美国的经济对手们正在全力提升在研发上的投资。美国需要投入更多精力来鼓励各个阶层的青年人，并为他们在 STEM 教育上取得进步做好准备。同时，美国需要开展全面综合的移民改革以确保移民能够为经济发展继续做出贡献。公立机构与私营部门也需要采取全新的行动计划确保更多的美国人参与创新经济并从中获利。

去年，美国企业所创造的工作岗位数量创下了自 20 世纪 90 年代以来的新高。现在，是时候增加美国在创新上的投资以驱动经济增长并确保未来几十年的经济繁荣了，是时候支持私营企业努力为未来的经济繁荣创造更多的未来商业与工作岗位了。

1. 为什么创新很重要

对于美国这样的发达经济体而言，创新对于经济增长非常重要。虽然很多国家通过采取已有的技术与商业模式实现经济增长，但是美国必须持续创新，因为美国的劳动者与企业通常都活跃在技术领域的最前沿。

经济学家已经发现，创新与技术进步是生产率提升的主要驱动力，并且会带来长期的经济增长。[②] 为了客观地看待生产率增长的重要性，总

---

① U. S. News & World Report, "Best Global Universities Rankings 2016", October 2015, available at http://www.usnews.com/education/best-global-universities/rankings.

② 超过一半的生产力的总体提升来自于创新与技术进步，剩余部分则来自于劳动力构成的改善（主要是更高的受教育程度）以及人均劳动力资本的增加。Bureau of Labor Statistics, Productivity and Costs, Multifactor Productivity Statistics.

统经济顾问委员会最近做了一项计算,结果显示,如果美国能够从 70 年代到今天一直保持二战以后的生产率增长速度,那么美国平均每户的年收入将增加 30 000 美元。①

科学、技术和创新是解决美国所面临的最重大挑战的有力工具。例如,这些工具可以:

● 让美国人寿命更长、身体更健康;

● 加快经济向可持续发展的低碳经济转型,降低气候变化的风险;

● 使政府更加透明、高效并且能对公众事件迅速做出反应,能够经常利用公众的专业知识解决问题并做出更好的决策;

● 为学生创造全新的学习机会,消除学生教育机会与教育成就上的差异;

● 应对国家安全的新威胁,加强军队的技术优势;

● 扩展人类对于自身以及周围世界的认知。

> **方框 6.1**
>
> ### 总之,什么才是真正的创新?
>
> 创新代表一种观念,它是植根于技术、产品与过程的一种全新且能带来价值的观念。此外,创新必须是可扩展的,而不仅仅是一次性的创新观点。总统的《美国创新战略》聚焦于以下两个创新领域:
>
> ● 以创新驱动经济增长并应对国家优先事项:新技术、产品、生产过程与企业模式能够驱动经济增长、创造更多就业岗位并提高生产率。这些创新流程不仅仅来自于新技术的发展(比如,云计算、将信息技术与物质世界相整合的物联网、预测性

---

① 事实上,生产力增长在 20 世纪 70 年代有所下降,然后在 90 年代开始增长(虽然没有达到战后水平)。

的数据分析、尖端材料、能源存储、拯救生命的药物等等）；同时，这些创新流程也来自于对这些技术的全新应用以及能够创造经济与社会价值的全新商业模式。

● 制度与公共领域的创新：从历史的角度来看，一些最重要的创新往往是制度上的创新，比如专利体系的创建、农业推广服务、现代研究型大学、以及支持基础研究的同行评议体系的创立等。制度创新与实验不仅是联邦政府提升绩效所必须的，同时也为私营企业以及民间团体提供了一个良好的创新环境。公共领域的创新示例包括：为产出而不是为投入买单；使用激励性奖励来有效利用美国民众的创造力以解决问题；使用"检测—验证—规模化"的方法寻找并资助确实行之有效的路径；引进企业家以及世界级专家至联邦政府为美国人民提供数字化服务。

2. 一项聚焦共同繁荣的战略

政府的《美国创新战略》以实现共同繁荣为目标。这就包括为所有美国民众提供获取工具与机会的渠道，让他们可以为 21 世纪创新经济体所带来的共同繁荣做出自己的贡献。要想创建更具创新精神的美国，政府需要开展投资以确保广大民众可以共享 21 世纪的繁荣经济。这就意味着：

● 增加创新生态系统各个方面的多样性；

● 支持美国各地繁荣的地区创新生态系统；

● 鼓励更多的美国人提升他们的技能，运用新的学习方法，比如在线学习、使用先进培训技术、开展基于表现力的评估以及技能优先的聘用等；

● 促进美国先进制造业的持续回温，确保为美国工人提供可获得高报酬的高质量工作；

● 确保提供能够促进创新观点进入市场的良好环境,通过提供全新的产品、服务以及低廉的价格促进美国市场的兴旺繁荣。

3. 联邦政府的基础性作用

当美国企业开发出一项突破性产品时,比如智能手机,公司与工人们当然值得好好庆祝一番。但同样重要的是,我们必须认识到联邦政府在研发上近几十年所做的投资以及获得的投资价值,这为这些新产品的出现提供了技术基础,比如互联网、全球定位系统、语音识别技术、先进微处理器的电子设计自动化技术、以及虚拟助手的人工智能等等。虽然企业最终必须进行巨大投资使新技术进入市场,但全新视角、最初的产品原型以及最早的市场通常是由联邦政府提供并予以支持的。如果没有政府投资,许多新产品将不能进入市场,更不能走向世界。

美国创新生态系统不仅需要探险精神、创业设想以及企业扩展创新的合作能力,还需要联邦政府投资所带来的创新基石。比如,大学以及联邦实验室的联邦资助研究项目创造了一系列新见解以及科学技术突破,其中一部分最终由私营企业进行商业化运作。这些政府投资也为新一代科学家、工程师的出现做好了准备,他们中的很多人将在私营企业里继续他们的事业追求。事实上,联邦政府通过开展广泛的高质量 STEM 教育,在确保发展对于创新极为关键的高技能劳动力队伍方面起着非常重要的作用。

其次,联邦政府投资提供了物质与数字化基础设施,这不仅对经济活动起着基础性支持作用,同时也促进了新产品与新的商业模式的出现。例如,联邦政府在确保广泛的宽带访问、促进和支持下一代数字化基础设施的采用方面发挥着关键作用。

此外,在为拯救生命的药物提供专利保护、维持自由开放的网络环境、加强反垄断法、对新技术的商业转换进行管理或是在使初创企业和快速发展的公司更易于筹资等方面,制定正确的联邦政策以及创建规范性环境对于促进私营企业的投资也都非常重要。

虽然联邦政府在创造正确的"路线规则"以及对长期经济增长的基础

性投资方面所发挥的作用不如企业明显,但是联邦政府在美国未来经济发展中发挥着关键性作用。

4. 研发投资势在必行

正如 2011 年修订的《美国创新战略》所详细描述的那样,政府对研发的支持非常重要,因为这样的研究通常能带来巨大的溢出效应,即投资回报的一部分将归各参与方而非投资者,这就降低了对投资的刺激。换句话说,研发具有带来公共利益的特点。最近对溢出效应所做的实证性分析表明,研发投资的社会最优水平(能够带来最大化经济增长的量)应该是目前实际花费的 2—4 倍,[①]而投资不足的情况通常在基础研究领域存在。[②] 因此,联邦政府对于研发的投资,尤其是对基础研究领域的支持显得比以往更加重要。

5. 创新生态系统：特色与挑战

美国拥有创新生态系统所有核心组成部分的优势。比如,得益于过去公共研发支出的大力支持,美国高校的研究已领先于全球。根据最近的一项排名,美国拥有 16 所世界排名前 20 位的研究型大学。[③] 同时,美国的创业冒险精神文化也推动着充满活力的经济体系的发展,创新者们持续不断地将新观点新思维带入市场环境中。事实上,在 2013 年,全世界超过三分之二的风险投资是在美国进行的。[④]美国经济也是知识密集型与技术密集型产业最为聚集的地点,它们占据了美国国内生产总值的

---

① Jones, C. I., and J. C. Williams, "Measuring the Social Return to R&D," Quarterly Journal of Economics 113 (1998): 1119 – 1135; Bloom, N., et al., "Identifying Techonology Spillovers and Product Market Rivalry", Centre for Economic Performance (December 2012): 1 – 81.

② Akcigit, U., et al., "Back to Basics: Basic Research Spillovers, Innovation Policy and Growth", National Bureau of Economic Research, Working Paper 19473 (2013).

③ U. S. News & World Report, "Best Global Universities Rankings 2016," (October 2015), available at http://www.usnews.com/education/best-global-universities/rankings.

④ EY, Adapting and Evolving: Global Venture Capital Insights and Trends 2014 (2014).

40%。在高技术制造业上,美国占据全球 27% 的比例,领先于世界。①

但与此同时,美国创新生态系统也面临着挑战。这包括随着近几十年来离岸外包的兴起,美国需要重建先进制造业的共享空间,以及需要激励全美各地区和所有美国民众参与到创新过程中。

(1) 促进先进制造业的复苏

国家的创新能力与发达的先进制造业领域紧密相连,企业在开展制造业生产过程中的创新溢出效应对于新一代产品与生产过程的出现非常重要。

在经历了 21 世纪最初 10 年的衰退之后,美国制造业的发展开始了全新的复苏,制造业公司开始重新回归美国本土,新的工厂也不断增加。在任何时候,美国制造业在跌落至谷底后的强势回归都令人瞩目,但是在近几十年来离岸外包的影响下,美国国内在制造业所依赖的研发、制造与生产能力方面有所减弱。因而美国需要重建"产业公地"(industrial commons),它是由大学、大型公司、产业联盟、供应商、制造商以及技术研究机构所共同组成的。产业公地对于将创新观点和发明转换为高质量并具价格竞争力的国内制造商品至关重要。

为了全面恢复众多产业在未来开展创新的能力,美国亟需重建产业公地。这些产业包括与制造业生产过程中所需的独特知识相关的产业,比如生物技术、制药工业、先进材料以及清洁能源等。

(2) 必须确保全体美国人都能参与到创新经济体系中

美国的创新经济受到全世界瞩目,但这个国家还没有完全发挥出它的创新潜力。美国将更广泛地扩展创新过程的参与度,给每个公民提供分享创新经济果实的机会。

国家对于技术人才不断增长的需要能够为大家提供更广泛参与创新经济的机会。美国如今有 580 万个工作岗位向公众开放,其中超过 50 万个岗位是在信息技术领域,比如软件发展、网络管理以及网络安全等,其

---

① National Science Board, Science and Engineering Indicators 2014, National Science Foundation, NSB 14 - 01 (2014).

中很多岗位是近 10 年新出现的岗位。无论是在大型制造业、广告业、零售业还是银行业，只要是与信息技术相关的工作岗位，其平均薪资都比美国私营企业岗位的平均薪资高出 50%。此外，这些技术技能的获得不仅仅依靠传统大学与社区学院的教学课程，人们同时也能从非传统的学习渠道习得这些岗位所需技能，比如通过"编码新手训练营"或者高质量的网上课程迅速获得岗位技能。

创业生态系统可以从更广泛的参与度上获益。风险投资所支持的创业公司仅仅相对集中在部分地区，并且女性创业所占比例不到 3%，尽管目前女性占据获得大学本科与研究生学位人群的 60%，[①]但相比较而言，女性在开展风险投资的合作关系中处于弱势。此外，调查显示，87% 的美国风险投资支持的创业公司创始人为白人，12% 为亚裔，不到 1% 的创始人为非裔美国人。[②] 风险资本投资同样也集中在少数滨海地区，包括波士顿、洛杉矶、纽约、旧金山和硅谷。在美国其他许多地区，能够获得一定的资本投资对于创业者而言则是一项巨大的挑战。

通过让更多的美国人参与创新过程，美国能够保持长期的创新能力并维持经济增长。

6. 不断变化的创新过程

创新过程本身也是在不断变化中的。政府的《美国创新战略》所包含的创新过程的两大趋势分别为开放式创新和减少创业障碍。

（1）开放式创新

从传统上看，企业创新总是将内部研发作为创新观点与产品的主要来源。但是，越来越多的公司开始与初创企业、大学研究者以及尖端用户合作创造新产品、提供新服务。他们资助黑客马拉松活动与加速器运作，建立风险投资部门，并使其他公司能够更容易获取其内部研发产品的知识产权许可。在线创新市场也促进了这些努力，这类市场将带有特定问

---

① Brush, C, et al., Women Entrepreneurs 2014: Bridging the Gender Gap in Venture Capital, Babson College Diana Project (September 2014).

② CB Insights, Venture Capital Human Capital Report (August 2010), available at https://www.cbinsights.com/blog/venture-capital-human-capital-report/.

题的"探索者"与拥有创新方案的"解决者"联系起来,同时降低了这一过程所需的成本。这些方法获得了广泛的认可:在 2007 年—2009 年创造了新产品的制造业企业中,有 50％的企业声称他们最重要的新产品的诞生来自于外部资源。①

（2）减少创业障碍

IT 产业的几大趋势,包括云计算与开放源软件,已经大幅降低了创办一家互联网或软件公司的成本。以前可能需要几百万美元才能启动的初创公司现在由创办人自己就能出资启动。孵化器、加速器以及各类商业计划竞赛也使得创业者创办企业更加容易。这些机构不仅提供种子资金,同时也给初次创业者提供同伴经验分享与导师辅导。在线课程以及"新手训练营"也为公众提供商业设计、应用软件开发以及数据科学等培训内容,使得他们能够迅速获得新技能并在新公司里发挥重要作用。

其他领域的创业障碍也在减少。比如在制造业领域,用来开展设计与制造各类产品的工具变得更加价廉且更易于使用,例如电脑辅助设计软件、电脑数控机床工具、激光切割机,以及 3D 打印机等。许多公司目前都创建了"创客空间",为需要的人提供更方便的渠道来使用这些工具与技能。此外,众筹网站也为创业者们提供了资金平台,鼓励创业者开展产品创新,比如智能电灯、电子自行车,以及可穿戴设备等。

在生命科学领域,许多公司已经创建了基于网络的自动化实验室,这就使得任何人都可以用笔记本电脑远程开展实验。这能降低创办一家生命科学企业的成本,使得生命科学家可以更加自由且不受设备限制地设计与开展科学实验,并提高实验结果的可重复性。

7. 创新战略将持续开展

总之,所有这些因素组成了一种相互协调的运作方式,它不仅快速地

---

① Arora, A., et al., "The Acquisition and Commercialization of Invention in American Manufacturing: Incidence and Impact," National Bureau of Economic Research, Working Paper No. 20264 (2014).

使创新产出效益，同时也为未来几十年的共同繁荣奠定了基础。接下来的几章将详细介绍《美国创新战略》的基本要素。

三、投资创新的基石

"21 世纪的企业依赖美国的科学、技术、研究和开发……我希望美国人民能够在带来新工作机会的科学探索竞争中获胜。"

——巴拉克·奥巴马总统，国情咨文，2015 年 1 月 20 日

从基础型研究到 STEM 教育，美国创新生态系统的基石正是联邦投资为创新过程提供基础投入的领域。

1. 在基础研究领域进行领先世界的投资

美国创新水平若要继续领跑世界，美国各大学、联邦和国家实验室以及工业实验室必须继续进行研究，以促成突破性产品的生产、服务的改善和新公司的成立。联邦政府在研发上的资金投入对推动创新、提升经济竞争力至关重要，而在那些私营部门没有足够经济动机进行所需投资的领域，联邦政府的投入也能基本满足其社会需求。联邦研发投资的重点之一是受好奇心驱动的基础研究，基础研究一直是美国研究事业的标志，也是偶然的技术进步的强大动力。但与短期产品开发相比，基础研究吸引私营部门投资的可能性也较小。总统一直呼吁通过对基础研究进行强劲、领先世界的投资以维持美国长期的经济竞争力，并将投资重点放在可能会带来转型发展的高风险、高回报的研究上。我们需要对研究基础设施进行持续投资，以确保我们的科学家和工程师拥有实现这些转型发展所需的设施和工具。

"从定义上看，基础研究有时会误导我们，使我们进入死胡同，但它也会告诉我们自己所不知道的东西，从而帮助我们找到新的出路。而当事

情真正成功时，它们就会以我们无法想象的方式创造大量的经济机会。"

——巴拉克·奥巴马总统，2015 年 1 月 30 日

总统已经为美国设定了一个目标，即将 3%以上的国内生产总值投入公共和私人研发领域，这将超过在太空竞赛领域的投资。

总统的 2016 年预算案将资源投入到了最有可能直接有利于创造转型知识和技术的领域，这可以造福社会，为未来创造商业和就业机会。政府当局将领先世界的基础研究方面的投资列为优先事项：预算案为基础研究和应用研究提供 670 亿美元投入，比 2015 年制定的水平提高了 3%。这包括继续增加联邦在三个关键基础研究机构的综合预算投资：国家科学基金会、能源部科学办公室、商务部国家标准与技术研究所的实验室。

方框 6.2

提高科学再现性以支持创新

联邦政府每年为研发提供超过 1 300 亿美元的资金，为国家带来了巨大的经济和社会效益。然而最近出现的一些事例揭示再现科学研究成果面临严峻挑战。制药公司报道了再现已发表的关于肿瘤学实验结果研究的明显困难；对发表的心理学研究结果的再现性进行的研究发现，在 100 个实验结果中，只有 39 个可以再现。虽然到目前为止，研究重点主要集中在生物医学和行为研究的再现性，但类似的挑战几乎蔓延到科学研究的各个领域。联邦机构已开始采取措施消除对研究结果可靠性和再现性的担忧。例如，美国国立卫生研究院正在全力解决生物医学研究的再现性问题，国家科学基金会已制定了一个战略框架，用于提高其资助研究的再现性、可复制性和稳健性。白宫科技政策办公室计划与这些以及其他联邦科学机构进行合作，以提高机构对科学再现性问题的认知度，并探索在联邦政府资助的研究中解决这些问题的方案。这项工作将建立在白宫科技政策办公室持续不断的努力之上，将进一步增加获得联邦政府资助的研发成果的机会，这些研发成果包括数字数据和学术出版物。

2016 年预算案继续鼓励联邦政府支持高风险、高回报的研究和具有变革性突破可能的研究方法：

- 预算案包括投资 3.25 亿美元用于高级研究计划局——能源行动计划（ARPA－E），该计划通过投资变革性能源技术加速创新，推动更加安全经济和可持续的未来能源的研发。

- 2016 年预算案为国防部高级研究计划局（DARPA）提供了 30 亿美元，还保留了国防部在发现探索有前景的技术的突破性方法上发挥的关键作用。DARPA 致力于推动先进研究，创造突破性技术保卫国家安全。奥巴马总统敦促国会为 DARPA 提供全额资金，因为它已成为"从早期互联网到隐身技术的尖端突破"的来源。

- 美国国立卫生研究院创建了一系列资助机制来支持高风险、高回报的研究。例如，美国国立卫生研究院院长的新创新奖将为极富创造力的、具有高影响力项目的早期职业调查员提供长达 5 年的资金支持。

- 总统已将美国国家航空航天局（NASA）在空间技术方面的投资列为重中之重。空间技术任务理事会的成立使 NASA 能够对突破性技术进行投资，例如利用激光在太空进行通信的能力，以及部署更高效的太阳能阵列的能力。这两种能力都可应用于地球同步通信卫星和航天器，从而帮助人类探索太阳系的边缘。

2. 促进获得高质量的 STEM 教育

21 世纪美国创新的关键基石是一支可以在日益增长的知识密集型经济中取得成功的劳动力队伍。在 STEM 方面接受教育的劳动力一直以来是美国制造更好更智能的产品，改善医疗保健，开发更清洁高效的家用能源，保护环境，维护国家安全及发展经济的核心。

这就是为什么总统认为美国不仅要引领世界科学技术，还要引领世界科学技术教育。当前三大趋势促使政府重点改善 STEM 教育：

- 未来的工作机会属于 STEM 专业人才。总统科技顾问委员会（PCAST）最近的一份报告预估，未来 10 年 STEM 专业大学毕业生人数将比美国产业界需要的少 100 万①。而实际上，社会对 STEM 专业毕业生的需求量可能更大，因为 PCAST 还预测，STEM 相关职业内外的工作人员将越来越需要 STEM 能力。

- 美国的 K-12 学校系统与国际上相比较属于"中间包"。根据经济合作与发展组织（OECD）成员国的诸多不同分析，在数学和科学领域，美国学生和成人在国际上排在中间甚至更靠后。例如，在 2012 年国际学生评估项目（PISA）的一项研究中（这项研究评估学生将自己在阅读和数学方面学到的知识应用于现实生活情况中的能力），在科学领域，19 个国家的学生平均分数高于美国，在数学领域，26 个国家的学生平均分数高于美国②。PCAST 估计，如果大量流入美国的外国出生的 STEM 专业人才由于其本国机会增加而减少，这些问题将变得更加棘手③。

- 进一步增加获得 STEM 教育的机会对于发挥美国的全部潜力至关重要。在 STEM 领域，女性和一些少数群体的成员人数大大不足，尽管这些领域越来越重要，正日益成为高薪职位的来源地④。获得 STEM 专业学位是追求 STEM 专业职业生涯的一个重要里程碑，然而，仅有 2.2% 的西语裔和拉美裔美国人、2.7% 的非裔美

---

① President's Council of Advisors on Science and Technology, "Engage to Excel: Producing One Million Additional College Degrees in Science, Technology, Engineering, and Mathematics," Report to the President, Executive Office of the President (February 2012), available at https://www. whitehouse. gov/sites/default/files/microsites/ostp/pcast-engage-to-excel-final_feb. pdf.

② OECD Programme for International Student Assessment, "United States Country Note: Results from PISA 2012," (2012), available at http://www. oecd. org/unitedstates/PISA - 2012 - results-US. pdf.

③ President's Council of Advisors on Science and Technology, "Engage to Excel: Producing One Million Additional College Degrees in Science, Technology, Engineering, and Mathematics," Report to the President, Executive Office of the President (February 2012): 2, available at https://www. whitehouse. gov/sites/default/files/microsites/ostp/pcast-engage-to-excel-final_feb. pdf.

④ National Science Board, Science and Engineering Indicators 2014, National Science Foundation (2014): 3 - 43; and Vilorio, D, "STEM 101: Intro to Tomorrow's Jobs," Occupational Outlook Quarterly, Bureau of Labor Statistics (Spring 2014), available at http://www. bls. gov/careeroutlook/2014/spring/art01. pdf.

国人、3.3％的美国原住民和阿拉斯加原住民在 24 岁前获得了自然科学或工程学的第一个大学学位。尽管在大学校园里，女性占大多数，约占劳动力的 46％，但计算机科学和工程学等领域，女性学士学位获得者中只占不到五分之一，并且只占 STEM 学科行业人员的 28％。

"我们不仅仅想增加学习 STEM 学科的美国学生人数。我们希望确保每个人都参与其中。我们也希望增加 STEM 学科的多样性……并且这意味着向所有种族和背景的男孩和女孩，男性和女性敞开怀抱。科学是为了我们所有人。我们希望我们的教室和实验室以及工作场所和媒体能够反映这一点。"

——巴拉克·奥巴马总统，2015 年 3 月 23 日

为了应对这些趋势，总统呼吁通过对 STEM 学科教育给予有力持续的投资以培养未来工程师、科学家和工程师，从而巩固美国未来的经济竞争力。

自 2009 年以来，政府推行了多项改善 STEM 学科教育的重要战略：

● 在重大国家目标上设定并取得进展。这些目标包括：在科学和数学领域，将美国孩子从中间移到国际排名的顶端，预备 10 万名优秀的 STEM 学科教师，在未来 10 年培养超 100 万名 STEM 学科大学毕业生，拓宽女性和未被充分代表的少数群体进入 STEM 学科领域和取得成功的渠道。这些目标已被纳入 2013 年 5 月发布的联邦 STEM 教育 5 年战略规划，并已吸引到重大联邦投资①。例如，为支持 10 万名 STEM 学科教师目标，根据教师质量合作伙伴赠款计划，教育部 2014 年宣布了资助金额超过 3 500 万美元的

---

① The Federal Science, Technology, Engineering, and Mathematics (STEM) Education 5-Year Strategic Plan is available at https://www. whitehouse. gov/sites/default/files/microsites/ostp/stem_stratplan_2013. pdf.

以 STEM 学科为重点赠款对象的 5 年计划。预计最终实现该计划的补助金总额将达到 1.75 亿美元,并将主要帮助在 STEM 学科领域有高需求学校的 11 000 多名新教师。

- 保持对 STEM 学科教育的稳健投资并加强对联邦投资的协调。总统的 2016 年预算案要求优先考虑 STEM 学科教育并投资 30 亿美元,远比 2015 年制定的水平提高 3.8%。此外,政府在加强协调 STEM 学科教育计划方面取得了进展。在过去 2 年,由于投资未得到提高,STEM 学科的总数已经减少了 40%,而联邦机构一直在采取协调一致的方式进行投资。

- 将 STEM 教育纳入政府的整体教育改革战略。政府一直在寻找机会将 STEM 纳入更广泛的教育工作。例如,教育部投资 40 亿美元的"力争上游"计划优先考虑强调 STEM 教育创新提案的州。在 2016 年预算案中,总统已经在教育部提出了一项价值 1.25 亿美元的竞争项目,以帮助美国各地的社区建设下一代高中。这一举措是总统更广泛地呼吁高中体验全面转型的一部分,政府将进一步资助作为尖端 STEM 教学和学习摇篮的学校。

- 与商业机构、非营利组织、基金会和其他组织同心协力、全力以赴。总统于 2009 年发起了教育创新运动,旨在动员广大公民、教育工作者、公司、专业人士、基金会和非营利组织联起手来,一同改善 STEM 教育。过去 6 年,它们为 STEM 计划提供了总价值超过 10 亿美元的直接和实物支持。例如,超过 230 个组织组建了一个名为 100Kin10 的联盟,以响应总统在 10 年内预备 10 万名优秀 STEM 教师的倡议。迄今为止,政府的伙伴组织已经做出了 350 多项可量化承诺,其中包括在倡议的前 5 年招募和培训 40 000 多名 STEM 教师。一些机构和组织做出了 100 多项个人承诺,作为白宫学院机会行动日(White House College Opportunity Days of Action)的一部分,以吸引并留住数万名学生参加 STEM 学位课程,支持总统培养 100 万 STEM 大学毕业生的目标。一些龙头公司和国防部合作投资,将 STEM AP 课程扩展到了 170 多所拥有大量军人子女学生的高中。由各公司 CEO 组成的联盟——"变革方程"(Change the Equation)承诺到 2016 年将高质量的 STEM 项目参与学生数扩展到 100 万以上。

● 凭借总统的个人承诺激励更多的学生在 STEM 教育中脱颖而出。总统创办了有史以来第一次白宫科学博览会，祝贺数学、科学和机器人比赛的学生获奖者，并且到目前为止已经举办了 5 场。正如总统指出的那样，"如果你赢得了 NCAA 冠军，你就能来到白宫。那么，如果你是一个年轻人，并且你提供了最好的实验或设计，最好的硬件或软件，那么你应该被认可。"

此外，总统在 2014 年举办了首届白宫制造商大会，展示了学生和成人如何获得设计和制作任何东西所必需的工具和技能，白宫在 2015 年开展了"制作周"活动。在计算机科学教育周期间，奥巴马总统参加了"编程一小时"，由此成为写出一系列计算机代码的第一位总统。他还向全国各地的学生、家长和教师发送视频，邀请他们参与计算机编程，这一举动使该行为成为奥巴马总统的标志性行为。

3. 为移民推动创新经济扫清道路

总统正在推行常识性移民改革以全面完善移民体系，包括对美国创新经济不可或缺的高技能工人、毕业生和企业家。移民在促进美国经济发展上一直扮演着举足轻重的角色。事实上，美国每 4 个小企业和高科技初创企业中就有 1 个移民企业家，并且超过 40％ 的财富 500 强企业——从通用电气和福特到谷歌和雅虎——都是由移民或者移民子女创建的①。他们不仅在美国创造就业机会，而且也极有能力创造可远销海外的产品。

但高技能移民对美国经济的价值远远超出了创业领域。经济学家发现，提高高技能移民率可以提高生产率，这不仅因为他们是重要的创新来

---

① Partnership for a New American Economy, "The 'New American' Fortune 500" (June 2011).

源,还因为他们的积极溢出效应间接有利于非移民工作者①。换句话说,高技能移民帮助美国经济更高效地生产,以更高的工资形式为所有美国工人带来广泛的收益。根据总统经济顾问委员会的分析,去年11月总统宣布的执行计划如果得到充分实施,10年内美国的国内生产总值(GDP)将增加1 000亿至2 500亿美元,而实行这一计划引起的经济增长将在10年内使年度联邦赤字减少300亿至650亿美元②。

"难道我们培养出世界上最优秀聪明的人才只是为了把他们送回自己的国家开拓商业与我们竞争? 还是我们愿意把他们留住,鼓励他们在美国创造更多就业机会,开拓商业和各种产业?"

——巴拉克·奥巴马总统,2014年11月20日

认识到移民在经济和社会结构中的根本作用,总统在2014年11月宣布了几项行动计划,这将有助于铺平移民为美国经济做出重大贡献的道路。推进高技能移民的步骤包括:

- 释放还在等待成为美国公民的高技能人才的才能。大多数高技能移民凭借临时工作签证(通常是H-1B签证)开始他们在美国的职业生涯。如果没有美国公民有资格并有能力胜任他们的工作,雇主可以资助该移民工人获得合法的永久居留权——通常称为"绿卡"。但即使在申请获得批准后,等待拿到绿卡的时间也可能长达数年甚至数十年。在此期间,移民工人被紧紧捆绑在该雇佣公司的某个职位上。政府的这些举措将使更多高技能工人和他们的一些配偶获得可以灵活就业的授权,允许他们获得升职机会,调换职位或雇主,或在他们及家人等待领取绿卡期间开办新公司,并

---

① Council of Economic Advisers, "The Economic Effects of Administrative Action on Immigration," Executive Office of the President (February 2015), available at https://www.whitehouse. gov/sites/default/files/docs/economic _ effects _ of _ immigration _ ea _ february _ 2015 _ update_final_v2. pdf.

② 同上。

最终成为美国公民。

● 为企业家创造就业机会铺平道路。针对有意在美国创办和发展公司的企业家——通过成为合法的永久居民或通过临时移民身份，政府将首次为他们提供详细指导和规范。与以往任何时候相比，这些举措都更容易让全球最有发展前景和创新精神的企业家在美国发挥才能和创造就业机会。

● 留住在美国接受教育的科学家和工程师。美国的大学培养了一批世界上最优秀的 STEM 学科的学生，但残缺的美国移民体系迫使他们中的许多人带着自己的技能回到本国。政府的这些举措将加强和扩大从别国来美国就读大学 STEM 学科的毕业生的在职培训，即选择性实践培训，这给了他们额外的时间来获得他们进一步接受教育所需的技能。

这些举措旨在显著提升美国经济的创新能力和生产力，同时给予那些有才能的人以实现美国梦的机会。

4. 建设 21 世纪领先的基础设施

总统致力于投资国家的基础设施，这不仅能够创造就业机会，而且能够促进创新和经济的长期增长，扩大就业机会，提高美国经济的整体竞争力。现代化的基础设施使商品和服务能够满足需求的发展，帮助美国制造商出口，吸引工作机会到美国海岸，并扩大商业规模。

政府采取了一系列措施以帮助稳固基础设施投资和经济增长。自总统就职以来，《复苏法案》为改善数千美国社区的基础设施共投资了 500亿美元。

为了支持制造业发展，总统呼吁国会增加对美国货运网络的投资，以确保企业拥有可靠的供应链。总统的议程还包括增加对创新型公共交通系统如巴士快速公交的支持，创新型公共交通系统提倡区域间互联互通和提高工人流动性，增加对联邦航空管理局的下一代空中交通系统（NextGen）走向现代化的支持。通过"建设美国投资倡议"，政府还将私人资本和专业知识引入基础设施发展本身,以便运输部门可以从私营部门在设计、工程和施工方面的创新中受益。

　　"一流的基础设施吸引一流的工作机会。企业主不想要破烂的道路、桥梁,因为搬运东西不方便,他们的工人也会因为上班路上行程艰难而影响工作产出。他们更希望在有高铁和高速宽带、高科技学校、自愈电网、新港口和隧道等基础设施的地方开设店铺。"

——巴拉克·奥巴马总统,2014 年 5 月 14 日

　　2014 年 7 月的总统备忘录启动了"建设美国投资计划",旨在增加对基础设施的投资,刺激经济增长,并促使州和地方政府以及私营部门间建立公私合作伙伴关系。"建设美国投资计划"包括建立美国运输投资中心,该中心作为运输部门,为州和地方政府以及私人和公共开发商进行运输基础设施项目的创新融资提供资源。除了该倡议之外,总统还启动了建设美国跨机构工作组的计划,以扩大基础设施投资范围,而不仅限于交通运输部门的投资。2014 年 9 月,财政部主办建设美国基础设施投资峰会,共有 100 多位来自私营和公共部门的领导人围绕创新融资机会和项目发展所需支持和资源进行了探讨。

　　政府不仅致力于增加全国的基础设施投资,还正在采取措施使美国基础设施更加智能化,从而提高其工作效率并挽救生命。从支持传感器装置的供水系统和下水道系统——它们通过自动流量管理和泄漏检测提高了效率,到通过传感器对桥梁结构健康进行连续监测,智能基础设施可以带来更好的结果,而且往往能节省大量费用。政府正通过一系列机制促进智能基础设施建设,包括鼓励各州和地区将创新方法纳入预规划过程,而这主要通过建设美国投资计划以及经济发展管理局向一些对智能基础设施建设进行投资的地区提供资金和技术支持来实现。

　　政府也正在努力使基础设施项目获得联邦许可和环境审核的过程现代化。其他行动包括联邦基础设施许可仪表板工具的推广使用,该工具可以使在基础设施项目的审核过程完成之际的公开跟踪代理工作进度变

得十分方便。

5. 构建下一代数字基础设施

强大的访问数字世界的工具已经迅速成为 21 世纪公民和企业的必需品，它推动创造就业机会，促进创新，并为美国企业创造新的市场。支持这种工具和下一代网络开发的基础设施需要大量的宽带投资和智能高效的电信频谱分配，从而满足对额外宽带频谱有需求的用户。

> "虽然人们常常认为高速互联网已经普及，但对于数百万美国人来说，这仍然遥不可及——特别是在低收入和农村社区……未到达高中教育程度的家庭中仅有不到一半可以用到互联网。换句话说，可以从最新技术中获益最多的人正是那些最不可能拥有它的人。"
>
> ——巴拉克·奥巴马总统，国情咨文，2015 年 7 月 15 日

根据《复苏法案》，政府已经拨出了超过 70 亿美元的宽带赠款和贷款，并为城乡地区更广泛和强大的无线宽带网络释放了频谱。

● 无线网络

为促进经济增长并释放无线宽带的潜力，奥巴马总统在 2010 年发布了一项改革频谱政策并改进美国无线基础设施的计划，并于 2011 年宣布了一项国家无线网络计划，提出要为至少 98% 的美国人提供高速（4G）无线服务。这些付出收到了回报：2015 年，当局宣布美国达到该目标。

总统还呼吁国家电信和信息管理局（NTIA）与联邦通信委员会（FCC）合作，在 2020 年前为固定和移动无线宽带提供 500 兆赫的联邦和非联邦频谱。NTIA 和 FCC 已经完成这个目标的将近一半，使得目前为止频谱可用频率达到了 245 兆赫。这些努力将刺激创新，刺激经济增长，并为美国的未来创造大量的就业机会。

为了实现总统的频谱目标，政府也正在打破清理受其控制的联邦用户频谱的传统方式，以便将其拍卖给私营部门以供独家使用。总统科技顾问委员会建议联邦政府通过新的频谱共享模式提高创新应用频谱的可

用性①。政府正在采取重要措施,使这一愿景成为现实,提高所有用户的效率,并在技术和经济可行的情况下加快商业接入额外的频段。例如,FCC 和 NTIA 最近正携手合作,为 3.5 GHz 联邦频段的共享小型小区提供 100 MHz 的频谱。此外,FCC 和 NTIA 正在实施一个"示范城市"计划,用于演示和评估先进的频谱共享技术,其中可能包括下一代 5G 技术试验。

● 宽带

5 年多前,借助 NTIA 宽带技术发展机遇计划,政府投资了超过 40 亿美元作为宽带赠款,这也是《复苏法案》的一部分,用于建设网络基础设施,建立公共计算机中心以及开展数字扫盲培训。目前项目资助方已经建成和升级超过 114 000 英里的光纤,并连接了 26 000 多个社区机构,如学校和图书馆。他们还建立和升级了 3000 个公共计算机中心,培训了400 多万人,并帮助约 671 000 个家庭注册了宽带服务。

政府同时支持农村地区的高速网络部署。2009 年,《复苏法案》借由美国农业部农村公用事业服务局(RUS)为农村宽带发展提供了 25 亿美元资金。2011 年,FCC 开始更新通用服务计划,以在人口稀少、网络部署费用较高的农村地区扩展宽带基础设施建设。FCC 于 2015 年 9 月宣布,它将在连接美国基金会(CAF)的第二阶段——在未来 6 年内向 10 家电信运营商提供总额 90 亿美元用于建设高速网络,从而使近 730 万农村居民用上宽带。

高速、低成本宽带正在为地区经济复兴铺平道路,比如田纳西州的查塔努加、密苏里州的堪萨斯城、爱达荷州的阿蒙市和路易斯安纳州的拉斐特,这些地区拥有比全国平均水平快近 100 倍的网速且价格合理。政府已采取一系列措施,使这些网络和依附于它们的应用程序成为现实。例如,政府已经呼吁私营和非营利行业促进扩大超高速宽带在美国社区的使用,城市紧随其后。

但挑战依然存在。大约 6 700 万美国人的家中没有高速互联网连接,而 5 500 万美国人无法购买下载速度至少为每秒 25 兆比特的有线宽

---

① President's Council of Advisors on Science and Technology, "Realizing the Full Potential of Government-Held Spectrum to Spur Economic Growth," Report to the President, Executive Office of the President (July 2012), available at https://www. whitehouse. gov/sites/default/files/microsites/ostp/pcast_spectrum_report_final_july_2 0_2012. pdf.

带连接①。

为了应对这些挑战，政府采取了一些措施，包括通过一个名为
BroadbandUSA 的新计划，技术援助社区宽带项目，为农村供应商提供新
的赠款和贷款机会，并消除宽带建设和竞争的联邦监管壁垒。此外，总统
已经呼吁废除那些不利于宽带服务竞争的法律，包括妨碍市政府建立自
己的网络的法律。

此外，总统于 2015 年 3 月宣布成立宽带发展机遇委员会，这是政府
为扩大宽带部署和使用范围做出的努力，重点是将宽带服务扩展到该项
服务欠缺的社区，并鼓励新进入者和新的资金投入来改善宽带质量和服
务。根据该委员会的建议，行政当局在 2015 年 9 月采取了新措施，包括对
价值约为 100 亿美元的联邦项目进行现代化改造，将宽带服务纳入符合条
件的项目支出，简化项目和宽带许可服务的申请流程，支持宽带部署等。

方框 6.3

创造千兆的未来

像美国 Ignite 公司这样的非营利组织正鼓励在拥有下一代网络
的社区中开发和部署一种新的"千兆"应用程序。这些应用程序可以
促进医疗保健、教育、公共安全、交通运输、先进制造业和清洁能源等
行业的转型。

3 年前，田纳西州的查塔努加开始通过当地的公用事业运行千兆
网络，同时开发了一系列利用该网络的社区计划。这些计划包括旨在
大幅降低停电几率的智能电网的应用，以及将 STEM 高中学生与南加
州大学教授联系起来的远程学习应用。学生们可以控制 2 000 英里外
的高端显微镜来研究太平洋上的微生物。在先进的光纤基础设施的
帮助下，该市还举办了应用开发商黑客马拉松，创建了一个创业加速
器，为该市从亚马逊和大众等全球公司吸引了 6 000 多个就业机会。

---

① U. S. Census Bureau, American Community Survey (2013); Federal Communications
Commission, "FCC Finds U. S. Broadband Deployment Not Keeping Pace" (January 29, 2015),
available at https://www. fcc. gov/document/fcc-finds-us-broadband-deployment-not-keeping-pace.

全国范围内许多地区正在做出与查塔努加同样的努力,许多城市,从加利福尼亚州的圣莱安德罗到北卡罗莱纳州的威尔逊,在近几个月都宣布了千兆计划。

联邦政府还优先考虑将高速宽带服务引进到该项服务欠缺的社区的投资。

- 在学校和图书馆之间提供连接。联邦通信委员会是一个独立机构,最近将其普遍服务电子费率计划(全国最大的支持教育技术计划)进行了现代化改造,以帮助学校和图书馆获得强大的高速宽带连接。这项努力包括将年度电子费率资金上限提高至每年 39 亿美元,从而提供额外的项目资金,增加学校和图书馆的购买灵活性,并为 Wi-Fi 投资扫清道路。
- 为居民提供随时随地使用高速互联网的机会。政府于 2015 年 7 月宣布了 ConnectHome 计划,它将互联网服务提供商、非营利组织和私营部门聚集在一起,为需要资助的住房单位的居民提供宽带接入、技术培训、数字扫盲培训和设备。

四、激发私营企业的创新动力

"没有人知道哪些行业会带来未来的新工作。但可以确定的是,我们希望未来的就业机会就在美国。我们确信这一点。这就是为什么中产阶级经济学的第三部分全是关于如何在一个地方建设最具竞争力的经济体,这是企业想要定址和聘用人才的地方。"

——巴拉克·奥巴马总统,2015 年 1 月 20 日,国情咨文

通过解决阻碍创新发展的市场失灵以及确保框架条件对试验和创新友好,联邦政府可以赋予私营部门创新人才一定的权力。

1. 加强研究和实验税收抵免

私营部门在研发方面的投资对于实现经济的长期增长、创造就业机会和提高生产力至关重要。然而，经济学家发现，私人研发活动会产生显著的知识溢出效应，这意味着任何投资开发新知识的公司都将无法获得该投资的全部收益[①]。因此，研发的社会收益将超过任何个体公司可以获得的收益，这就导致公司在研发方面的投资往往动力不足。自 1981 年以来，美国实行研究和实验（R&E）税收抵免，以激励私营部门创新和矫正市场失灵。但是，在研发税收处理国际竞争加剧的情况下，R&E 税收抵免并没有其他 21 个 OECD 国家提供的激励措施慷慨[②]。

（1）拓宽、扩大和永久实行 R&E 税收抵免

奥巴马总统关于改革 R&E 税收抵免的提议将为美国企业进行创新提供实质性的和可预见的激励措施。信贷已经提供了有价值的激励，有证据表明，它在研究支出方面产生大约 1 美元对 1 美元的增长[③]。以下变革有望使其成为更强有力的激励措施。

● 扩大和扩展

在 2016 年的财政预算案中，政府建议提供更加慷慨的信贷，供更多的创新型企业使用。具体而言，该提案将：（1）把替代简化信贷（ASC）的比例从 14％提高到 18％；（2）简化企业必须执行的信用计算；（3）允许信贷抵消替代性最低税收负债，增加其对年轻研究密集型企业的可用性；（4）赋予协作研究更慷慨的政策倾斜，允许支付给非营利组织 75％的费

---

① U. S. Treasury Office of Tax Policy, Investing in U. S. Competitiveness: The Benefits of Enhancing the Research and Experimentation (R&E) Tax Credit (March 2011), available at http://www. treasury. gov/resource-center/tax-policy/Documents/Research％20and％20Experimentation％20report％20FINAL. PDFhttp://www. treasury. gov/resource-center/tax-policy/Documents/Research％20and％20Experimentation％20report％20FINAL. PDF.

② OECD R&D Tax Incentives Indicators; based on the 2013 OECD-NESTI data collection on tax incentives support for R&D expenditures, available at http://www. oecd. org/sti/rd-tax-stats. htm#designhttp://www. oecd. org/sti/rd-tax-stats. htm#design.

③ U. S. Treasury Office of Tax Policy, Investing in U. S. Competitiveness: The Benefits of Enhancing the Research and Experimentation (R&E) Tax Credit (March 2011), available at http://www. treasury. gov/resource-center/tax-policy/Documents/Research％20and％20Experimentation％20report％20FINAL. PDFhttp://www. treasury. gov/resource-center/tax-policy/Documents/Research％20and％20Experimentation％20report％20FINAL. PDF.

用,以便研究计入信贷。

● **永久实行**

R&E 税收抵免政策未来可用性的不确定性削弱了它的激励效应,因为纳税人难以将信贷纳入决策以投资到不会在信贷到期前启动和完成的研究项目。到目前为止,R&E 税收抵免已经获得授权,并且一次只能延期几年。为了给美国创新者提供持久的激励,总统提议永久实行 R&E 税收抵免制度。

2. 支持创新型企业家

初创公司将新产品和流程推向市场,这是创新的关键来源,创新改善了我们的生活并提高了美国经济的生产率。同时它们也是新工作的重要来源。根据最近的一项分析,创业公司员工占就业人数的 3%,但占新就业岗位总数的近 20%①。

然而,美国创业生态系统的发展有赖于来自不同地方具有不同背景的有才华的美国人。美国风险资本支持的创业公司中仅有 3% 由女性领导,只有 1% 由非裔美国人领导。创新型初创公司的资金主要集中在少数几个地方,这使得在少数几个地铁枢纽之外创造高增长业务创新成为一项挑战。

其他领域也是如此。过去几十年来,美国新公司成立率和经济活力都有所下降。结果,年轻公司创造的就业机会比例在过去 30 年下降了 30%②。由于新公司是就业和经济增长的主要来源,扭转这些趋势至关重要。

这些挑战凸显了公共政策在帮助克服创业障碍方面的重要作用,特别是在代表性不足的人群以及企业活动滞后的地区和行业。为了保持美国的领先地位,帮助美国成为世界上创办和经营伟大公司的最好的地方,政府正在努力确保所有美国人在创业上取得成功。

---

① Haltiwanger, J., et al., "Who Creates Jobs? Small vs. Large vs. Young" U. S. Census Bureau Center for Economic Studies, Paper No. CES-WP-10-17 (August 2010).

② Decker, R, et al., "The Secular Decline in Business Dynamism in the U. S.," Working Paper (2013).

"随着云计算、大数据和 3D 打印等技术的进步，事实是，历史上从未有过更好的时机推出一个想法，并将其在美国推广。这个时机就是现在。但我们必须确保我们在充分利用这一时刻，利用美国所提供的所有才能，无论他们是谁或是他们在哪里开店。"

——巴拉克·奥巴马总统，2015 年 8 月 4 日白宫演示日致辞

政府将创新创业作为"白宫创业美国倡议"主导的创新议程的关键组成部分。2011 年 1 月，奥巴马总统发布了"创业美国倡议"，当时他向全国各地的联邦机构、国会和私营部门发出全程随叫随到电话会议，以在全国范围内庆祝、激励和促进高增长的企业家精神。这项努力促成了两党关于创业企业扶助（Jumpstart Our Business Startups, JOBS）法案的国会行动，以及行政行为和私营部门的创业活动，其中包括：

- 行政行为解锁资本获取和加速创新。小型企业管理局（SBA）承诺向私营小企业投资公司（SBIC）基金提供 20 亿美元的联邦担保杠杆，用于投资服务水平低下的市场，清洁能源和教育等国家优先领域或早期创新型企业，而财政部已经简化了新市场税收抵免制度，用于投资振兴低收入社区的企业。
- 国家小型企业信贷计划。《小型企业就业法》始于 2010 年，由奥巴马总统签署而成为法律。财政部的国家小型企业信贷计划（SSBCI）已拨款 15 亿美元，用于支持小型企业发展的项目。至关重要的是，该计划给予各州分配这些资源的灵活性。超过 30 个州已经将近 5 亿美元的 SSBCI 资金分配到风险投资项目——项目资金大幅增加，这对于将高增长的企业家精神扩展到全国各个地区至关重要。
- 私营部门创业举措。为响应总统的号召，凯斯基金会和考夫曼基金会发起了"创业美国伙伴关系"行动，这是企业家、基金会和公司的独立联盟，致力于加强全国各地的创业网络，赋予草根领导者创建以行动为导向的本地项目的能力。创业美国伙伴关系现在在全

球范围内运作,UP Global 在 2013 年 10 月全球创业峰会上宣布:
承诺在未来 3 年为 1 000 个城市培训 50 万名企业家。

> **方框6.4**
>
> ### 创业企业扶助法案
>
> JOBS 法案于 2012 年 4 月由总统签署而成为法律,该法案提出
> 了总统提议的三个关键构想,旨在帮助创业公司和小企业获得发展
> 和创造就业机会所需的资金。
>
> 让 IPO 驶入资本市场高速路口:新一类"新兴成长型公司"已经
> 在利用简化的"首次公开发行上市"优势,通过在首次公开募股后的
> 早期阶段逐步达到某些监管要求来降低上市成本。
>
> 条例 A+:根据美国证券交易委员会(SEC)的最新规定,"迷你
> 公开募股"将适用于年收入达 5 000 万美元的公司。
>
> 众筹(Crowdfunding):国家基于证券的"众筹"框架将允许创业
> 者通过受监管的在线平台每年筹集高达 100 万美元的小额投资。

(2)发挥美国的全部创业潜力

为了保持美国的领先地位,使美国成为世界上创办和经营伟大公司
的最好地方,美国必须确保每个地方都具有充满活力的创业生态系统,并
且所有美国人,包括那些在创业方面代表性不足的人,如女性和有色人
种,都能受到鼓励并能够充分贡献他们的创业才能,同时有机会接触获取
资源的途径。

● 白宫演示日(White House Demo Day)

2015 年 8 月 4 日,总统首次举办了白宫演示日,以展示来自全国各
地创业者的创业成功故事,这些故事印证了将所有人纳入美国创业经济
体系的重要性。白宫演示日当天,总统概述了新的联邦举措支持各个社
区的企业家的努力,包括宣布 116 个小企业管理局的成长加速器基金获
得者,以支持全国各地的加速器和其他企业生态系统模式。此外,外部组
织正在加紧步伐以响应总统呼吁,40 多家领先的风险投资公司宣布将采

取具体行动帮助创业生态系统中妇女和代表性不足的少数群体获得机会。

● 一天内创业计划(Startup in a Day Initiative)

正如任何企业家或小型企业主所了解的，创业或拓展业务通常需要处理相当繁琐的手续——从建立合法的业务结构到获得各种许可证。但是现在有了便捷实惠的技术解决方案将该过程数字化，大大缩短了这一过程所需时间。2015 年 6 月，总统呼吁全国各地的市长开发在线工具，让企业家在不到一天的时间内明确并申请达到开办企业所需的当地、州和联邦的要求。为了支持这项工作，小企业管理局将为致力于创建一天内创业方案的城市提供 150 万美元的种子赠款。

● 扩展国家小企业信贷计划和奖励最佳实践

在 2016 年财政预算案中，总统呼吁国会通过立法延长财政部即将到期的国家小企业信贷计划(State Small Business Credit Initiative)，并追加 15 亿美元用于在各州之间分配资助企业家和小企业的资本项目。根据总统的提议，这笔款项中的 10 亿美元将在竞争性基础上颁发给最有能力满足当地市场需求、促进融合、吸引私人资本进行创业和扩大业务、加强区域创业生态系统并评估结果的各州。

● 为全国早期阶段投资和影响力投资释放额外资本

小企业管理局(SBA)已经将影响力投资基金作为小企业投资公司(SBIC)计划的一个永久性特征，在过去的 12 个月中，管理资产翻了两番，达到 6.5 亿美元。SBA 正在努力对影响力投资基金提出其他更改，以及对 SBIC 早期资本计划提出新的更改，以便为处于发展初期的公司释放额外资本。这些提议旨在使未来 24 个月的管理资金和资产至少增加一倍。

● 让政府为企业家工作

SBA 的 SBA One 是一个交互式的在线平台，它简化了贷款人参与资本支持计划和小企业申请资本支持计划的流程。该平台旨在使银行能够更高效地批准贷款，其中包括总额小于等于 15 万美元的贷款。让银行和创业公司之间的交易更轻松、更智能、更简便，这对全国的小企业而言至关重要。

● 通过劳动力培训计划支持创业技能培养

由奥巴马总统签署并由美国劳工部管理的劳动力创新与机会法案包括了加强对青年、残疾人、印第安人和美洲原住民以及失业成年人创业技能培养的重视，同时包括了为创业培训提供资源的新规定。这些新规定将使公共劳动力体系能够更系统地培训失业青年和成年人，从而帮助他们开办自己的企业。

● 给予小企业投资终身资本收益豁免权

政府支持对小企业主要投资的资本收益进行永久性减税。这项资本收益豁免举措旨在激励对新兴企业进行有"耐心"的资本投资，它曾于2010年由总统签署成为法律，但已于2014年失效。

3. 从实验室到市场：联邦资助研究的商业化

联邦研发企业必须继续支持主要由人类利益驱动的基础研究，以拓展人类知识的前沿领域，并继续支持通过公开数据和出版物传播这些知识。同时，一些研究成果表明商业产品和服务具有近期潜力。总统致力于将这些有前景的技术从实验室推向市场。"实验室到市场"这一流程也被称为"技术转让"或"研发商业化"。这一过程无处不在。例如，联邦实验室开发了许多使电动汽车成为可能的电池技术，大学研究人员帮助将能够有效治愈某些类型的白血病的突破性药物推向市场，谷歌则从联邦政府资助的斯坦福大学数字图书馆研究成果中脱颖而出。

"我们一直在研究、创新，然后将研究和创新商业化，以便每个人都能受益。然后我们开始在世界各地销售我们的东西，我们开始出口。我们创造了良好的工作机会，中产阶级家庭能够购买这一创新带来的产品。而且这是一个良性循环，每个人都变得更好，没有人会被抛在后面。"

——巴拉克·奥巴马总统 2014 年 1 月 15 日

政府的"实验室到市场"倡议致力于推动由联邦政府资助的研究所带

来的有发展前景的创新技术的转让,这些创新往往面临着缓慢而不确定的商业化之路。该倡议是政府努力促进研发商业化的核心,其中包括2011年的总统备忘录,引导所有联邦研究机构加快对小企业的研发奖励,促进与行业伙伴的联系,并追踪具体的商业化目标。美国国家科学基金会、美国能源部和美国国立卫生研究院等机构已经加大力度,鼓励基于大学研究的新公司的成立,并让创业公司更容易获得政府颁发的知识产权许可证。最近的一些进展包括:

● 美国能源部宣布了国家清洁能源孵化器倡议(NIICE),该倡议价值300万美元,用于资助5个专门的企业孵化器,帮助企业家将清洁能源技术商业化。NIICE还将支持一个国家组织协调这些工作。

● 美国能源部最近还在多个国家实验室实施了一项价值2 000万美元的试点计划,为小企业提供优惠。这些优惠针对那些致力于开发有前景的清洁能源技术的小型企业,并且可以在参与实验室兑换技术援助。

● 国防部最近推出了Furnace技术转移加速器。该加速器是一项为期9个月的强化项目,旨在培育新公司在位于纽约州罗马市的空军研究实验室开发技术。Furnace将负责提供指导、办公场所和种子资金,并在国防部的其他实验室推广。

● 美国国立卫生研究院、推进创新中心和雅芳女性基金会已合作建立了乳腺癌创业挑战赛和加速器。这对于多学科团队来说是一个机会,他们可以在NIH国家癌症研究所或雅芳基金会资助的大学实验室开发的10项未经许可的乳腺癌发明的基础上,开发商业计划并成立新公司。

● 美国国家科学基金会的创新团队(Innovation Corps,I-Corps)计划早已取得成功。总统在2016财政预算案中提出投入3 000万美元用于发展国家科学基金会创新团队计划。政府致力于与机构、大学、州和其他利益相关者合作,大幅增加参与此计划的团队数量。

方框 6.5

创 新 团 队

I–Corps 计划为受到联邦资助的科学家和工程师提供创业培训,帮助他们与商业导师配对,开发密集课程,专注于开发从实验室工作到市场化产品的需求驱动路径。该体验式学习课程建立在连续创业者 Steve Blank 开发的"精益启动"法的基础之上。

创新团队需要采访 100 位潜在客户,这有助于检验他们商业模式的关键假设,并更有效地识别可落实的市场机会。

自 2011 年美国国家科学基金会启动 I–Corps 计划以来,已有近 600 个团队完成了为期 10 周的体验式教育,其中约一半已决定创建公司。联邦机构和私人提供的后续资金成功率很大。来自 45 个州的 115 个教育机构参加了 I–Corps 课程,7 个主要的团队"节点"(大学联盟)提供创业学习环境和课程开发。

在过去的一年中,其他联邦机构已将这一计划用于其他类型的团队,包括美国国立卫生研究院针对生物医学小型企业创新研究(SBIR)被资助者的 I–Corps 试点,以及美国能源部国家实验室研究人员的"实验室团队"(Lab–Corps)计划。

除了开发这些有发展前景的创新方法之外,本届政府还将"实验室到市场"作为总统管理议程的重要部分,以加快和改进新技术从实验室向商业市场的过渡。这些努力包括:

- 优化联邦政府资助的 10 万多项专利项目的管理、可发现性和易用性;
- 提高企业家和创新者对联邦政府资助的研究设施的利用效率;
- 确保相关联邦机构和员工受到适当激励,优先考虑研发商品化;
- 确定培养具有技术转让经验的人力资本的步骤,包括增加受到创业教育的机会;
- 通过更有效的商业化,最大限度地提高小企业创新研究和小企业技术转移(STTR)计划的利用率和经济影响。

● 制定技术转移手册，分享和推广最佳实践案例。

政府继续采取行动推进实施"实验室到市场"的目标，并支持机构不断尝试新的试点计划，以确定哪些工作有效。

4. 确保创新具备适当的框架条件

联邦政府可以通过采取措施，确保市场条件可以促进和激励那些向市场引入新观念的人继续做出努力，从而实现创新经济的蓬勃发展。创业公司或已建立的公司为市场带来新的创新机遇时，它们也是在试验，承担着结果并不确定的投资风险①。虽然这些试验性努力具有显著的总体社会效益，但任何一种努力成功与否都不能事先准确预测，公共政策应尽可能促成更多的有前景的"射门"。设定适当的框架条件，意味着确保美国的监管体制可以保障重要的优先事项，同时尽力消除那些给市场带来新想法的人所面临的障碍和摩擦。

确保创新具备适当的框架条件，需要保证美国创新者可以从世界上最好的政策框架或"游戏规则"中获益。

● 激励创新者的知识产权制度

宪法规定，美国专利制度旨在鼓励创新。美国专利制度和其他知识产权法通过确保新产品、有价值的产品和工艺的创造者享有强制执行的产权，从而激励他们的创新。换句话说，美国的知识产权法保障创新者获得进行创新所需投资的回报。强大的知识产权制度不仅激励发明者，而且还将吸引重要的资本投资，并为后续投资商业化和后续发明提供激励措施，确保在创新过程的所有阶段承担风险的创新者可以受到激励，同时还可以通过明确界定的保护范围允许市场竞争。

政府的知识产权议程以 2011 年的美国发明法为基础，后者提高了专利质量和专利制度的效率。过去 4 年间，美国专利商标局(USPTO)已经

---

① Kerr, W., et al., "Entrepreneurship as Experimentation," *Journal of Economic Perspectives*, Vol. 28, 3 (2014).

采取了许多行动,提高了专利制度的便民性和透明度。

方框 6.6

美国投资法

2011 年 9 月 16 日,奥巴马总统签署了美国历史上对专利制度最重要的立法改革法案。经过近 10 年的努力,《美国投资法》(*America Invents Act*)在总统强有力的领导下获得通过。它将提供:

- 可持续投资的典范,使专利商标局能够进行较长期的规划,减少专利权积压和未决情况,并倡议增加投资以提高专利质量;
- 建立新的授权后程序,即专利可在向美国专利商标局专利审判和上诉委员会上诉前申请,这种新的程序可以降低质疑专利权的有效性所耗费的成本;
- 更少的小型和微型专利费用,更能保护独立和缺乏资源的发明者的知识产权;
- 与国际专利制度接轨的专利制度,简化发明者获得全球知识产权的程序;
- 一个申请专利的"快速轨道",使创新发明能更快进入市场。

但要加强专利制度,促进和激励创新机制,联邦政府还需做出更多努力。当局除了呼吁采取立法行动,以减少滥用专利的诉讼外,亦已做出一系列行动,改善专利制度,从行政方面处理滥用专利诉讼的问题。这些措施包括通过培训和长期投资提高专利质量,并通过新的专利商标倡议提高专利透明度,让公众更容易获得并使用专利信息。

通过这些行动,政府将确保创新者能够通过自身努力获得回报,消费者能从市场创新和竞争中获益。

- **保护创新的平衡反垄断执法**

反垄断法意在为消费者谋求福利和促进创新发展,包括确保创新型公司能够进入一个公平的市场,并确保现有公司有足够动力进行创新。经调整平衡后,这些法律旨在以更低的价格为消费者带来新的更好的技术、产品和服务。反垄断法通过禁止反竞争性兼并、串通和独占权的排他性使用来促进竞争和创新。

2010 年修订的横向合并准则由司法部和联邦贸易委员会联合制定，更明确地承认了创新在合并审查中的重要性。根据这些修订后的指导方针，除其他因素外，执法机构还将考虑拟议的兼并行为对创新活动的影响以及合并是否可能将增强创新的互补能力集中在一起。早先美国司法部反垄断部门对 2011 年 AT&T 与 T－Mobile 拟议合并的质疑，便是在修订方针指导下的行动。

特别是在创新驱动型市场中，平衡的反垄断执法对维护消费者权益的竞争和创新起着至关重要的作用。

● 网络安全

数字网络为支撑 21 世纪经济增长和繁荣的创新提供了关键平台。但公众日益依赖的互联网也给国家安全、隐私、私营企业和个人权利带来了威胁。个人、企业、重要基础设施和国家安全面临的网络威胁变得更加有扩散性、针对性和破坏性。恶意行为者利用匿名的网络空间获利的行为，损害着公共安全和社会经济发展。

为确保重要的数字网络安全可靠，政府制定了全面战略，加强政府的防御力度，同时与私营部门合作共享信息和确定最佳应对措施。

网络安全议程包括以下 4 个重点领域：

● 支持私营部门维护网络安全。2013 年，政府制定了一个网络安全框架，用以提供优秀范例和灵活的基准，帮助负责国家重要基础设施建设的非政府组织。此外，政府还支持各组织之间共享重要信息和交流优秀范例。比如政府最近的一项行政命令的内容主要是鼓励各个信息共享和分析组织的发展，目的是让它们作为分享重大网络安全信息的枢纽，促进协作，方便行业内部及跨行业信息分析。

● 加强联邦网络安全。联邦首席信息官将加紧努力，确保联邦网络的安全，并建立一个专门的"电子政务网络"小组，以加强对机构和政府范围的网络安全计划的监督，并解决与网络有关的紧急问题。

- 出台识别、反抗和应对国家级恶意网络威胁的新政策与措施。新的网络威胁情报整合中心将负责分析和整合政府网络威胁情报，作出国家安全决策并帮助相关部门和机构作出相应反应。今年，国防部还发布了国防部网络战略，以指导美国网络部队的发展，加强美国的网络威慑力。

- 积极参与国际事务。政府正在采取多种措施巩固美国在网络安全问题上的全球领导地位，包括积极参与对地区和多边地区的网络事务，促进国际执法合作，加强北约的网络防御能力等。

网络安全关键在于对企业进行中长期的风险管理，这不是通过孤立的一次性行为可以完成的，因此政府将继续在今后的行动中再接再厉。

- 网络中立以维护互联网的开放性

总统支持网络中立原则，承继这个过去使互联网变得出人意料强大的原则，可以确保互联网的开放性和非歧视性。网络中立意味着无论来自哪个公司，互联网流量都是被平等对待的——即刚起步的创业公司与著名公司拥有相同的消费者访问权限。

"互联网的开放性对美国经济至关重要，也对我们的生活有着越来越大的影响。互联网能降低实现创意的成本，引发新的政治运动，并使社区关系更加紧密，已成为世界上最重要的民主工具之一。"

——巴拉克·奥巴马总统，2014 年 11 月 10 日

继联邦上诉法院在 2014 年 1 月驳回联邦通信委员会提出的 2010 年网络中立规则后，2014 年 5 月，联邦通信委员会通知将制定互联网监管结构规则，并给予公众讨论时限。

近 400 万美国人对这则通知给予回应。许多人的观点都与总统曾公开表达过的观点一致：保证互联网畅通无阻，并尽可能地开放互联网。2015 年 2 月，作为回应，联邦通信委员会重新分类了电信法第二章中的

宽带服务。这代表着监管框架的出现,这一监管框架支持强大的网络中立规则,以保证互联网的开放和自由并确保互联网能成为强大的创新平台。

5. 授权创新者使用公开的联邦数据

奥巴马总统已明确表示,联邦数据属于国家资产,并会尽可能地向公众提供联邦数据,以提高政府效率、改善问责制并推动私营部门进行创新,促进科技发展和经济增长。为获取政府数据提供便利的价值是巨大的——有专家分析预估这些数据将在全球经济中增值超过 3 万亿美元。

"最后,有史以来第一次,我们向美国人民开放了大量的政府数据,并将其免费上传到互联网。您可以在 Data. gov 搜索并下载……不同医院不同手术收取的费用、信用卡投诉方式、天气和气候测量等数据。此时此刻,许多企业家和企业主正在利用这些数据(人民的数据)创造就业机会,解决政府无法解决或无法有效解决的问题。"

——巴拉克·奥巴马总统,2013 年 7 月 8 日

但仅仅提供数据是不够的。在这个信息驱动的社会中,创新者需要使用被处理成机读格式的数据,从而制造开发有利于公众的新工具和服务。这就是为什么 2013 年总统签署了一份行政命令,默认公开的政府信息须为机读数据。这一历史性举措有助于公众和企业家处理政府公开的数据,同时政府还可以保护敏感信息以保证公民隐私不被侵犯。

方框 6.7

公开数据的影响

公开的联邦数据不仅带来了新的企业,还催生了全新的产业,并以意想不到的方式为消费者提供着有价值的产品和服务。例如:

● 天气预报:有赖于国家气象局提供的数据,天气预报行业内

的公司超过 350 家,并将持续快速增长,整个行业过去 2 年的年收入总额增长了 50%,估值达到 30 亿美元。

- 农业:各公司正在利用美国地质调查局、美国国家海洋和大气管理局、美国人口普查局、美国农业部和其他联邦数据,帮助农民和牧场主更好地规划、管理和跟踪作物产量和牲畜市场的情况。

- 医疗:2013 年 5 月,医疗保险和医疗补助服务中心发布的数据首次公开比较了全国各地医院的费用及 100 种最常见的医疗保险住院费用,这有助于降低医疗成本提高民众健康水平。

- 医疗:2014 年 6 月,美国食品和药物管理局开始通过应用程序编程接口(API)连接 openFDA(open. fda. gov),以这种新形式公开数据。这一举措允许任何人开发实时自动访问 API 数据的应用程序。目前为止,它已经被使用了超过 4 200 万次,拥有 6 600 多名注册用户,全球软件研发人员已据此开发了大量应用程序。

过去几年来,政府在卫生、能源、气候、教育、金融、公共安全和全球发展方面发起了一系列开放数据的提案。白宫还推出了专项数据开放项目,旨在分享最佳实例和软件代码,帮助联邦机构进一步开放数据。此外,政府还指示联邦机构每年投入超过 1 亿美元用于研究和开发,以进一步开放由联邦政府资助的研究所发布的学术出版物和数据,从而推动创新突破,刺激经济发展。这些举措已解锁了一系列有价值的数据和信息——纳税人早已为此付费——并使创新者和公众可更加便利地获取开放信息。

但仍有更多方面需要进一步努力,联邦机构正采取措施解锁那些尚未开放的且机器不可读的有极高价值的信息。例如,商务部已经加大开放力度,公开多个机构的新的数据资产,从国家海洋和大气管理局到国家商标专利局,这些新信息将给创新者、企业家和企业带来新的创造力。

联邦机构也在寻找新的方法更有效地利用数据,例如通过使用数据更有效地设定计划并评估衡量影响的指标。此外，商务部目前正在探索各种方法，收集和分析与工业竞争力和创新相关的数据。全球供应链和数字化对美国经济日益重要。该部门正与内外部利益相关方密切合作，寻求跟踪这些变化的最佳方式，以提高联邦政府在这方面的能力。

6. 支持区域创新生态系统的发展

将新想法化为产品、工序和服务，各类资源、机构、基础设施和人民构成了"创新生态系统"。从区域层面来看，这些创新系统成分有助于经济活动集群，通常围绕提供技术的研究机构和相关的商业发明展开。

企业聚集在一个区域，因为地理位置的邻近带来了积极的溢出效应、促进了劳动力市场专业化并分担行业投入，推动了生产率的增长，创造了成本优势。在这些集群中，创新是带来竞争优势的关键因素。

蓬勃发展的区域创新生态系统不仅需要优异的基础设施，还需要正确的结缔组织——那些致力于连接学术研究人员、企业家、老牌企业和投资者的"桥接社会资本"和知识共享的机构和个人。越来越多的国家和地区致力于构建这种结缔组织，这种组织结构往往以硅谷和波士顿 128 号干线为模型。

但并非每个地区都可以开发出与以上地区全然相同的资产组合，各地区也不会对信息技术或生物技术投入重复的关注，它们的长处也不在于此。相反，建立创新生态系统没有统一的方法，最为重要的是社区利用其地区资源及独特的资产为提高经济的敏捷性、复原力和创新发展打下基础。地区集群存在于广泛的行业和技术中，如无线通信（圣地亚哥）、医疗设备（圣保罗/明尼阿波利斯）以及建模和仿真（佛罗里达州中部）等。

联邦政府的支持对各地建设这些促增长、创就业的创新生态系统起着至关重要的作用。例如，经济发展管理局资助像区域创新加速网络这样的项目，该项目在全国构建虚拟的组织网络，这些组织通过支持高度商业化和快速发展的新兴公司促进区域发展。各州和地方也在实验一些卓有成效的方法，包括俄克拉荷马州的附属非营利组织 i2E，该组织提供一系列产品商业化和企业管理项目,再比如宾夕法尼亚州资助的本·富兰克林技术伙伴项目(Ben Franklin Technology Partners),通过向有潜力的公司投入资金、提供专业知识和构建网络促进它们的发展。各地区也越来越努力建设"高新区",这些高新区内研究机构、老牌公司、创业公司、孵化器和加速器彼此相邻。这种地理上的接近会增强跨机构的知识溢出效应,同时也会支持跨专业学科的开放创新。为了培育这些创新区域,一些城市甚至采取了新的方法调整整个区域的空间布局。

随着各地不断实验各类"经济园艺"方法——不是试图以高价的激励措施说服大公司迁移,而是从内部培育经济增长点—— 联邦政府以现实成功案例为基础,鼓励以此为模型发展区域创新生态系统,这是极为重要的。

政府已投入大量资金推动区域创新集群,鼓励全国各地建设利于创新的基础设施,以整合行业、大学和政府资源。尤其是:

- 商务部经济发展管理局举办了 4 场 i6 挑战赛。这些比赛共计产生 36 个奖项,耗资总额超过 3 000 万美元,这些资金主要用于实验验证中心和产品商业化中心,二者都是蓬勃发展的区域创新生态系统不可或缺的一环。这些中心通过展示产品商业潜力,帮助有前途的创新产品铺开商业化道路,同时聚集构建公司的元素,包括提供可参考的商业模式、介绍投资者、导师和潜在客户,以建立高速发展的成功公司。

- EDA 的加速就业和创新挑战计划有一系列的机构竞争参与,于 2011 年和 2012 年共获得近 5 000 万美元的赠款。资金分配给 40 多个获奖联营企业,用于建设从制造业到农村社区的各个重点领域的集群项目。

- 小型企业集群管理计划连接并强化了创新资产,使得小企业能够借助该计划将新技术商业化并拓展到新市场。自 2010 年以来,小型企业管理局(SBA)为清洁能源、先进材料、航空航天、音乐、食品加工、水务、农业综合企业、生物技术和汽车等行业的 40 多个集群提供了超过 2 700 万美元的资金。

在区域创新战略的指导下，EDA 支持多数量多类型的集群发展活动，包括拓宽范围的 i6 挑战赛，为科研园区的规划和可行性分析提供补助。2015 年 EDA 在全国范围内提供 39 项赠款，总额约为 1 500 万美元，总统的 2016 年预算案还提议为该计划额外拨付 2 500 万美元，以支持全国新兴创新生态系统。

7. 帮助美国企业在海外竞争

向创新者开放海外市场有利于维持美国在创新方面的领导地位，增加美国本土就业机会，并推动国际销售、商业化和合作。世界上 95% 的消费者在美国境外，因此当创新型公司寻求扩大规模时，进入海外市场、扩大消费者群体显得格外重要。海外销售额的增加也意味着美国本土将出现更多的就业机会。

"21 世纪的企业，包括小企业，都需要向海外销售更多的美国产品。今天，我们的企业出口比以往任何时候都多，出口商倾向于向员工支付更高的工资。"

——巴拉克·奥巴马总统，2015 年 1 月 20 日

政府致力于维持当前贸易议程，大力推动出口，消除市场准入壁垒，并增强对于知识产权的保护。该贸易议程优化了市场环境，使美国创新者能够在国际舞台上实现产品、服务、创意和商业模式的商业化，并通过产品的独创性、企业的努力和投资中获得竞争优势，从而获得全面收益。此外，2014 年 11 月，美国与中国的谈判取得成效，继而在 2015 年 7 月，53 个国家达成协议，支持拓展信息技术协议，免除 200 多种信息技术产品关税，从而惠及高端 IT 制造商和消费者。

跨太平洋伙伴关系协定（TPP）一直是政府贸易议程的重点。TPP 将撰写全球贸易规则，刺激美国产品出口，发展美国经济，为美国人提供

高收入的工作,并使美国中产阶级更为富有。通过消除 11 个国家对美国产品征收的 18 000 多种税种及其他使美国产品处于当下劣势的贸易壁垒,TPP 将使美国企业家、农民和小型企业主更为便利地在国外销售美国制造的产品。TPP 协议中的知识产权标准强势且均衡,而这一标准对推动创新和保护美国就业至关重要。

帮助美国创新公司出口,需要为他们提供有效的探索外国市场的工具。联邦政府正加强管理,计划对创业公司和处于起步阶段的创业者的国际资产提供更强有力的保护。此外,商务部国际贸易管理局还制定了出口援助方案,专门用于推进海外市场上的初创企业和刚起步公司的业务发展。国家出口倡议组织提出了全球创业公司倡议,将重点放在美国创业公司上。这一举措加上全国的企业孵化器及其创业联盟,将帮助企业家在其发展的最初阶段思考"全球化"。

此外,总统的出口管制改革倡议旨在改革政府对军事装备过度敏感和繁杂的出口管制制度,这一制度使得国家未能将工作重心放在最为关键的国家安全事项上。这一举措意味着用详尽的清单替代过于宽泛的管制,这些清单以产品和目的地的敏感度为准。例如,2013 年政府对飞机和燃气涡轮发动机出口管制清单的改革,关系到每年 210 亿美元的许可出货量,放宽对不太敏感的零部件的限制,提高了国防工业基地的竞争力。

在国外,刺激创新型美国公司出口,需要确保美国商品、服务和投资在国外市场上能够公平与他国公司竞争。具体目标包括:

- 隔绝并消除本土化障碍,拒绝将美国生产商和服务商的设施、知识产权或其他资产的本地化作为投资或市场准入条件;
- 提高当地政府的透明度、加强反腐败措施和管制,包括要求当地政府对潜在影响做出分析后做决定,将业界和其他利益相关方的意见纳入政府管理程序、建立机制并做出公开透明的决策;
- 加强保护措施,防止通过非法手段获取、盗用并滥用商业机密和其他专有信息;

● 推动合法贸易的同时保护蕴含知识产权的新型技术与推广产品的新方法。

这些目标正在指导美国贸易代表和国际贸易管理局的工作，而后者正试图通过贸易协定为美国企业和工人提供机会。

五、创立创新者国度

"这个国家曾想象用铁路连接整个大陆，曾想象用电力为我们的城镇提供动力，曾想象建起摩天大楼伸向天空，曾想象用互联网拉近我们之间的距离。我们想象的事情，我们做成了。这种精神刻在我们的基因上。这就是我们的信仰。我们还将继续。"

——巴拉克·奥巴马总统，白宫制造商大会，2014 年 6 月 18 日

奥巴马政府比往届政府付出了更多的努力，让新社群参与创新，鼓励众多创新者帮助解决国家面临的紧迫挑战。政府支持奖励和众包等"开放创新"模式，支持"制造商运动"，以此实现目标。这些举措还能鼓励更多年轻人在 STEM 学科中脱颖而出。

1. 通过奖励激发美国人的创造力

像专利制度一样，激励和挑战能够推动创新。激励奖用于奖励完成特定目标的对象，后者需在科技、社会、经济或创造性表现方面取得成就。过去 6 年来，政府已采取各种重要措施，确保激励奖成为每个联邦机构的标配。各代理机构已经在 Challenge. gov 这个一站式平台上举办了 440 多场公共部门有奖竞赛，数以万计的企业家和民众参与了竞赛并获得超过 1.5 亿美元的奖金。

这些奖项有几点独特的好处。与合同、赠款和合作协议等传统合作方式截然不同，这些奖项允许机构只为成功付费，机构只需设定一个远大

的目标,无需考量哪个团队或哪种方法最有可能取得成功。这还意味着扩大参与者范围,除了业内人士外,业余人士也常常参与其中。最后,奖项能够提高各机构的成本效益,能最大限度地提高纳税人的回报率,而竞争对手的投资往往比奖金奖池高一个数量级。

方框6.8

增强识别小行星威胁的能力

小行星挑战大赛是国家航空航天局(NASA)主办的全球活动,旨在识别所有对人类造成威胁的小行星,并明确对其的处理方式。小行星数据猎取挑战赛包含一系列比赛,总奖金为 55 000 美元,是首项支持这场挑战大赛的开放创新式子项目。它有两个目标:(1) 开发一种计算效率更高的通用算法,从而利用地面望远镜捕获的图像探测移动目标;(2) 开发一个易于使用的软件应用程序,以便科学家、天文爱好者甚至专业组织/机构下载。

在举办挑战赛的 10 个月中,共有超过 1 200 名相关人士报名参与比赛,提交的解决方案有 700 个,最终,一种新算法和软件包脱颖而出。挑战赛中提出的算法与目前用于识别火星木星间小行星主带中的小行星的算法相比,准确率提高了 15%。

(1) 建立在过去的成就上

2010 年 12 月,国会通过了《美国竞争法再授权法案》,向所有联邦机构授权,允许其举办各项竞赛,以响应美国政府于 2009 年提出的《美国创新战略》。

过去 5 年来,联邦机构一直在采用这种新方法解决问题。卫生和人类服务部(HHS)、国家航空航天局、内政部(DOI)、农业部(USDA)、国土安全部(DHS)、美国能源部和环境保护署(EPA)在内的多个部门都制定了战略政策,以推广设立的新奖项和新挑战。国家航空航天局、国家环境保护署和美国国际开发署(USAID)等机构都有专职人员负责奖项设计和管理工作,并向有兴趣参与竞赛的项目经理提供帮助。为了鼓励联邦机构继续做出努力,白宫科技政策办公室、总务管理局和国家航空航天局的卓越协作创新中心共同举办了研讨会、分享网上资源和建立实践社团，以对 2 000 多名机构工作人员进行培训。

（2）用奖励解决新领域的问题

我们目前仍有很多新奇且具远见的重要问题有待解决，创意十足的奖励方式于此有着极大的用武之地。在一定程度上，充分挖掘奖励的潜力将需要借助于让全体联邦工作人员意识到利用奖品解决问题的时机和方式。

此外，在许多著名奖励集中在催化技术研发的同时，仍需要进一步奖励以鼓励市场采用研发出的解决方案和干预措施，从而推动健康、能源、教育等社会政策领域的发展。

2. 通过创客、大众外包和公民科学培育创新者才能

政府正在努力采取切实措施，赋予公众权力，并以创新的方式鼓励知识分子帮助解决国家优先事项。

（1）支持创客运动

奥巴马总统于 2014 年 6 月召开了首届白宫创客大会，目的是庆祝和推动创新者基层社区运动，以 21 世纪科技为基础设计和制造产品。创客运动意味着政府重燃对手工制作项目和活动的兴趣，内容涉及从机器人、缝纫到可穿戴技术、3D 打印等多个领域。这些技术的普及外加网上提供的免费操作信息和众筹的可行性，使得成人和学生比以往更容易实现自己的想法。在社区团体、学校、图书馆和博物馆的支持下，创客空间日益流行，用户在这里可以根据自身需求使用 3D 打印机、激光切割机、台式机器打印电路板等等。

出于多种原因，创客运动十分重要。首先，它可以提高学生的参与度，激励学生在 STEM 学科取得优异成绩，重振职业技术教育；其次，它可以帮助成年人在设计和先进制造业等领域习得工作所需技能；第三，像云计算和开源软件降低创立互联网企业的成本一样，它能降低硬件和工业产品创业门槛；第四，它可以让公民快速了解并解决未得到满足的需求，帮助开发者对产品做出有效改进，从而加速从概念到最终成品的过程。由于创客空间提供了共享工具的访问权限,因此潜在的企业家不再需要拥有复杂的机床来制作原型;最后,创客运动提倡重要的价值观,如好奇心、反复锤炼的耐心、团队协作精神和自我效能感。

全国各地的社区都在响应总统的号召,积极参与制作。例如,超过125家图书馆和150所大学和学院承诺创造更多制作产品的机会。100多位市长加入了市长创客挑战赛,意在让地方政府参与建设充满活力的制造商生态系统。此外,各公司正投入大量资金支持创客,数十家联邦机构也参与其中。例如,博物馆和图书馆服务研究所以及教育部21世纪社区学习中心计划正联合起来,在加利福尼亚州、佛罗里达州、纽约州、宾夕法尼亚州和德克萨斯州的25个社区举办制作和修补活动。国家和社区服务公司正与多个公司配合落实《制造商教育倡议》——为24个州143 000多名青少年及其家庭带来令人兴奋的教育机会。

政府将继续发起成立由联邦机构、公司、州政府和地方当选官员、学校、图书馆、博物馆、非营利组织、劳工组织、慈善家和技术志愿者组成的联盟,以便:

- 增加支持创客计划的学校和课后辅导班的数量;
- 增加所有人参与制造商运动的机会,包括妇女和少数族裔;
- 帮助制造商在美国生产产品;
- 通过继续研发桌面制造等技术,增加个人和团队设计和制造的价值和多样性;
- 实现联邦机构和制造商之间的协作。

(2) 利用大众外包和公民科学解决社会和科学问题

通过启用和扩大使用大众外包和公民科学等开放创新的方法,联邦政府正越来越多地依赖公众才智以加速科技创新,提高政府的效率和效力。大众外包和公民科学教育、授权并引导公众,让公众以兴趣为起点,为世界各类现实问题贡献自己的才能。大众外包是一种网络离散型的解决问题的方式和生产模式,由组织向个人公开征集援助。公民科学项目中,公众自愿参与科学研究,过程可能包括提出研究问题、进行科学实验、收集和分析数据、解释结果、获得新发现、开发技术和应用、解决复杂问题,从而解决现实问题。当前公众已为诸多科学和社会问题做出了贡献,包括公共卫生、救灾、生物多样性研究和天文学等领域。

公民科学和大众外包十分重要。首先,公民科学和大众外包团体能集体发现并共同总结新的知识,从而强化、加速科学研究。例如,志愿者可以大面积长时间地收集数据,有时还会增加观测频率,而联邦机构在地理条件和资源条件的限制下可能无法做到这一点。其次,公民科学和大众外包项目不仅可以加快科研进程,还可以利用大量尚未得到开发的资源——美国人民的技术、奉献精神和创造力,来满足其他的社会需求。社会各阶层的多元参与有助于引入新思想添加新见解,从而提出解决方案。从提高市场预测的准确性到归类和听写国家档案,公民科学和大众外包可以满足一系列社会需求并完成联邦的任务。最后,无论是年轻人还是成年人,大众外包和公民科学项目可能燃起参与者对科学的终生热情,以及让其习得 STEM 学科的宝贵技能。对于学生来说,处理"现实世界"问题可以让课堂学习更加刺激;对于成年人来说,大众外包或公民科学项目可以帮助他们拓宽知识面和提高技能,从而为更宏大的科学事业做出贡献。

(3) 利用设计策略与公众共同创造

联邦政府的各个机构正在研究开发用基于设计战略的创新方法以应对公共领域和跨部门的挑战。设计战略融合了设计、定性和定量研究、企业家思维和快速成型法等方法,既可用于探讨问题的根源,又可据此迅速提出解决方案。这种方法将联邦雇员与公众共同作为设计师,识别并解决问题的根源,而不是症状。成功应用这种方法的机构包括国防部、人事管理办公室(OPM)、国务院和退伍军人事务部(VA)。在 OPM,创新实验室与机构合作,共同开发基于设计战略的项目,用于解决项目和职务内部的挑战,并以此培训员工。该实验室还充当着联邦员工培训的中心,实验室宣扬以人为本的设计创新技术,以期员工们能够支持促进政府创新所需的变革。

方框 6.9

公民科学和大众外包的影响

大众外包和公民科学等开放创新方式具有极高的性价比。例如,对全球 338 个公民科学生物多样性项目进行分析后,华盛顿大学的研究人员估计,130 万到 230 万的公民科学志愿者对生物多样性研究每年的实物捐助经济价值高达 25 亿美元。① 其他好处还包括提供 STEM 学科的实践学习机会,建立公众与联邦机构、其他机构与联邦机构间的关联。

公民科学和大众外包的真实世界案例如下:

- 归类和听写国家档案和记录。国家档案和记录管理局的"公民档案工作者"活动有赖于大众外包项目,大众外包项目可以让民众归类档案记录并听写文件。超过 170 000 名志愿者在 5 个月时间内从 1940 年的人口普查记录中整理出了 1.32 亿个姓名,这是国家档案馆无法独立完成的。同样,史密森转录中心的 5 250 位数字志愿者已听写并审阅了超过 113 016 页文件,共包括 13 个史密森文档、博物馆和图书馆共享的 859 个项目。这些"页面"涵盖了生物多样性标本,相关数据已得到抄录,为各馆新添了 27 004 条蜜蜂的收集记录和 23 488 份美国国家植物标本室的表格。

- 监测社区污染情况。环境保护局的空气传感器工具箱计划,向关注的公民提供新一代空气监测设备的技术信息,包括展示新一代的低成本实时监测技术以及如何使用这些技术满足不同的需求。该计划包含专门为新技术用户制定的培训材料,例如视频和幻灯片演示文稿。未来几年,环保局将继续根据监测空气质量新技术的进展来更新工具。通过使用空气传感器工具箱,公民科学家可以向当地居民普及空气质量知识、改进技术和减少空气污染。

---

① Theobald, E. J. , et al. , "Global Change and Local Solutions: Tapping the Unrealized Potential of Citizen Science for Biodiversity Research," *Biological Conservation*, 181: 236 - 244 (2014).

政府将公民科学和大众外包视为 2013 年第二次开放政府国家行动计划的一部分,奥巴马总统呼吁各机构加快并扩大使用公民科学和大众外包等开放式创新方法,从而汇集公众的聪明才智。2013 年成立的基层团体——联邦大众外包和公民科学实践社区——已经发展成为由 40 多个联邦部门、机构和近 200 名成员组成的社区网络,他们分享经验教训、制定最佳做法、提供培训,并与白宫科技政策办公室(OSTP)合作制定了新的联邦公民科学和大众外包工具包计划。此外,2015 年9 月,OSTP 还发布了一份政策备忘录,希望通过公民科学和大众外包解决社会和科学困难,鼓励联邦机构使用公民科学和大众外包等开放创新方法。

六、创造高质量就业及持续的经济增长

"保证美国始终处于技术和创新的前沿,将为 21 世纪的美国人民提供良好的工作岗位。"

——巴拉克·奥巴马总统,2014 年 2 月 25 日制造创新研究所致辞

技术创新是美国经济增长的主要来源。联邦政府的统筹可对国家战略优先领域的就业情况和经济发展产生极其正面的影响。联邦政府可推动创新生态系统发展,加快下一代技术开发,培育符合国家优先事项的新产业,或确保包容性创新经济的发展。以下战略举措旨在通过行动创造高质量的就业岗位和刺激经济持续增长。

1. 加强美国先进制造业的优势

(1) 愿景

美国制造业支撑着美国三分之二的私营经济研发资金,对美国创新至关重要,无论对当前的科研发现还是对提高我们未来的生产力和就业能力都极为重要。新技术降低并缩短了企业和企业家设计、测试和生产新产品所需的成本和时间,促进了国内制造业初创企业的发展。保持新一代先进制造业的领先定会带来显著的经济效益。

(2) 挑战

然而,自 2000 年以来 10 年中的经济下滑损害到了制造业对美国创新所能做出的贡献。从 2000 年到 2010 年,美国制造业对新产能的投资和生产停滞不前,导致数以千计的美国工厂投向海外并关闭,以及数百万的工作岗位流失,引发了公众对制造业对美国创新贡献之前景的质疑。经济衰退结束后,由于美国在制造业和投资方面的竞争力日益增强,美国制造业再次出现发展增速。随着制造业的发展,美国创新型企业得到了根本性的增强。与此同时,新兴制造技术正为美国制造业带来新的优势,将美国在发明和创新的历史领导地位与生产竞争力重新联系在一起,刺激美国制造业的创业精神。但是,重建美国工业共同体,并使美国成为下一代先进制造业领头羊,政府仍需付出更多的努力。

(3) 前进之路

总统和政府已提出全面议程以加强美国的制造业,包括通过以下方式恢复美国在制造业创新前沿的领先地位:

- 启动全国制造业创新网络(NNMI)。近来,两党立法正式授权创建 NNMI,这是一个全国范围的公私营制造业创新机构网络,联合公司、联邦机构、大学各方开发先进制造业核心技术,帮助企业开发运用这些技术,并培养制造业高端技术人才。迄今为止已有 9 家制造业创新机构投入使用,公私投资合计投入 10 亿多美元研究新的制造技术。总统设立目标,计划在任期结束前启动 15 个研究机构,投资先进的制造业研究,研究从重量只有钢的一半、强度是钢的 3 倍的材料,到实现工业规模和速度的三维打印。2016 年进行预算提案时,总统呼吁国会拨款 20 亿美元,在 10 年内构建一个拥有 45 所机构的完整网络。

- 再投资用于供应链创新。在经历了 20 年的离岸外包和投资不足后,美国的工业共同体——加强了美国在制造业实力的小企业、资本和供应链网络——需要再投资。当下小企业的生产率普遍仅为大型跨国公司的 60%，许多小企业需要获得资金和专业指导才能运用最新的制造业创新技术，如 3D 打印、高级传感器和数字设计这些可以强化自身优势的技术。白宫供应链创新倡议组织将联合美国商务部的霍林斯拓展制造伙伴关系中心、美国能源部国家实验室和美国国防部的军事工业基地计划，为 30 000 多家美国中小企业提供有技术含量、将创新推向市场的新工具。这一努力将惠及美国三分之一的中小企业。

● 支持技术密集型制造业初创企业扩大规模。技术密集型制造业初创公司面临着特殊的挑战，他们需要获得资本与投资，从而扩大规模，从生产样机转化为进行商业化生产。其他国家越来越多的主权财富基金和政府关联企业为创业公司提供资本和援助，使越来越多的美国发明在海外实现规模生产。2016 年预算案呼吁国会与总统合作，共同推出价值 100 亿美元的公私部门扩大生产规模投资基金，其中 50 亿美元用于公共部门投资，与此匹配的 50 亿美元或更多用于私营部门投资。该基金将帮助新兴的美国制造的先进制造技术进行规模化商业生产，如此在美国发明的技术便可在美国制造。这个公私部门投资基金将由小型企业管理局负责管理，并将鼓励更多私人资本投资美国制造的技术密集型制造业初创公司，以实现第一批商业规模生产。

2. 投资未来行业

（1）愿景

一些创新对美国经济社会具有普遍影响，如蒸汽机、电力、可互换部件、晶体管和互联网。经济学家称这些为"通用技术"。这些技术具有创造全新行业、创造就业机会和提高生产力的巨大潜力，因此美国应立志在这些技术的开发和应用上引领全世界。

（2）挑战

如果我们能继续保持微芯片和互联网等新通用技术的发源地地位，

美国就很有可能在未来行业中处于领先地位。联邦对当今互联网的先驱ARPANET 的支持始于 20 世纪 60 年代末。当时,领先的电信公司认为ARPANET 和分组交换网络与未来通信无关。美国国防部高级研究计划局和国家科学基金会等机构的持续投资改善了计算机网络,促成了新应用程序的开发,并连接了大量用户。在 20 世纪 90 年代中期,互联网商业投资开始出现爆炸式增长。

美国应该在有潜力成为通用技术的领域进行研发投资,特别是那些超出个体公可控时间范围的投资。多机构研究的做法特别有用,因为它们允许政府提供互补和相互加强的支持,其中包括:

- 大学基础研究;
- 应用研究支持机构在卫生、能源、空间、交通、国家和国土安全方面的发展任务;
- 行业财团在前竞争研究上投资;
- 制定标准;
- 共享研究设施;
- 发展专业劳动力队伍;
- 探索新兴技术的伦理、法律和社会影响;
- 政府机构成为采用新技术的先驱。

(3) 前进之路

政府已经将研发投资优先放在有潜力成为未来行业和会对美国经济社会产生变革性影响的领域。研究举措和优先领域包括:

- 国家纳米技术倡议正在提高美国理解和控制纳米尺度的能力。可能的应用例子包括智能抗癌疗法,它可以破坏肿瘤,同时保持健康的细胞不受影响;还有二维材料,它的厚度与一个原子的厚度相当,这可以使摩尔定律在当今硅基技术能力之外仍发挥作用。
- 材料基因组倡议旨在将发现和制造新材料所需的时间和成本降低

至少50％。该倡议将通过建模和仿真、高通量实验和材料信息学等先进技术来实现这一目标。

● 国家机器人计划旨在促进"合作机器人"的开发和使用。这些机器人可以辅助人们工作或与人合作。DARPA机器人挑战赛提高了人类监督地面机器人的技术水平,有助于在危险环境中进行救灾。

● 大数据研究与开发计划正在提高我们从大型异构数据集中提取洞察力的能力。例如,美国国立卫生研究院正在寻求整合多种来源的数据集,如基因组测序、电子健康计、医学成像和可穿戴传感器,以改善患者护理并帮助开发新疗法。

● 对网络物理系统(CPS)的代理投资正在创造一种集计算、网络和物理系统为一体的"科学",正如在自动驾驶汽车和智能建筑上的应用一样。我们需要研究开发具有更高级别的能力、可靠性、安全性、可用性、适应性和弹性的系统。CPS研究正在为许多公司所争相追捧的市场(如物联网和工业互联网)奠定基础。

● 越来越多的研究人员正在开发设计生物系统所需的工具和根本理解能力。机构研发投资可以减少设计、建设、测试和从工程生物系统学习所需的时间和成本,从而扩大生物经济。这些投资可能带来如可再生化学品和细胞疗法(一种全新疗法)等的应用。

● 高级研究计划局能源计划(ARPA－E)正在推动能源技术的革新发展。ARPA－E投资了400多个此类项目,总金额约为11亿美元,这些项目已吸引了超过8.5亿美元的后续投资,并催生了30家新公司。

这些和其他投资将有助于开创未来的行业和岗位,并促进美国经济和生产力的长远发展。

3. 建设包容性创新经济

(1) 愿景

每个美国人都应该拥有创新的机会和资源。

（2）挑战

美国几乎每个城镇都有贫穷、资源匮乏地区以及蓬勃发展的高新区。高新区拥有的资源,对于充满失业者、有着高辍学率、偏见重重以及犯罪率和监禁率高的邻近社区来说是极为稀缺的。缺乏资源对于许多创新者来说是一个挑战,特别是对那些落后地区的人,要加入全民参与、贡献并从未中受益的创新系统十分困难。这种地域不平等只是 21 世纪竞争激烈的创新经济带来的众多挑战中最突出的一个。

（3）前进之路

美国必须为挖掘国家的创新潜力付出更多的努力。从宽泛的 STEM 教育、具有前瞻性的劳动力培训和就业安置工作,到亲民的制造商空间和广泛的创业努力,当局正努力打造创新生态系统,确保公众共享 21 世纪创新经济红利。

这些努力措施包括连通美国境内的"沙漠",增加有需求的人获得技术工作及培训的机会,通过美国专利商标局专利公益计划为低收入发明者提供专利志愿律师,并在贫困社区建立技术中心和创新中心。措施还包括与政府的"因地制宜"项目合作,确保美国最弱势的社区、城市和地区也能获得最佳的技术工具和创新渠道,提高其振兴社区的能力。此外,2015 年 8 月,在首次举办的白宫演示日,政府展示的创业成功故事彰显了将所有人纳入美国创业经济的重要性。

● 技术雇佣计划

政府最近宣布的技术雇佣计划旨在为那些最需要工作的人提供获得更好、更高薪的技术工作的途径,同时满足美国各地雇主的迫切需求。

这一多部门倡议和号召的计划通过在大学和社区学院培训有需求的民众,让他们学习相关技能,还通过非传统方法,如"编码训练营"和高质量的在线课程,快速培训员工,而员工通常在几个月内完成培训后即可获得高薪工作。这一计划向美国人提供他们应得的机会,以及训练他们在全球经济竞争中所需的技能。

为了在 2015 年初启动技术雇佣计划,21 个地区开放了超过 12 万个技术工作岗位,征集了超过 300 个需要技术工人的雇主,宣布将共同务力,根据申请人的实际情况创建招聘岗位和安置申请人,并提供更多短期技术培训的机会。2015 年 8 月,另有 10 个社区加入技术雇佣计划,至此技术雇佣社区总数已达 31 个。

七、促进国家优先事项的突破

"我们不应该仅仅只是赞美创新。我们必须投资创新。我们必须培育创新。我们也必须鼓励创新,并确保以最有效的方式来引导它。"

——巴拉克·奥巴马总统,对"精准医疗计划"的评价,2015 年 1 月 30 日

从自动驾驶汽车到精准医疗和智慧城市,对创新的集中投资能够为国家优先事项带来变革性影响,以应对美国和世界所面临的挑战。以下战略目标的目的,在于促进能在关键的国家优先事项上取得进展的重大突破。

1. 迎击重大挑战

(1) 愿景

正如肯尼迪总统曾指出的,"通过将我们的目标定义的更为清晰,使它看起来更易于操作,而不是那么遥不可及,我们便可以让所有人了解它,从它那里获取希望,并以势不可挡的力量实现它"。

(2) 挑战

重大挑战应既是雄心勃勃的,但又是可以实现的目标;这些目标能够借助科学、技术和创新解决重要的国家或全球问题,同时还具有把握公众想象力的巨大潜力。它们将有可能对健康、能源、可持续性、教育、经济机会、国家安全以及人类探索等领域产生重大影响。此外,随着诸如生物技术、信息技术和纳米技术等各类技术变得越来越强大,可以说"我们应该做什么"这一问题将和"我们能做什么"具有同样的争议性,或者说与之相比更为重要。这不仅仅是一个技术问题,而是一个依赖于想象力、创造

力、价值观以及与"我们如何定义进步"这一问题有关的个人/大众观点的问题。

（3）前进之路

许多机构都对与其使命相关的重大挑战给予了支持。例如，美国能源部的"射日计划重大挑战"（SunShot Grand Challenge）试图在 2020 年之前使太阳能的成本能与煤炭竞争，而美国国家航空航天局的"小行星重大挑战"则旨在寻找并消除小行星对人类的威胁。美国国际开发署（USAID）有六项积极的发展性重大挑战项目，分别旨在应对婴儿死亡率、农业能源、水资源、阅读、抗击埃博拉病毒、改善政府绩效和问责制等方面的挑战。

奥巴马总统还呼吁采取行动以鼓励公司、基金会、大学和其他组织参与政府对重大挑战的确认和追求。120 多名工程学院院长致力于扩大诸如"重大挑战学者计划"（Grand Challenge Scholars Program）等项目，这一计划使本科生能够将某项重大挑战作为他们的课程、研究、服务学习和国际经验的组织性原则。对此，大学已经设定了雄心勃勃的全校性目标，企业也在追求颇具野心的目标，例如：

- 使人类成为多星球物种（SpaceX）；
- 通过自动驾驶汽车显著降低交通事故死亡率（谷歌）；
- 发展"三录仪"（triorder）——这是一种能够与经过职业认证的医生一样精准地诊断 15 种疾病的移动设备（高通）；
- 通过构建能在国际象棋上击败加里·卡斯帕罗夫（Gary Kasparov）以及在智力竞赛节目《危险边缘》上打败肯·詹宁斯（Ken Jennings）的计算机，推动人工智能的发展（IBM）。

2. 利用精准医疗对抗疾病

（1）愿景

精准医疗为临床医生更好地了解病人健康、疾病或病情背后的复杂机制提供了工具，同时能使医生更好地预测最为有效的治疗方法。

（2）挑战

大多数医学治疗是为"普通患者"设计的。这种"一刀切"的方法，对于某些病人来说可能是非常成功的，但对其他病人却不一定是。随着精准医疗的出现，这一情况也将发生改变；精准医疗是一种用于疾病预防和治疗的创新方法，它将人们在基因、环境和生活方式方面的个体性差异均考虑在内。

（3）前进之路

精准医疗的进步已经催生了重大的新发现和一些新的治疗方法，这些方法针对个人的特定特征，如个人的基因组成或个人肿瘤的基因档案。这给癌症等疾病的治疗方式带来了转变。例如，患有乳腺癌、肺癌和结直肠癌的患者以及黑色素瘤和白血病患者，都要定期进行分子测试，这是病人护理的一部分，这可以帮助医生选择提高病人生存机会和减少不良反应的治疗方法。精准医疗改善护理和加快新疗法发展的潜力才刚刚开始被发掘。

将最初的成功转变为更大规模的成就，需要国家进行协调一致和持续性的努力。为了支持这一努力，奥巴马总统启动了"精准医疗计划"（Precision Medicine Initiative），使联邦机构与参与倡导者、学术界、医疗机构以及各行业进行合作，加快与精准医疗相关的生物医学发现。"精准医疗计划"将充分利用基因组学的进步、管理和分析大型数据集的新兴方法以及健康信息技术，与此同时这一计划也会注重隐私保护。该计划还将使一百万或更多的美国人自愿贡献自己的健康数据来改善健康结果、促进新疗法的发展并推动基于数据和更精确医学治疗的新时代的出现。

2016 年政府预算提议拨款 2.15 亿美元用于启动"精准医疗计划"。通过这一计划：

● 国家癌症研究所正利用基因组学加快对有效且量身定制的癌症治疗方案的设计和测试；

● 国家卫生研究院领导创建了由一百万甚至更多的志愿者组成的群体，以增进医务工作者对健康和疾病的了解，并为基于参与者以及开放、负责任的数据共享进行的研究提供基础；

- 美国食品和药物管理局正领导跨部门的伙伴关系，促进用于发展和调节工具之方法的现代化，这些工具主要用于检测患者与疾病发展、变化和治疗选择相关的基因组，这包括美国食品和药物管理局精准医疗（precision FDA）网站的建立（precision. fda. gov），这是一个基于云计算的众包性平台，旨在促进能确保基因测试提供可靠和准确遗传结果的科学技术的发展；

- 国家健康信息技术协调员办公室（The Office of the National Coordinator for Health IT）正在开发互操作性标准和要求，以解决隐私问题，并实现安全的跨系统数据交换。

3. 通过"脑科学计划"加速新的神经科学技术的发展

（1）愿景

2013 年 4 月，奥巴马总统启动"脑科学计划"（BRAIN Initiative），这是一项多机构共同进行的重大挑战，致力于加快能够促进理解大脑的新技术的进步和发展，使研究人员能绘制大脑的动态图片，这些图片能够显示单个脑细胞和复杂的神经回路是如何以思维的速度进行交互的。

（2）挑战

长期以来，研究者一直期待寻找到治疗、治愈甚至是预防脑部疾病的新方法。神经性障碍和疾病带来的社会负担及经济负担是巨大的，发展新的治疗方法对于减轻这些负担至关重要。例如，目前美国每年对 500 万老年痴呆症患者的护理费用超过 2 000 亿美元，其中包括医疗保险和医疗补助的 1 500 亿美元。能够绘制大脑的回路并测量脑电活动和化学活动流在这些回路中的波动模式，将帮助我们了解它们的相互作用是如何创造个人独特的认知和行为能力的。对大脑工作方式的了解将有助于科学家和医生更深入地诊断和治疗疾病，更有效地教育儿童，并能有助于可帮助减轻疾病和伤害的新技术和设备的开发。

仅在过去的 15 年中，科学家们便取得了一系列具有里程碑意义的新发现，这些发现为解开大脑的奥秘创造了机会。它们包括人类基因组测序、绘制神经连接的新工具的开发、成像技术分辨率的不断提高、纳米科学的成熟和生物工程的兴起。这些突破为科学领域空前的合作和发现铺平了道路。尽管这些技术创新为拓展有关大脑的知识做出了很大的贡献，但神经和精神疾病治疗方面的重大突破还需要新一代的工具，以使研究人员能够以更大的数量和更快的速度记录来自脑细胞的信号。开发这类技术的希望就在于纳米科学、成像、生物工程、信息学以及其他快速发展的科学和工程领域的交叉合作。

(3) 前进之路

与"人类基因项目"对基因组学所做出的贡献一样，"脑科学计划"对于神经科学而言也具有巨大的价值，这主要通过实现对大脑功能的动态理解完成。"脑科学计划"的目的在于帮助研究人员更好地了解脑部疾病，如阿兹海默症和帕金森症、抑郁症、创伤后应激障碍以及创伤性脑损伤。

奥巴马总统的 2016 年预算包括了对"脑科学计划"超过 3 亿美元的资助，投资来自于美国国家卫生研究院、国家科学基金会、国防部高级研究计划局、高级智能研究项目计划（Intelligence Advanced Research Projects Activity）以及美国食品和药物管理局。私营部门也做出了数亿美元的承诺以支持"脑科学计划"。

4. 促进医疗保健的创新突破

(1) 愿景

医疗保健供给上的创新源于采购方、供应商和病人之间的合作，这一创新承诺将提升医疗服务的质量，预防医疗错误并降低成本。

(2) 挑战

多年来，美国卫生保健系统并没有合理与明智地使用资源，它注重对测试和服务规定的奖励，而不是高质量成果的实现，同时也未能在一致性的基础上为病人提供最好的服务。

(3) 前进之路

政府有关促进医疗保健创新突破的战略计划的核心是医疗保险和医

疗补助中心（CMMI：Center for Medicare and Medicaid Innovation），这一机构根据《平价医疗法案》建立，预算授权 100 亿美元用于测试新型的旨在以较低成本提供相同或更好医疗服务的医疗保健模式。该中心的工作包括新模型的开发和部署，快速和严格的评估，以及基于结果的最佳实践的确认和传播。

医疗保险和医疗补助中心通过一系列行动计划对医疗保健创新进行支持，如"患者合作计划"（Partnership for Patients）提供学习和技术援助，以在全国范围内改变实践并保障病人安全。"患者合作计划"借助政府与企业间的合作伙伴关系，对象涉及 3 800 多所医院和成千上万的其他利益相关者，这一计划使用卫生健康研究和质量机构（Agency for Healthcare Research and Quality）所开发的证据和工具，识别和确认有关患者安全的问题——例如不良药物相互作用的过高比率以及其他医疗错误——并通过最佳实践和持续监测的实施推动全国范围内的医疗改善。得益于"患者合作计划"以及其他项目计划，政府估计在 2010 年到 2013 年间，医院对患者的伤害减少了 17％，这减少了 120 亿美元的损失以及挽救了 5 万人的生命。

医疗保险和医疗补助中心的新举措还包括"临床实践转变计划"（Transforming Clinical Practice Initiative），这一计划旨在帮助医生实现大规模的医疗健康转变。该计划将在未来 4 年内支持 14 万名临床医师分享、适应和进一步发展他们的综合素质改善策略。

5. 通过先进交通工具大幅降低事故死亡率

（1）愿景

联网及自动驾驶汽车拥有大幅度提高美国公共道路安全的潜力。传感、计算和数据科学领域的突破，将车间通讯和先进自动技术的安全特性融入了商业性部署，而与此同时几乎能实现全自动化的汽车——自动驾驶汽车——已经在公共道路上试行。加快先进汽车技术的开发和部署每年可以拯救成千上万的生命，这主要通过将机器智能的瞬间反应时间和精确决策应用到超过 90％由人为失误造成的车祸事故中予以实现。

（2）挑战

联网及自动驾驶汽车技术在近年来取得了巨大的进步。但在加快这些技术发展的同时还需确保它们在道路上的安全以及与人类的互动顺畅，这是一项多重挑战。鉴于各公共部门、私人、州和联邦实体需要共同合作来塑造和定义这些将进入道路的先进汽车的模式，这一挑战的难度会进一步加大。

（3）前进之路

联邦政府在与产业合作、确保这些技术能被安全和有效地引入市场方面扮演着重要的角色。政府正通过与产业界共同合作细致地测试和促进先进汽车技术的部署——其中许多已经得到了落实——政府将进一步降低交通事故死亡率。政府将采取若干举措来加快技术部署，努力实现这一目标：

- 2016 年预算要求将联邦对自动驾驶汽车技术研究的投资加倍，开发在公共道路上行驶的自动化、联网和无人驾驶汽车的性能和安全标准；
- 发展联网化汽车技术，确保每一辆轻量级汽车都具有传达至关重要的救生信息的能力；
- 与产业界合作，奖励采用目前已经成熟的自动救生技术的消费者，例如前端和尾端防撞系统，安装这一系统的汽车发生碰撞事故的几率将降低 15％以上；
- 召集外部团队解决最棘手的责任、隐私和保险问题，这些问题阻碍着相关技术的部署和使用，同时政府将与各州合作以确保一种一致性方法，用于识别仍在早期发展阶段的重要技术；
- 试运行并公开展示联网和自动驾驶汽车，通过一系列的环境和应用加快人们对先进汽车的接受和采纳。

联网和自动驾驶汽车的革命具有重塑美国和挽救成千上万条生命的潜力。政府与产业界之间的巧妙合作可以消除障碍，并加速这些技术的应用。

6. 建造智慧城市

（1）愿景

使美国城市变得"智慧"是指为城市装备一系列工具以应对民众最关心的紧迫挑战，例如交通拥堵、犯罪、可持续性以及重要的城市服务。由公民领袖、数据科学家、技术专家和企业组成的新兴社区正在联手打造"智慧城市"。这些社区正在建设基础设施，以此不断改进对数据的收集、聚合和使用，从而改善居民的生活——利用不断发展的数据革命、低成本的传感器和研究协作，同时确保安全和隐私。

城市已找到创造性的方式来实现这一点。例如，通过协调邻近的交通信号优化当地的交通吞吐量，匹兹堡的一个试点项目为上班族平均节约了将近 25％ 的通勤时间。在路易斯维尔，这个城市正在使用带传感器的哮喘吸入器所收集的数据了解哮喘"集中点"和空气质量水平以及其他环境因素之间的联系，以利于之后决策和社区层面的干预。

（2）挑战

新的创新方法的开发和部署需要集中性的研究，特别是新的"物联网"技术的开发和试验以及用于部署社区间分享的新方法和知识的跨部门合作。它还需要公民黑客的努力——越来越多的个人、企业家和非营利组织有兴趣利用信息技术解决地方问题，并与城市政府开展直接合作。

（3）前进之路

2015 年 9 月，政府宣布了一项新的"智慧城市计划"，该计划对联邦研究的投资超过 1.6 亿美元，同时充分利用了参与多城市合作的 20 多个城市的努力成果。这些多城市合作主要帮助社区应对关键性的挑战，例如减少交通拥堵、打击犯罪、促进经济增长、管理气候变化的影响以及改善城市服务质量。

该计划将集中于四项关键战略：为"物联网"的应用创建测试平台以及开发新的多部门合作模式；与市民科技运动合作并推动城市间的合作；利用现有的联邦活动；寻求国际合作。

该计划的主要内容包括：

● 超过 3 500 万美元的新资助金额，以及 1 000 万美元的专项经费，供美国国家科学基金会和国家标准与技术研究所建立智慧城市研究机构；

● 近 7 000 万美元的新开支，超过 4 500 万美元的专项经费，供国土安全部、交通部、能源部、医生和环保局研究安全、能源、气候防范、交通、卫生等各方面的新型解决方案的研发；

● 超过 20 个城市参与主要的多城市合作，这将帮助城市领导者有效地与大学及产业界进行合作，包括新的"城市实验室网络"（MetroLab Network）。通过该网络，20 多个美国城市和大学将共同努力，致力于在明年实施 60 多个智能城市项目并在社区间分享最佳实践。

7. 促进清洁能源技术的发展并提升能效

（1）愿景

投资清洁能源技术可以促进可再生能源和其他清洁能源的发展，通过提高能源效率使能源得到进一步利用，减少碳污染，同时还有助于保障美国的能源安全。

（2）挑战

美国能源形势近年来发生了巨大的变化，能源供应开始出现新的来源，能源消耗也发生了变化，同时也更为关注全球气候变化所带来的挑战。所有这些趋势都可以通过由联邦政府层面的政策和计划所激励的创新来加以改进，而这些政策和计划将借助其他层次政府部门、私营部门以及大学间协调合作的力量。

（3）前进之路

过去的 6 年里，在政府的政策支持下，美国的发明者和创新者在开发和部署关键的清洁能源技术方面已经取得了显著进展。政府决心通过以下步骤继续延续这一势头：

● 在过去取得进展的基础上，美国将继续开发和部署清洁电力技术。这一技术使风力发电的发电量增加了 2 倍，并使太阳能光伏发电的发电量自 2008 年起增长了 20 倍以上。通过诸如"射日计划"这样的项目，联邦政府将继续努力降低新技术的成本，以便更好地推广这些技术。

● 政府的"清洁能源投资计划"（Clean Energy Investment Initiative）已经推动了超过 40 亿美元的独立承诺投资。由主要的基金会、机构投资者和其他长期投资者提供的资金，将支持气候变化之解决方案的落实，包括在减少碳污染方面具有突破性潜力的创新技术。这些具有使命感的投资者在加快经济向低碳经济转型上将发挥重要的推动作用，而这一努力对于帮助清洁能源投资者降低交易成本，传播有前景的投资模式以及增加其对于减缓气候变化的影响而言也是至关重要的。

● 美国将继续提高车辆的燃油效率，这建立在严格的联邦燃油经济性标准上，该标准承诺到 2025 年汽车和卡车的平均燃油效率将增加一倍。联邦政府还将努力增加先进汽车的部署，比如插电式电动汽车。在这类汽车领域，电池研究方面的进展主要体现在降低成本、开放市场并鼓励基础设施的扩展上。

● 联邦政府将继续更新和改进能源效率标准。这些针对建筑、商业设备和家用电器的标准是到 2030 年美国能源生产率——每单位能源所产生的经济活动总量——翻番的目标之一。

● 联邦政府将继续开展系统性的努力，扩大生物量（biomass）的可持续生产和使用。美国目前每年使用约 4 亿干吨生物质，这一使用量有可能持续增加到原来的 3 倍，即将增至 10 亿干吨以上，将带来重大的环境和经济效益。为帮助实现这一增长，奥巴马政府将继续支持旨在加快可再生性生物经济的研究和开发活动——包括对生物能源原料作物和用于制造生物产品的独特微生物的基因组研究，对可持续管理系统的探索，生物量转换过程的开发，生物能源基础设施的扩大，以及对可再生能源生产的成本/效益估算和可持续性分析。

● 政府也最终确定了对现有发电站前所未有的国家碳排放标准，这将使得到 2030 年时国家电力行业的碳污染与 2005 年水平相比减少 32%。美国环境保护局的"清洁能源计划"（Clean Power Plan）将推动政府对清洁能源技术的更多投资，从而实现到 2030 年增加 30% 的可再生能源，并继续降低可再生能源的成本的目标。

● 政府将继续支持科技前沿的清洁能源研发。清洁能源的研发投资帮助建立了 5 个能源创新中心，其中包括 10 多亿美元的公私合作投资，用以推动清洁能源技术的发展。2016 年度预算提议联邦政府拨款 76 亿美元用于支持开发清洁能源、提高先进汽车和国内可再生燃料的购买力与便捷性的可持续交通运输技术、增加可再生清洁电力的使用量并减少其成本的项目、通过智能电网研发和其他支持核能技术的新技术/项目及基础设施实现美国电网的现代化、并通过美国能源部高级研究计划局—能源计划（ARPA - E）支持变革性的能源应用研究。

● 联邦政府在清洁能源技术的使用和部署方面将继续以身作则。政府已经设定了一个大胆的目标——到 2025 年，联邦建筑所消耗的电力中至少有 30% 将来自于可再生能源，政府机构的联邦车队中至少有 50% 为零排放或插件混合动力汽车，同时联邦车队的温室气体排放将减少 30%。

8. 开展教育技术革命

（1）愿景

随着对宽带、云计算、数字设备和软件技术的获取越来越便捷，当前的技术环境对于发展能改变教与学的先进教育技术而言条件已经成熟。在过去的 5 年里，美国国防部高级研究计划局（DARPA）的研究已经表明，由 DARPA 开发的一位数字导师所培训的海军 IT 学生的成绩表现超过了 98% 的由传统教师所培训的学生。为了创造更多类似的成功，美国需要在先进的学习技术上大量增加投资。

（2）挑战

当前,在技术对教育的有限影响(尤其是在 K-12 教育阶段)与技术对生活其他方面的变革性影响之间仍然存在较大的差距。美国总统科技顾问委员会(PCAST)估计,在整体教育支出中,只有不到 0.2% 的经费用于研发,而在知识密集型行业(如生物技术),15%—20% 的经费用于研发。此外,在超过 13 500 个学区,漫长的采用周期、每位学生在软件上的有限支出以及 K-12 教育市场的性质削弱了企业对研发投资的意愿,限制了对教育软件和下一代学习环境的严格评估。

（3）前进之路

通过总统倡导的"连接教育计划"(ConnectED Initiative),美国如今已经踏上了致力于到 2018 年为 99% 的学生提供高速宽带的目标道路。除了对数字学习的硬件和基础设施进行主要投资外,政府还致力于在教育软件方面进行补充性投资,以提高学生在关键性学科上的学习成就。下一步的重要步骤包括:

● 增加学习软件的研发。2016 年财政预算包括了用于创建高级研究计划局—教育计划(ARPA-ED)的 5 000 万美元投资。美国国防部高级研究计划局对高风险高回报的研究促进了互联网和语音识别的发展,高级研究计划局—教育计划也将以同样的方式追求学习技术领域的突破,例如像私人教师一样有效以及像最好的电子游戏一样具有吸引力的软件,随着越来越多的学生使用,它将会不断得到改善。

● 创建更多的"需求拉动"机制,因此学校可以获得更好的学习软件。K-12 教育市场的年总额超过 1.3 万亿美元。"需求拉动"的方法具有相当大的潜力,这一方法能够将市场作为创新需求的来源,推动学习技术的重大突破。然而,目前仍然需要更多的努力以支持市场的形成,使各学区能获得高影响力以及经过严格评估的学习技术。科技政策办公室(OSTP)发出了对这一主题的信息的要求,教育部也正在探索能够支持那些想要改革采购系统的学区的方法。

9. 促进太空能力的突破性发展

（1）愿景

联邦政府能够开发新的太空技术并妥善利用与私营企业的合作关系，在大力降低太空通道与空间作业成本的同时执行更具影响力的太空任务。这些技术将促进美国航天活动私营化的蓬勃发展。

（2）挑战

太空投资往往需要大量的资金承诺以及漫长的开发周期，这使得它们很难吸引到来自联邦政府或私营部门的足够支持。

（3）前进之路

美国国家航空航天局对"在 2017 年前发展美国商业载人太空运输能力"这一目标的投资超过 60 亿美元。这将为美国提供安全、可靠和低成本的进出国际空间站和近地轨道的通道。国家航空航天局与商业公司已经合作完成了多项任务，将科学实验和来自美国的物资送往国际空间站，并增强美国航天发射行业的竞争力。作为这一持续努力的一部分，2016年财政预算为国家航空航天局的商业太空飞行计划提供了 12 亿美元的资金支持。

正如奥巴马总统在 2015 年的国情咨文中明确表示的，投资太空技术具有重要价值，太空冒险的长期目标之一在于要敢于"深入太阳系，不仅要去往那里，而且还要留在那里"。美国国家航空航天局正在加大对长期研究项目的支持力度，这些项目拥有雄心勃勃的目标，如保护宇航员免受太空辐射，开发先进的推进系统，并允许人类通过在其他星球上生产燃料、氧气和水"离开地面生活"。这些投资将为太空文明创造基础。2016年政府财政预算提议为国家航空航天局太空技术任务理事会拨款 7.25亿美元。

联邦机构也开始利用"立方体卫星"（CubeSats）和其他小型卫星的潜力满足研究、遥感和通信的需求。这些卫星利用信息技术和通讯设备在微型化和商业化方面取得的最新进展，往往能以低于传统卫星成本的花费提供空间服务。国防部高级研究计划局等机构正在支持开发更廉价、更快、更便捷的小型卫星发射技术。

10. 探寻计算机技术最新前沿科技

(1) 愿景

高性能计算(High-performance Computing)的发展能够改善公共服务、发展经济、提升社区的健康和安全水平,以及促进科学发现。

(2) 挑战

应对计算领域日益增长的高需求、不断加剧的国际竞争以及新兴技术的挑战,需要多方协调努力。这些挑战包括系统性能提升的预测器——摩尔定律的结束、超大数据库的兴起和随之而来的计算挑战,以及高性能计算架构已经持续 20 年的稳定期的即将结束。

(3) 前进之路

2015 年 7 月,总统通过行政令推出了"国家战略计算计划"(National Strategic Computing Initiative)以应对这些挑战,展现了由多部门合作的具有凝聚力的一项战略性构想,提出了联邦政府层面对高性能计算的投资战略。这项由产业界和学术界共同合作实施的战略将推动计算机技术在前沿领域的创建和部署,帮助推进政府在经济竞争力、科学发现和国家安全方面的优先事项的发展。

该计划包括五项战略性目标:

- 创建一个能够将实现百亿亿次运算的计算能力运用至艾字节数据的系统。"国家战略计算计划"致力于推动计算密集型和数据密集型系统的融合,同时通过对硬件、系统架构和编程工具的新方法的开发和部署来提高整体性能。
- 保持美国在高性能计算能力方面的前沿地位。美国必须保持其在创造高性能计算技术以及在对广泛运用该技术方面的领导地位。这包括对能源部发起的一个项目的持续关注,该项目致力于克服重重阻碍以开发百万兆级的超级计算机,它将能够在重要的应用程序上实现百亿亿次的运算。
- 提高高性能计算应用程序开发人员的生产力。开发高性能计算应用程序所需的专业知识水平和努力程度,是实现它们的广泛运用所面临的主要障碍。政府部门将支持对构建和编程高性能计算系统的新方法进行研究，这些系统可以规避目前为在特定的机器上实现最大性能所要求的精确测量和调试。

● 实现高性能计算的简便获取。政府部门将与计算机制造商和云供应商合作，使高性能计算资源更容易被获取，即公共和私营部门的科研人员都能随时获取。

● 为未来的高性能计算系统建立硬件技术。目前的半导体技术有许多可能的换代产品，但都没有做好部署的准备。因此需要一项全面的研究计划以确保在未来 10 年持续改善高性能计算能力。政府将继续对未来技术进行基础性和前瞻性研究，以确保高性能计算的持续改进，如神经拟态计算。

11. 到 2030 年以创新消除世界极端贫困

（1）愿景

美国力图到 2030 年帮助努力应对人类最根深蒂固且最为困难的挑战——持续的极端贫困。在这一问题上，美国处于独特的引领地位。美国国际开发署（USAID）的新发展模式主要包含以证据为基础的评估、快速迭代、国家所有权、可持续性和战略性伙伴关系，这一模式促进了各地的创新和人才培养，同时也是这些努力的重要组成部分。

（2）挑战

目前世界各国为援助世界上最贫穷人口所做的努力往往缺乏足够的协调、资源组合、利益相关者的参与以及基于证据的决策。此外，技术创新工具和有才能的创新者的努力很少针对影响这些人群的问题。

（3）前进之路

美国国际开发署消除极端贫困的愿景，强调了与包括国家政府、民间团体和私营部门在内的一系列参与者开展合作的重要性，以及利用科技进步推动创新和寻求变革的重要性。为了支持这一愿景，美国国际开发署全球发展实验室（USAID Global Development Lab）于 2014 年 4 月成立,这是一次新的尝试,实验室致力于利用科学、技术、创新和伙伴关系加速发展的影响,并以更低成本和更为可持续的方式实现这一目标。该实验室帮助国际开发署将不同的合作伙伴集合在一起,共同发现、测试和规模化突破性的发展创新,这些创新将能够改善或拯救数亿人的生命。

在过去几年里,国际开发署利用一种新的开放性创新方式和全球性参与,获取了超过 10 000 个用以应对人类面临的一些最大挑战的想法,包括孕产妇和儿童的死亡率和发病率、能源获取、粮食安全以及水资源短缺等。这种新方式已经创造了超过 300 项与食品安全、健康、气候变化、能源以及经济增长挑战有关的创新,这些来自世界各地的创新正处于不同的测试阶段。10 000 名创新者、中小企业主、研究人员和学生们通过各种开拓性的开放性资源发展机制申请了资金,其中有 60% 的人以前从未与美国国际开发署合作过。

例如,该实验室的"发展创新投资"(Development Innovation Ventures, DIV)项目——一项针对创新想法的全年资助竞赛——采用了一种由风险投资支持的层叠式资金模式。"发展创新投资"项目对某些未经证实的概念投入相对较少的资金数目,而对那些已被证明有效的想法进行持续性支持。"发展创新投资"项目帮助创新者和企业家使用前沿的分析方法来引导和测试这些创新想法,同时对显示出广泛的影响和成本效益的解决方案的规模化提供帮助。

八、2015 年及未来的新视野

"有趣的事情将在第四季度发生。"

——巴拉克·奥巴马,年终记者会,2014 年 12 月 20 日

除了目前在总统的《美国创新战略》中所描述的行动之外,在 2015 年以及未来将会推出更加重要的行动计划,这包括以下创新行动、新视野。

1. 设计灵活的监管以支持新兴技术发展

创新过程总是在不断变化的。目前已有的关键性趋势包括技术启动和扩大成本的大幅度降低;缺乏对新兴技术测试与试验阶段的监管渠道;在职监管人员所发挥的作用尚不明显;技术转移缺乏规范等。这些状况需要得到与稳定的技术种类相匹配的监管,同时监管的方式需要更加灵活。随着创新过程的不断进步,联邦政府需要为新兴的或现有的规章开发新的监管方式,在促进创新的同时保障如健康与安全等重要的公众利益。灵活的监管方式还可以依靠尖端技术减少监管负担,且辅以监管分析并在监管过程中更好地征求公众的参与。

2. 21 世纪的服务号召

联邦政府所招聘、雇佣并留住的人才的水准对于公立部门的表现具有决定性的影响。联邦政府已经努力培养了一支多样化的人才队伍,但是依然需要积极地招聘人才来帮助建设更为高效与创新的政府。诸如总统创新之友项目、18F 团队计划、美国数字服务计划等项目已经显示出招聘技术人才的益处,即他们能够极大地提高提供数字服务以及用创新方法解决问题的能力。21 世纪的服务号召项目将邀请在创新管理、数据科学、财务创新以及人性化设计方面的人才开展短期的服务国家的活动。这就需要:

- 采用私营企业的最佳实践,招聘顶尖人才进入政府机构;
- 突出强调个体与小型团队在迎接最重要的国家与全球挑战上的重大影响;
- 使招聘流程更加灵活,重新设计联邦招聘流程,使得招聘程序可以在几周而非几个月内完成;
- 建立创新者与联邦政府雇员之间的合作关系,使得新兴人才的流动能够助力整个联邦政府的人力队伍发展;

● 确保创新者们能够获得联邦政府部门与机构高层管理的支持。

3. 将财务创新运用到国家优先事项中

财务工具——包括资产证券化、合同标准化以及其他促进新市场形成的活动——具有极强的克服市场失灵的能力,而市场失灵将妨碍对重要的社会优先事项的投资,包括早期研究、可再生能源的发展等具有重大社会影响的领域。比如,美国能源部的"太阳能进入公共资本工作组"(Solar Access to Public Capital Working Group)项目完成了对太阳能房屋租赁标准与太阳能商业购买协议(PPA)的开发,太阳能领域的开发商、消费者以及第三方财务供给者可以直接使用。这些文件的设计将提高消费的透明度、减少太阳能资产承包过程中的交易费用并促进现金流的联营,使得现金流证券化并能在资本市场进行买卖。通过促进财务创新增进对国家关键性优先事项的私人投资,这将是联邦以及私营部门的优先事项中令人瞩目的一个领域。

4. 增加"需求拉动"在美国创新战略中的作用

传统上,美国的科学、技术和创新政策对"技术推动"的强调主要是通过投资研发以解决国家与政府机构的优先事项。但各机构已经开始尝试采用刺激创新需求的方式,而不是提供资金的方式。这些"需求拉动"的方法包括里程碑付款、激励性奖励和推进市场承诺。美国国际开发署(USAID)已经制定了一份关于市场塑造方法的入门手册,以加速对促进全球健康的药物产品的开发和采用。尽管一些方法已经在联邦政府中获得重要的应用,如激励性奖励,但仍需要类似的分析确定利用其他"需求拉动"工具解决其他国家和全球优先事项的机会。

第七章①
国家科学基金会未来
资助的"十个大概念"

国家科学基金会成立近 70 年来，一直发挥着重要作用，它帮助美国奠定了在科学和工程领域的领导地位，并通过创新促进国家经济发展，教育培养下一代科学家和工程师。

展望未来几十年，我们必须对影响国家科学基金会长期研究议程的问题进行大胆设想，这些问题将保证我们的下一代继续从基础科学和工程研究中获益。

这就是"十个大概念"（10 big ideas）提出的背景。它们立足于国家科学基金会的特长：提高社会各界对基础研究的兴趣和资助，为探索、发明和创新打下基础。这"十大创新建议"试图找出一组最前沿的研究议程和方法，为国家科学基金会涉猎广泛的资助组合量身定做，并要求与产业界、私人基金会、其他代理机构、科学院所与组织以及大学合作。

对这些大概念的资助将保障美国研究的前沿地位，为当今世界面临的一些最棘手问题提出解决措施，并促进对未知的新探索。

1. 多元人才计划：通过多样性推进科学和工程发展

国家科学基金会的"多元人才计划"（Inclusion across the Nation of

---

① National Science Foundation. "10 Big Ideas for Future NSF Investments," October 2016, https：// www. nsf. gov/ about/ congress/ reports/ nsf_big_ideas. pdf. 文中的 3、4、6、7、8 和 9 为研究概念（Research Ideas），1、2、5 和 10 为过程概念（Process Ideas）。

Communities of Learners of Underpresented Discoverers in Engineering and Science, INCLUDES)旨在转型 STEM 教育以及职业发展路径,让其具备更充分更广泛的包容性。此项目力求在未来 10 年扩展科学工程人才队伍,体现美国社会的多样性。

美国正在经历巨大的人口变化。人口统计局表示,到 2050 年美国少数族裔将占据总人口的 53％。现在就职于科学和工程领域的少数族裔约占 30％。为继续保持美国在科学领域的领导地位,国家必须迎接挑战,在一代人内提高人们在 STEM 领域的参与度。

国家科学基金会于 2016 财年发布了"多元人才计划",这是一项大胆的创新。"多元人才计划"将在联盟与科研合作项目方面加大投资力度,采用协同创校的概念,团结多元化的合作者,解决共同面临的问题。它将发展出可评估的方式以提升 STEM 学科在传统劣势群体中的潜力——包括妇女、拉美裔、非裔、印第安人、残疾人、农村地区人员和底层人民。

多年期的"多元人才计划"联盟将联合私学和企业慈善机构、联邦政府机构以及科学专业组织。项目组织构架将为研究 STEM 多元化提供一个网络化试验平台,参与者将决定关键组成部分、推进 STEM 多元化进程的方法以及哪些因素可以实现本地联盟成功的应用推广。"多元人才计划"的发展将引申出其他可能的方式,促使国家科学基金会将相关项目整合为一个融合多样的理念体系。

2. "国家科学基金会 2026"行动计划

国家科学基金会资助的长期项目,通常是通过独立的委员会或部门予以开展,而跨学科项目的开展又通常取决于年度预算周期,因此远见和成就可能会受限。

在迎接科学和工程进入国家科学基金会百年诞辰之际,为更好识别大胆的、长周期的基础研究问题,基金会提议设立"国家科学基金会2026"基金。

"国家科学基金会 2026"行动计划将允许系统社区投入参与长期项目发展,并且满足大股东们的预期。"国家科学基金会 2026"计划超越已有的科学结构和标准操作程序,以确保在前沿领域继续开拓,在可能不适合任何特定程序的情况下冒险。这样的项目可以用创新的方式跨越传统项目管理边界,填补资助空白地带,抓住新机遇。

3. 理解生命规则：预测生物体的显性性状

想象一下,研究人员能够精准地预测生物机体的未来特征,如人类疾病风险、药物治疗反应、食物作物产量以及环境修复等。大自然中有各种各样的生物,它们形态各异、颜色丰富,基因和环境复杂的共同作用带来了个体差异。

在生物领域,目前公认的最大挑战是无法根据已知的基因和环境预测生物体的显性性状。由于影响生物体特征的因素很多,预测极其复杂。

为了解决这一复杂的动态问题,国家科学基金会提出一个新方案,此

方案将结合跨生物、计算机、数学、行为科学和工程学的研究。新方案名为《理解生命规则：预测生物体的显性性状》，该研究涉及数据整合、分析、建模以及信息技术。国家科学基金会已经支持了该领域包括 iPlant 在内的基础工作。iPlant 是一个在线数据工具平台，可用于对复杂生物问题的大规模分析。

4. 在人—技前沿的工作未来

从流水线上和控制室里的机器人，到一周 7 天每天 24 小时无时无刻不在的移动办公，我们的工作世界正在发生着变化。我们正处在工作转型的风口浪尖，这个转型的动力来自于机器学习、人工智能、物联网和机器人的共同作用。

　　为了应对未来工作和生产力方面的科学技术挑战,国家科学基金会提出了"在人—技前沿的工作未来"的大胆方案。这个方案将催化跨学科科学技术,帮助我们了解新技术的利弊,同时促成技术落地,使我们在未来的工作场所充实地工作生活。

　　该方案将触动紧张的人—技前沿研究挑战,改变我们商品生产、服务提供、同事合作的方式。未来工作场所的变化意味着未来劳动力的改变,这使得教育和终身学习变得尤为重要。在变化的端口,我们有一个特别的机会以积极塑造技术的发展与使用,提高工作质量,同时提高制造业和服务业(诸如医疗保健与教育)的生产力和经济增长。

5. 中等规模的研究基础设施

　　国家科学基金会的科学工程活动严重依赖研究设施。研究设施因空间大小、花费多少和执行时间长短而异,大到大型天文台和遍布全国的传感器网络,小到具体实验设备。

　　国家科学基金会通过个人科学董事会资助相对小型的研究设施项目(最高 2 000 万美元/项)。对于超过 1 亿美元的大型基础设施项目,则是通过另一种渠道来资助：大型研究设备与设施建设(Major Research Equipment and Facilities Construction, MREFC)。

　　在上述两个金额的范围之间,有很多重要的潜在实验和设施。这个缺口导致有些项目错失机会,未能取得重要的科学成果。这种长期忽视的结果对科学研究影响深远,对国家的经济、安全和竞争力也会造成严重影响。我们需要一种更灵活更有活力的新方法来评估研究基础设施,以便应对新的现实问题。

　　一个相对简单的方式就是降低 MREFC 支持项目的门槛,并开发出一种灵活但监管严格的过程管理模式,用于资助中等规模基础设施的实验研究。

6. 观察宇宙的窗口：多信使时代的天体物理学

　　我们对于宇宙的认知需求已经到了一个特殊的阶段。多年来,我们在已知的电磁谱范围内做了许多观察——从无线电波到伽马射线——并收获了许多重要发现和成果。现在,我们第一次能够用以前无法想像的完全不同的方式观察周围的世界。通过一种强大的综合方式,我们拓展了对现实的认知和观察范畴。正如电磁辐射让我们重新认识宇宙一样,粒子系统(比如中微子和宇宙射线)也给我们带来了新的视角。引力波也是如此。

　　通过这些不同的窗口,我们得以用特殊视角观察物质和能量的特征与行为，并且解答一些人类出现以前的深奥难题，比如宇宙从哪里来，未来又要到哪里去？

这些研究目标和主题在国家科学基金会基础目标中居于核心位置，即推动科学进步。国家科学基金会长期资助地面天文学、粒子天体物理以及引力物理学等领域的研究，表明了国家科学基金会对这些先驱学科的重视。作为一个涉足多先驱天体物理学的机构，国家科学基金会在推动跨部门和国际合作，增强人类对该领域的认知方面具备独特的优势。

7. 探索新北极圈

北极暖化速度是全球其他地区的两倍，这对极地居民（尤其是土著居民）的生活影响深远。极地变化会从根本上改变气候、天气以及全球生态系统，这对世界的经济和安全影响重大。北极海洋冰层快速融化，加上其他的变化，会为开采北极自然资源带来新方式。这些资源包括化石燃料、矿石以及新型水产，而资源开采的新方式吸引着那些正在寻找新资源的行业和国家的注意力。

国家科学基金会提议整合各联邦机构的参与，建立一个以多个移动和固定工作站为基础的观测网络，以记录这些快速变化的生物、物理、化学及社会参数。目前对北极的观察资料稀缺，尚不足以支持发现和模拟地下北极系统变化的过程，或评测其对地表系统的环境和经济影响。

　　在联邦机构中,国家科学基金会的特别之处在于,它有能力支持自下而上的由美国物理、生物、社会、工程及计算机科学学术研究团体发起的研究。北极研究也为下一代北极研究员们带来了更大的机遇。

　　国家科学基金会长期以来一直是北极系统科学的领头羊,并创立了北极观察网络。在所有参与北极研究的机构中,国家科学基金会资助了最强大的北极物流基础设施,因此在探索新北极圈的活动中占有举足轻重的地位。

8. 驾驭面向 21 世纪科学和工程的大数据

　　我们收集数据的速度变快、数量增加、类型愈发丰富,这深刻地改变着科学和工程各个领域的研究。数据的泛滥——因为大量科学基础设施、高级信息化机架、新型数据分析工具以及其他原因——正在促使科学家们提出并且解答新问题。

　　为了能够跟上这次数据革命,国家科学基金会提出了"驾驭面向 21世纪科学和工程的大数据",这是一项大胆的新方案,旨在创建有凝聚力的、全国规模的研究数据基础设施以及造就能有效使用数据的 21 世纪劳动群体。

　　这项提案将支持数学、统计及计算机科学等基础研究,通过可视化、高效数据挖掘、机器学习等带来数据驱动的新发现。它将为研究人员构建一个开放的信息化基架，发展创新的教育方法以训练新一代数据科学家。

该项创新基于国家科学基金会数据科学的资助历史。作为唯一一个全面支持科学和工程各个领域的联邦机构，国家科学基金会在确保美国通过数据拥有一个更丰富美好的未来方面具有独特优势。

9. 量子跃迁：引领下一个量子革命

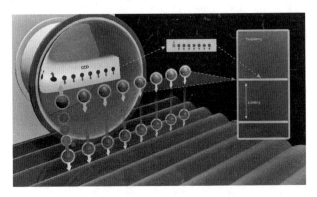

在 20 世纪上半叶，物理学获得了革命性的发展，科学家们开始研究并且在小范围内（原子和亚原子）了解物质和能量的性质，创立了物理学分支——量子物理。世界正处在下一场量子革命的边缘，美国国家科学基金会已经在其中发挥了重要作用。今天的许多技术——如激光、计算机、液晶屏——就依赖于小型和离散维度中的物质能量交叉。通过利用这些量子系统的互动，下一代传感、计算、模拟和通信技术将更加准确和有效。为实现这些功能，研究人员需要理解量子力学，并借助量子力学观察、处理和控制粒子与能量在比人类头发还小至少 100 万倍的空间里的行为。

"量子跃迁：引领下一个量子革命"是国家科学基金会参与并支持该领域研究的具体途径。它将帮助解决与量子行为和量子系统操控有关的基础问题。

国家科学基金会能够在广泛的科学和工程领域驱动这项引人注目的基础研究及其潜在重要应用。国家科学基金会已资助与量子系统相关的基础研究长达数十年,拥有带领这项创新走向成功的稳固根基。

量子材料研究为未来科学家打下了基础,使其能把下一代量子革命的发现应用到使普通消费者受益的技术中。产业界、联邦机构以及国际合作伙伴之间的联系将日趋紧密。

10. 国家科学基金会的聚合科学研究

今天的大挑战包括:保护人类健康,认识食物、能源和水之间的关系,探索各个层面的宇宙,这是单一学科无法解决的。未来各学科间需要聚合:来自各种知识领域的想法、方法和技术的融合将激发创新并带来发现。

国家科学基金会有实力实现这种"聚合":基金会与科学和工程的所有领域都联系紧密,并且已支持跨学科研究长达数十年。"聚合"以一种协调的、互惠的方式融合了科学学科,这将促成强有力的合作、满足成功探究的需求,同时还将支持有创意的合作,以及带来解决复杂问题所需的创新思维。

为建立一套系统以真正助力"聚合"科学,国家科学基金会开始战略性地资助那些奇思妙想和基于重要社会问题的研究工程与项目。这样一来,不仅仅是科学家,每个人都能从物理科学、生物科学、计算科学、工程学和社会行为科学的聚合中受益良多。

附录 1[①]
美国研究型大学在国家创新创业系统中的路径探究

——基于美国商务部《创新与创业型大学》
报告的解读与分析

一、引　　言

　　近年来,各国都在加大力度对大学创新创业教育进行大规模投入。为了适应世界性的大学创新创业发展潮流,激发国家和地方经济繁荣发展,2015 年 3 月 13 日,中国政府颁布了《中共中央国务院关于深化体制机制改革加快实施创新驱动发展战略的若干意见》(以下简称《意见》),《意见》指出,要建立高等学校和科研院所技术转移机制。此外,还有《中共中央国务院关于深化教育改革,全面推进素质教育的决定》(1999)、《教育部关于大力推进高等学校创新创业教育和大学生自主创业工作的意见》(2010)和《普通本科学校创业教育教学基本要求(试行)》(2012)等政策文件,都指出高等学校应重视培养大学生的创新能力、实践能力和创新精神。经过十几年的努力,我国高校在开拓创新创业领域确实取得了一定的成效,但总体创新水平与许多发达国家相比还有较大差距。长期以来,企业、高校、科研院所、政府等各方面力量各成体系、各自为战的局面

---

　　① 此文原发表于《全球教育展望》2015 年第 8 期。

尚未真正扭转,分散、封闭、低效仍是我国科技创新存在的最大问题。[1]

然而,美国却已经形成了一个完整的创新生态系统——它以鼓励和推动创新为核心要素,包括了政府、产业部门、非营利性机构、高等教育机构等多个部门,以分享共同认可的目标和价值观为系统存在的基础,从而实现以繁荣市场为导向的创新和培育更多的创业企业,进一步深化研究型大学的创新创业能力,进而推动国家和区域的经济发展。

2013 年 7 月,美国商务部发布了《创新与创业型大学:聚焦高等教育创新和创业》(*Innovative and Entrepreneurial University: Higher Education, Innovation & Entrepreneurship in Focus*)报告(以下简称《报告》)。《报告》是由美国 140 多位研究型大学校长主动联名推动而成文的,其内容主要包括以下五个方面:学生创业、教师创业、科技转化、校企合作和参与区域经济发展。从报告内容来看,美国的研究型大学善于利用多样化的路径鼓励创新思维和活动,如利用地理上的产业集群优势、不同机构间的合作、鼓励创新创业的历史文化传统和充足而持续的资金来源等,可以说这种多样化的发展路径对大学的持续变革是至关重要的。因此,研究和探讨世界上创新力量最强国家的研究型大学在推进和鼓励创新创业中的路径与举措,对于破解我国大学在协同创新方面存在的体制机制难题具有重要的意义。

二、研究型大学是构建国家创新创业生态系统的主体

美国是全球的科技创新大国,一直将创新创业视为维持经济增长和未来经济繁荣以及全球科技技术领先地位的重要因素。自 1999 年以来,美国开始通过报告界定国家创新体系的概念,2004 年美国发布了《创新美国》报告,提出制定国家创新倡议,建设国家创新系统,对创新机制中的程序进行完善。[2] 2006 年 2 月,布什总统签署的《美国竞争力计划——在创新中引领世界》,进一步明确了美国政府有关创新和竞争力问题的观点

及未来的发展思路。[3] 2009 年奥巴马政府推行的《美国复兴与再投资法案》《美国创新战略：推动可持续增长和高质量就业》，以及 2011 年的《美国创新战略：确保我们的经济增长与繁荣》，此外还有奥巴马历年的国情咨文，都体现出美国政府始终将创新作为提升国家竞争力的核心。

这些创新主体主要包括大学与学院、研究机构、实验室和大学衍生公司，它们分布在美国的各州，从大城市到郊区，无处无在，这些机构通常会与联邦资助的代理机构合作，进而在生命科学、能源、远程通信、信息技术、教育、社会创新等领域取得重大突破。可见，州与地方政府、经济发展机构、非营利机构、大学和商业团体正在努力地发展社会创新、创业生态体系，它们之间相互交错，连成一体，呈现出全面协作、更为开放的趋势。从宏观层面上看，基础研究领域、大学内部科技和知识成果的转化、大学与产业部门的协同创新，大学科技园等一系列制度性安排奠定了大学在美国国家创新创业服务中的主体地位。从微观而言，为了鼓励和营造大学内部的创新创业氛围，很多大学已经建立了多样化的孵化机构，为新企业的创建、发展直至成功保驾护航，这类机构主要包括大学内部的技术转化办公室、科技园、概念证明中心和孵化器等，美国著名大学的技术转化办公室规模一般都在 10—25 人，他们的精细分工保障了每个人在各个领域的专业性。美国已建成 1 250 个商业孵化器，其中三分之二建在大学校内。

美国现在至少有 450 所大学和学院拥有创业项目，[4] 虽然每所大学的起点不同，但是他们动员所在社区进行创业的能力，以及在创造高增长新衍生企业中的作用是至关重要的。根据麦肯锡全球机构（Mckinsey Global Institute，MGI）的报告，美国国内大约三分之一的经济增长变化可以用新企业成立的比率解释。[5] 换言之，大约三分之一的经济增长都可归因于新企业增长。这些新公司、新企业主要创生于大学环境，在大学研发活动产生的技术成果基础上，由大学教师和学生等参与创建，斯坦福大学和硅谷以及北卡三角科技园就是典型代表。当然，必须指出的是，只有充分结合当地政策和宽松的法律环境，才能刺激大学衍生企业的创建，进而通过知识资本化服务当地经济。

大学正试图为社会经济的主要问题找到更多的解决办法，特别是研究型大学,正在通过研发努力、资源支持以及营造浓厚的创新创业文化等支持机制,寻求更好的行业合作和新科技的商业化。布莱兹尼茨·丹(Breznitz Dan)认为,大学的创业导向型文化既鼓励了师生的创造性思考和实践,也促成了大学与企业合作研究的开放环境,从而催生了大量衍生企业。[6]总而言之,大学正在打破作为社区主要创新的提供方的传统,转而逐渐活跃于本州或区域生态系统中,诸如,与其他大学、国家实验室、新衍生企业、孵化器、州与地方组织等形成伙伴关系。

美国国会推行《拜杜法案》及随后的一系列鼓励大学科技转化政策法规,极大地鼓励和促进了大学与产业部门之间的互动与合作。在 20 世纪80 年代和 90 年代,美国的科技政策是对美国战后科技政策进行全面反思和促使其进入具有新特点的大变革时期,在这期间出现了大量关于科技成果转化的联邦立法,见下表[7]:

时间	名　称
1980 年	《斯蒂文森·维勃技术创新法案》(Stevenson-Wydler Technology Innovation Act)
1980 年	《拜杜法案》(Bayh-Dole Act)
1982 年	《小企业创新发展法案》(Small Business Innovation Development Act)
1984 年	《国家合作研究法案》(National Cooperative Research Act)
1986 年	《联邦技术转化法案》(Federal Technology Transfer Act)
1988 年	《综合贸易和竞争法案》(Omnibus Trade and Competitiveness Act)
1989 年	《国家竞争性技术转化法》(National Competiveness Technology Transfer Act)
1991 年	《国防授权法案》(National Defense Authorization Act)
1992 年	《小企业技术转化法案》(Small Business Technology Transfer Act)
1992 年	《国防工业改造、再投资和转向援助法》(Defense Conversion, Reinvestment, and Transition Assistance Act)
1995 年	《国家技术转化和进步法案》(National Technology Transfer and Advancement Act)
1997 年	《联邦技术转化法案》(Federal Technology Transfer Commercialization Act)
2000 年	《技术转化法案》(Technology Transfer Commercialization Act)

自此,大学与企业界的合作研究开始大量增加,大学衍生企业也呈现

迅猛发展的态势，这完全得益于国家技术转化政策的转向，即通过颁发法律法规的形式支持大学的创业活动，美国国家科学基金会的一项全国性调查研究显示：20 世纪 80 年代由企业和大学合作建立的研究中心共286 个，是 70 年代的 4 倍；截止到 2010 年，从事生物化学研究的企业90％以上都与大学建立了合作研究关系。[8]另一项全国性调查则指出，与大学研究联系密切的企业比其他同类企业具有更高的生产效率；[9]另有统计数据表明，在快速增长的美国公司中，41％同大学有合作研究关系，它们的生产率比同行平均高出 59％。[10]这种校企合作所体现出的积极成效充分地体现在国家创新驱动的系统中。大学正发挥出越来越重要的作用。

三、研究型大学为创新创业服务的实施路径

（一）促进学生创新和创业

美国大学正在为本科生、研究生和博士后研究人员提供更多创业及相关领域的课程和计划。学生通过参加新开设、跨越不同学科的课程、辅修专业、主要专业、证书项目以及强调实际操作学习的教育项目，能够更好地理解创新和创业。很多大学还以新颖的方式增加传统课堂指导。除此之外，大学将教育机会延伸到学生宿舍等其他课堂外的地方，以便直接培养学生的创业精神。以多维创业活动为中心的学生俱乐部的数量也在校园不断增长，很多校园运行种类多样的商业计划和投资竞赛，它们为学生提供网络支持，例如导师和培训机会，从而帮助他们进一步发展创新思维。总体而言，美国大学主要通过以下途径促进学生的创新创业意愿。

1. 开办创新创业课程和学位项目

美国高等教育研究协会（ASHE）在 2009 年发布的高等教育报告中指出，大学生获得创业教育的最佳途径是通过跨学科教育模式（cross-disciplinary entrepreneurship education）：某种能力应该通过从事需要这种能力的活动来获得。换言之，创业能力的培养不应游离于学科课程之

外,培养创业能力所需的与其说是一个新的独立研究领域,不如说是对学科教学过程的"重构"。[11] 所以,跨学科创业教育模式在美国高校备受推崇。大学校方认为,创业课程和项目使学生具备了广泛的有用技能,包括制作商业计划、推销、建立网络、"电梯内推销"(elevator pitches)技能、吸引资金(例如种子资金)和结识当地的商业领导等。从长远角度看,"在大学阶段对青年实施创业教育是终身教育目标达成的重要途径,是对终身教育理念的最好回应"。[12]

在这样的背景下,一些大学还在传统的文学学士和理学学士学位的基础上,提供有关创新和创业的学士和硕士研究生计划;商学院则打破传统,鼓励所有学科的学生通过跨学科的课程和项目进行创业。在此领域最有代表性的是科罗拉多大学创新和创业学位项目(The University of Colorado's Innovation and Entrepreneur Degree Program)。科罗拉多大学斯普林斯校区的创新和创业项目提供了创新学士学位(Bachelor's degree in Innovation),该项目采用一种独特的多学科团队方法进行教学。例如,学生除了完成计算机科学课程外,还要具备坚实的团队技能、学习创新、投入创业、练习写作计划案、学习商业和知识产权法。简言之,强调跨学科性是未来发展的潮流,富有先见之明的大学在未来发展规划中会把自己定位于这股潮流中的有益地位。[13]

2. 提倡经验学习和应用学习

近年来,经验和应用学习在美国研究型大学的受欢迎程度不断增加。这种教育方式是在传统课堂教育的基础上进行改进的,传统课堂主要是演讲和事实记忆,而现在大学更多的是通过工作坊、会议、实习、实际操作经验和实践项目,积极鼓励学生参与创新创业活动。大学和学院还支持聚焦创业教育和科技创新的专业实习项目,从而为学生将来进入新公司、技术转化办公室、风险投资公司和企业做准备。这些多样化的教育机会有助于学生解决现实环境中的严峻挑战。

威斯康星大学麦迪逊分校的"创业食品店"(The University of Wisconsin-Madison's "Entrepreneur Deli")是美国高校鼓励学生运用经验和应用学习的典范。该项目旨在帮助学生与具有丰富经验的年轻创业家交流和学习。研讨会使用"抓住机会，赶紧创业"（Grab's Go Entrepreneurship）的口号，鼓励学生从经验老道的创业家身上学习新企业面对不同问题时的解决方案。不仅如此，该大学还专门成立了威斯康星创业训练基地（Wisconsin Entrepreneurship Bootcamp，WEB）促使学生在实践中锻炼自己的创业和商业技能。举例而言，物理生命与工程的研究生参与该项目后，将会接受为期一周的集中训练，通过与科技创业企业家接触，学习从机会识别到商业化过程中所需的基本技能。WEB项目由权威创业专家、威斯康星大学教师和项目专业人员担任导师，采用案例研究、小组讨论、实验联系和社会活动等方式进行创业指导。在教学的过程中，学生们首先介绍他们在科技创业中将面临的问题及初步的解决方案，再由经验老练的企业家和教师进行指导纠正；此外，WEB项目还会向学生推介校园里其他创业学习机会，如学位辅修课程、不带学分的研讨会以及跨校园的商业计划竞赛等。[14]

由上述可见，通过创业实习项目推广实用知识和技术服务，为本州经济发展提供智力支持和人才支撑是威斯康星大学麦迪逊分校为区域经济发展服务的重要举措，这也是威斯康星理念的重要组成部分。现今，美国等其他国家的很多大学都颁布了鼓励创业的政策，包括：成立独立专门的办事机构以支持全程创业，制定特别的规程以方便创业人员使用研发实验室和科研设施，成立创业基金或种子基金，制定灵活的人事政策，给予研发人员合适的专利费用、奖励政策以及开展创业培训等。[15]

（二）鼓励教师创新和创业

当前，经济发展方式已由传统的大规模生产和线性转移关系演化到后工业化、知识驱动、开放和更加交互的创新体系，应用和扩散已生成的知识成为确保大学履行其使命并在当今社会环境中保持繁荣的关键所在。[16]而大学教师作为经济社会"知识中心"大学中主力军，在知识扩散和创新变革中扮演着非常重要的角色。因此，通过转变创新文化、激励政策以及采用新的组织模式让教师投入到产品研发、技术发展和创办衍生公司中，是美国研究型大学在创新驱动发展战略中的共性举措。

1. 推行人事激励政策

伯顿·克拉克(Burton R. Clark)曾说过,创业型大学的核心是开拓与创新的企业家精神,浓厚的校园创业文化是大学组织转型和新企业创建的必备因素。[17]近年来,美国高校开始出现教师聘用和晋升文化的转变,即高校在进行教师聘用和晋升时,不仅要求教师对研究的学术领域发展感兴趣,而且要求教师掌握技术并应用于商业领域,同时还要参与与他们学科相关的创业活动。2010 年,弗吉尼亚大学医学院(UVA's School of Medicine)首次将创新创业活动纳入教师晋升和获得终身教职的标准中。该学院要求参与晋升或竞争终身教职的候选人提供一份他们的发明及这些发明申请专利的情况报告、已注册的版权材料、技术许可证以及其他在创业和创新领域产生过影响的技术转化活动的说明。[18]

当然,培养教师参与创新创业活动,并非一蹴而就,所以大学应在新教师入职培训中,为他们提供职业指导、模型发展、商业计划和市场测试等培训,为他们走向创业和商业领域铺路。例如,匹兹堡大学(the University of Pittsburg)的技术管理办公室(The Office of Technology Management)和教务长办公室(the Office of the Provost)联合主办了一项每年为期七周的课程,该课程目的在于激励教师和学生进行创新、科研成果商业化和创业。参会者将分享经历创新和商业化过程的每个步骤,从思维概念到知识产权保护及认可,一直到早期市场研究和建立关系的策略。此外课程项目还会为学生提供私人的研讨会,以帮助他们的团队探索创新思想。总而言之,一种逐渐发展的大学创新文化氛围给教师提供了必要的信息和刺激,促使他们从视野狭隘的科学研究传统跨越到综合性的创新过程。

2. 实施奖励认可制度

与此同时,大学也在渐渐推出各种奖励制度以鼓励和认可教师在学科同行中所取得的成就,如"年度创新奖"(Innovator of the Year)和"年度教师企业家"(Faculty Entrepreneur of the Year)。譬如,为了促进教师创业创新,南加州大学(University of Southern California)的劳埃德·格雷夫创业研究中心(the Lloyd Greif Center for Entrepreneurial

Studies)给 3 位教师颁发了"年度教师研究奖"(Annual Faculty Research Awards)以资鼓励。该中心还颁发"年度格雷夫研究影响奖"(Annual Greif Research Impact Award)，以奖励极具创新思维且在创业领域最具影响力的教师。这样的奖项在大学很受欢迎，它们鼓励教师在传统研究和教学成果之外努力取得成就。

大学对教师的时间管理也变得富有弹性，弗吉尼亚大学、匹茨堡大学、南加州大学等顶尖研究型大学正在赋予教师更长和宽松的学术假制度，以鼓励他们与企业进行合作和创业。一些项目为教师提供额外的时间去从事创新和创业，而且这不会影响他们晋升和获得终身教职的时间。教师在假期时间进行创业活动，增加了自身对于商业化过程的理解、得以将新的材料整合到教学过程中，促进了成功技术的发展，增大了将研究商业化的潜能。随着大学向教师提供越来越多的教育机会，庆祝和认可他们的创新成就，鼓励他们与有经验的创业家和商业团体合作，大学校园逐渐形成了相互渗透的、浓厚的创业文化，同时学生也从教师持续的教育和经历中获益。简而言之，得益于大学专门的支持，不同学科的教师能够与同行、社区创业者和商业团体合作，开发新技术，创立新公司，积累经验，推进高校创新创业发展。

（三）积极支持大学科技成果转化

科技成果转化，是指为提高生产力水平而对科学研究与技术开发所产生的具有实用价值的科技成果所进行的后续试验、开发、应用、推广直至形成新产品、新工艺、新材料，发展新产业等一系列活动。是科学技术转为生产力的最后一个关键环节。[19]可见，将研究和思想有效地转换为市场产品和服务通常是一个冗长、复杂的过程，需要大量的资源。虽然美国国会在 1980 年推行了因极大促进科技成果转化而著名的《拜杜法案》及随后一系列有关科技成果转化的法律法规，奠定了美国科技成果转化在速度和效率上的国际领先地位。但是，美国目前科技成果的转化率仍然比较低，约有 75％ 的发明专利从来没有实现商业化，如 2008 年斯坦福大学科技授权办公室收到 400 项专利申请，获得批准的 200 项中只有 100

项得以实现转化。[20]

大学衍生企业最重要的一个环节就是减少大学科技成果转化的障碍，完善科技转化的流程，以便更加有效地明确研究的市场潜力，将研究推向市场。这方面的工作离不开大学各方面的支持，大学通过优化技术转化办公室（Technology Transfer Office，TTO）和创建概念证明中心（Proof of Concept Centers，PoCCs）推动科技成果的转化。

1. 减少科技成果转化障碍

大学技术转化办公室的目标是通过商业化和专利保护促进教师和学生的发展研究。大学正在加强技术转化办公室的功能，通过聘请具有丰富商业经验的人员、扩充办公室的转化设施、提升对研究员的技术支持，赋予研究员使用资本的权力等途径减少科技成果转化的障碍。得益于精细化的分工，有成功经验和商业化技能的技术转化办公室职员能够帮助科技成果转化顺利进行，减少产品可能存在的隐疾。技术转化办公室在知识产权保护、科技成果商业化运作、基础设施和融资支持等方面都对衍生企业具有积极的影响。[21]与此相反，缺乏商业技巧、市场知识和法律技能的人员对指导创业具有显著的负面影响，因此技术转化办公室等机构应持续性地组织学习活动，花费大量时间进行资源的调配，知识、经验的生产和内化，或者吸引、招募具有丰富商业化技巧、有创业经历的人。根据美国大学科技管理者协会（the Association of University Technology Managers，AUTM）的一份认证报告，与 2010 财政年相比，2011 财政年度颁发的证书量增加了 14%，大学衍生企业数量相比同期增长了 3%。[22]通过认证许可的增加和大学衍生企业数量的增长，我们可以看出，大学在科技成果转化工作中已经取得了显著成效。

2. 创建概念证明中心

概念证明中心是美国大学和政府为了提高科研成果商业化能力，促进科技成果转化速度而采用的一种新的组织模式。"它是一种在大学之内运行或与大学有关的促进大学科研成果商业化的服务组织，它通过提供种子资金、商业化顾问、创业教育、孵化空间和市场研究等对概念证明活动进行个性化的支持，如开发和证明商业概念、确定合适的目标市场和实施知识产权保护等"。[23]通过这个公共平台,大学可以知道他们的同行正在进行的研究、知识产权发展和各类项目。截至 2012 年,美国大学已建立了 32 个概念证明中心(如图 1 所示),它们分布在美国各个州,所附属和合作的大学都是科研实力较强,排名靠前的大学。例如,科罗拉多大学的概念证明项目(University of Colorado System's TTO Proof of Concept program)、麻省理工学院的德什潘德技术创新中心(MIT Deshpande Center for Technological Innovation)、加州大学圣地亚哥分校的冯·李比希创业中心(the Von Liebig Center at the University of California of San Diego)、阿拉巴马大学的创新和创业指导中心(Alabama Innovation and Mentoring of Entrepreneurs Center)等等。它们虽然没有全部冠以概念证明中心的名字,但均具有类似的功能和共同的目标:"(1)增加校园创业的数量和多样性;(2)提升大学衍生企业和企业家的质量;(3)促进学生与当地投资者和创业家的接触,从而留住大学衍生企业在本州区域发展"。[24]

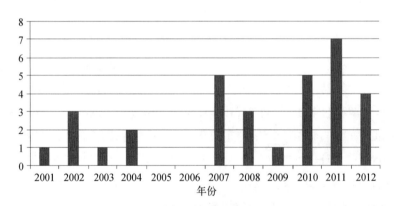

图 1 美国大学概念证明中心每年增长数量图

来源: Bradley S R, Hayter C S, Link A N. Proof of Concept Centers in the United States: an exploratory look. Journal of Technology Transfer, 2013, 38(4): 349 – 381.

2009 年,美国大学的 32 个概念证明中心的平均科研经费约为 5 000 多万美元,它们已经非常有效地促进了大学衍生企业的发展。[25]但是,概念证明中心的启动资金来源也比较多样化,有的是联邦资金,有的则是依托大学知识产权商业化的收入。比如科罗拉多大学体系的技术转移办公室的概念证明项目,其资金支持来自该校知识产权的商业化。该大学已经为研究和商业发展创立了自己的概念证明资金。该项目迄今为止已经支持超过 110 个研究项目,总资金超过 1 300 万美元,而马里兰大学的概念证明联盟的启动资金则来自联邦基金。

总而言之,经过十几年的发展,概念证明中心在促进大学科技成果转化和商业化领域已经取得显著的成效,并得到广泛的认可,2011 年 3 月,奥巴马宣称"概念证明中心是国家基础设施中富有潜力的要素之一"。[26]

(四) 促进校企合作

校企合作是进一步发展基于大学研究科技成果和科技商业化的重要渠道,尤其当大学与企业处于技术发展和推销阶段时,信息、动机的不对称以及科学、技术和商业企业之间存在的制度距离愈发明显,校企合作对于帮助和填补它们之间的信息不对称就显得意义重大了。应该说,这种合作取得了优势互补、互惠互利的效果。大学在知识传播、知识扩散和知识创造的过程中与企业形成研发伙伴关系,可以有效促使研究成果在更大范围内迅速扩散。而更重要的是,这一渠道使大学与学生通过实际科研活动探索与创新活动,提升了大学的创新能力,夯实了学生的研究基础。而企业则通过与大学合作,充分利用它们设备精良的实验室,相关人员的丰富技能和知识产权保护等,从大学鼎力相助中获益。

1. 开通校企合作的绿色通道

20 世纪 80 年代以来,美国大学与企业之间的合作呈现上升趋势。"研究型大学通过为企业提供咨询服务、建立工业联系项目、成立大学—企业合作研究中心、工程研究中心以及建立科学园等形式与产业界建立了广泛的联系,两者的成功合作已成为促进美国经济发展的重要手段"。[27]校企合作已经成为美国国家创新生态的本质特征。从 1971 年到 2006 年这 35 年期间,美国大学在研发与创新活动上体现出与企业、联邦资助实验室等其他研究机构之间紧密合作的态势(如图 2 所示)。在 2006 年,大学与其他机构之间,尤其是与企业之间的合作创新已经成为美国机构间在创新领域合作的主流,这种趋势也体现出创新的系统性因素正发挥着越来越重要的作用,过去那种单独依靠某一类机构进行研发与创新的模式已经被淘汰,随之而来的是大学、企业、政府实验室之间积极互动、全面合作的创新模式。

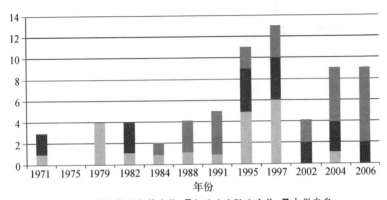

图 2　1971 年—2005 年美国大学自身创新与其他机构合作创新统计图

来源: Block F, Keller M. Where do Innovations Come From? Transformations in the U. S. National Innovation System 1970－2006[J]. Innovation, 2009.

除此之外,一些大学甚至开启"前门政策"(front-door policies)吸引私人企业和初创公司与其进行合作。大学有很多可供企业使用的资源,包括人力资本、知识资本以及用于研发的基础设施和孵化机构。所以"前门政策"、网络入口(Web-portals)和易于通过认证等策略,为私人企业和初创公司与大学的合作开启了绿色通道。私人企业和初创公司通过与大学的合作能够更好、更方便地使用大学的物理设施,例如实验室,进而降低企业生存风险。"尤其是大学孵化机构,在学术与商业之间扮演分界角色,可以避免利益和文化方面的冲突;利用自身与产业界的联系为企业扩展社会网络,达到吸纳资源,增强市场导向的目的"。[28]密苏里大学(the University of Missouri)和其他研究型大学开放了像"源链接"(Source Link)这样网络入口,以突出校园内的教育资源,便于让企业找到他们对大学感兴趣的地方。这些入口将所有相关的信息集合到一个点,减少了搜索的次数,增加了确定潜在商业机会时的效率。通过提高开放度和透明度,使企业更容易使用大学的资源和信息。

现在一些大学已经和大型公司(例如 BMW、FedEx、Johnson Controls、IBM、Cisco、Proctor & Gamble 和 Minova)建立了长期合作伙伴关系。这种研发合作关系在帮助企业解决问题的同时,也为大学教师和学生参与实践探索提供了平台。但是,从大学与产业部门的合作领域来看,生物技术和生物医学才是美国大学频繁合作的对象。近 10 年来,随着生物技术和生物医学领域研究的快速发展,美国联邦政府对生物医学领域的国家卫生研究院(NIH)的资助大幅增加,从 2000 年到 2010 年,NIH 的研究经费增长了53%。[29] 2005 年,国家卫生研究院的研发经费(R&D)预算为 279.23 亿美元,占联邦政府研发经费预算总额的 21.2%,其中近 55% 的经费用于资助美国各大学和研究机构的科研课题。[30]在国家卫生研究院科研经费的大力支持下,美国大学正在积极开展生物技术和生物医学领域的研究工作,研究力量得到了很大的加强并在此研究领域中做出了重要的贡献。

2. 提供知识产权和版税的指导

随着校企合作关系的不断深入,一些影响双方进一步合作的深层次问题逐渐暴露出来,例如知识产权归属和收益问题,利益分配和版税等等。这些问题倘若处理不好,便会引发矛盾和冲突,直接影响校企双方的合作关系。大学和企业正在跨越这些困难,积极地解决双方在合作和共同发展中面临的知识产权等问题。为了增强合作,一些大学已经开发了一套与所有企业合作时使用的标准政策和协议。有些大学效仿宾夕法尼亚州立大学模式(Pennsylvania State University model),该模式中使用的简单、灵活的协议,通常会授予企业伙伴独有的知识产权。明尼苏达大学则在减少对知识产权拖延谈判上有着独特的方法:允许赞助公司提前支付费用,并收取一个独家的全球认证及相关的版税。简言之,通过建立一种灵活、互利的协议和方法,大学正在尝试与更多的企业展开合作。

为了进一步鼓励和增加校企合作的透明度,美国大学正在建立统一的结构化知识产权政策。这些政策将直接对知识产权和版税分配起决定作用。譬如,一些研究型大学已经建立放弃大比例版税(大约在 25%—35%之间)的政策,以对赞助企业公开。这些新的知识产权策略降低了不稳定性,缓解了校企合作的紧张关系。

(五) 参与区域与地方经济发展

在知识经济时代,知识经济不仅依赖于知识创造和技术开发,更依赖于基础性的科学研究,大学在基础性科学研究中发挥着源头性作用,这种基础性科学研究不但决定国家知识创新体系核心竞争力的强弱,而且是保持国家和区域经济增长和未来经济持续繁荣的主体。大学已经采取了不同的措施以推动国家、区域和地方经济的发展。具体包括:鼓励大学直接参与地方的商业和社区;与地方政府、企业和其他的利益相关者合作,开发区域创新和经济发展的综合性方法。

1. 与地方企业和社区互动与合作

2014 年 11 月 12 日,世界大学新闻网站(Global University News)在《参与型大学促进经济发展》(*Engaged universities contribute to economic development*)一文中指出,大学参与社区服务、与社区间有更多互动,不仅可以让大学的教育更具相关性,还可让学生在为社区提供良好服务的同时增强技能,让自己在就业中更具竞争力,甚至促进创业,这对缺乏就业机会的社会尤其重要。实践也表明,参与社区服务的学生具备更好的组织和管理能力,在搜集资料和分析复杂事物方面的能力也比较突出。[31] 21 世纪以来,美国大学与地方企业和社区的互动趋于频繁,一些大学甚至收购了当地的小型企业,允许学生去管理和运作这些企业,让他们在实践中磨练技能。譬如,杜兰大学的社会创新和创业行动(Tulane University's Social Innovation and Social Entrepreneurship Initiatives)将整个学校整合到周边的经济和社会生态系统中,为地方经济发展做出了贡献。与包括自由人商学院(the AB Freeman School of Business)、建筑学院(School of Architecture)、科学和工程学院(School of Science and Engineering)在内的学院进行合作,该计划已经催生了很多由学生领导的社会组织和企业,帮助学生走出课堂,进入到新奥尔良社区。杜兰大学已经开办了一些大学竞赛,如杜兰商业计划竞赛(the Tulane Business Plan Competition)、城市创新挑战(the Urban Innovation Challenge)、新日社会创新挑战(the NewDay Social Innovation Chanllenge)等,其目的是为学生和社区提供经济和技术支持,鼓励他们合作解决地方所面临的挑战。这些项目给予学生每年获得 10 万美元基金的机会。

对此,美国宾夕法尼亚大学教授艾勒·哈克考维(Ira Harkavy)指出,大学与地方企业和社区的直接合作带来了积极的效应,大学正在成为拉动所在地区经济发展的引擎。例如,一所大学除了吸引企业和高级技术人才来到学校所在的城市以外,还能提供相应的文化设施,如博物馆、剧院和相关课程,满足城市及周边居民的教育需求。如果一所大学将"为公民服务,满足公民需求"当做其发展决策的一部分,在教学、科研、技术和业务发展等环节中提升公民参与,就能为当地的地区建设带来积极的影响。

2. 推动区域经济发展的若干方式

美国大学在推动区域和地方经济发展中进行着长期的不懈努力。他们与区域利益相关者(政府、公司、企业资本家、企业家和工人等)密切合作,改进使用大学资产的权力,以实施区域创业和经济策略。大学使用多种多样的合作模式:研究园(research parks)、大学走廊(university corridors)、衍生企业催化剂(startup accelerators)、共享实验空间(shared laboratory space)、孵化器(incubators)、创新和生产集群(innovation and manufacturing clusters)。这些不同的模式汇聚了基础设施和才智,以解决创新和商业挑战,进而发展地方经济。

大学还通过创建研究走廊(research corridors)鼓励地方经济发展。这些走廊广泛分布于整个地区内,并且通常拥有一项具体的技术特长,例如生物技术、纳米技术、健康、能源和高级材料。研究走廊为当地拥有相似研究兴趣和挑战的社区、大学和学院提供了资源渠道,通过提供技术支持、可用资本和具有成功创业经历的企业家,吸引企业到当地发展。一些研究走廊甚至把不同州之间的社区团结起来,这使得他们能够就区域重要问题,例如绿色技术、失业人员工作培训和小型商业创生聚集在一起。此外,大学还对区域经济进行分析,获取有关区域经济如工作增长、州收入和州内初创公司数量等信息。为本地区创造工作岗位是很多研究走廊关注的重点。总的来说，通过参与地方大学进行合作的研究走廊，从而充分利用所有参与机构的才能和资源，大学正在扩大他们的影响，更好地为社区服务。一言以蔽之，美国大学职能正从研究型大学——创业型大学演变成参与型大学。也就是说，除了知识传播、知识创造和知识扩散以外，大学还将广泛参与社区活动视为自身使命，通过一系列社区活动和与地方企业的合作推动地方经济发展。

四、结　　语

为了使国家保持经济发展水平和国际地位竞争力，研究型大学在美国国家创新系统中主体地位的构建过程仍在持续。每一次重大的变化都可以被认为是引入了新的生产要素，或实现了生产要素的新组合，其结果也必然产生了熊彼特所言的"创造性毁灭"——而这也正是创新的本质特征。创新，就其本身而言，并不一定会转化为经济活动。相反，我们必须把它引进并应用至市场才能激发经济增长。对于基于科技的经济而言，拥有一个强大的研发基地是必要的，但却不是充分条件。也就是说，通过知识创造、扩散和使用，创新不仅是经济增长的关键驱动力，也是应对社会发展过程中不断涌现新挑战的主要策略。[32] 本文介绍和分析了美国研究型大学在国家创新系统中所采取的五种路径和举措，并结合实际案例分析了各种路径所造成的实际影响，可以使我们更为全面和深入地理解美国国家创新系统的形成过程，以及大学是如何在这一过程中更好地为国家和地方经济发展以及社会转型服务的。

参考文献

[1] 刘宝存. 美国产学研协同创新机制什么样——评蓝晓霞《美国产学研协同创新机制研究》[N]. 中国教育报，2015 - 03 - 10.

[2][7][19] 罗冠男. 美国科技成果转化优先序研究[J]. 科技与法律，2014(4)：614 - 631.

［3］赵中建. 创新引领世界——美国创新和竞争力战略［M］. 上海华东师范大学出版社,2007：13.

［4］［18］［24］ U. S. Department of Commerce. The Innovative and Entrepreneurial University： Higher Education, Innovation & Entrepreneurship in Focus ［R］. The Office of Innovation and Entrepreneurship at the Economic Development Administration, 2013 (10)：15, 24, 28.

［5］ Mckinsey & Company, "The Power of Many： Realizing the Socioeconomic Potential of Entrepreneurs in the 21th Century Economy," G20 Young Entrepreneur Summit, October 2011, http://www. mckinsey. com/locations/paris/home/The Power of Many-McKinsey Report – 20111005. pdf.

［6］ Breznitz D. Innovation and the State： Political choice and strategies for growth in Israel, Taiwan, and Ireland［M］. New Haven： Yale University Press, 2007：115 – 116.

［8］ National Science Board. Science and Engineering Indicator – 2010［R］. Washington, DC, US： Government Printing Office, 2010.

［9］ Blumenthal D, etc. Relationship between academic institutions and industry in the life sciences — A Industry survey［J］. The New England Journalof Medicine, 1996(8)：368 – 373.

［10］ Coopers, Lybrand L L P. Trendsetter Barometer［Z］. 1995 (1).

［11］ Mars M M, Metcalfe A S. Entrepreneurship Education［J］. ASHE Higher Education Report, 2009, 34(5)：63 – 73.

［12］卢丽华. 美国大学实施创业教育的特点及启示[J]. 外国教育研究,2007(5)：59 – 63.

［13］ Throp H, Goldstein B. Engines of Innovation： The Entrepreneurship University in 21 Century ［M］. Chapel Hill： The University of North Carolina Press, 2010：70.

[14] 李康杰. 美国考夫曼校园计划的创业教育研究[D]. 浙江师范大学,2012(5)：29.

[15] 庞文,丁云龙. 大学衍生企业创业及其成功地政策原则[J]. 科研管理,2014(11)：171-177.

[16] Sharabati-Shahin M H N, Thiruchelvam K. The role of Diaspora in University-industry relationships in Globalized Knowledge Economy：The Caseof Palestine[J]. Higher Education, 2013(5)：613-629.

[17] Clark B R. Sustaining Change in Universities：Contnuities in casestudies and concepts[M]. Berkshire：Open University Press, 2004：104-115.

[20] Swamidass P M. University startups as a commercialization alternative：Lessons from three contrasting case studies[J]. The Journal of Technology Transfer, 2013, 38(6)：788-808.

[21] Meseri O, Maital S. A Survey Analysis of University-Technology Transfer in Israel：Evaluation of Projects and Determinants of Success[J]. Journal of Technology Transfer, 2001, 26(1)：115-125.

[22] Association of University Technology Managers. AUTM U. S. Licensing Activity Survey：Highlight[R]. 2011. http://www. autm. net/AM/Template. cfm? Section = FY _ 2011 _ Licensing _ Activity _ Survey&Template=/CM/ContentDisplay. cfm&ContentID=8731.

[23] 王凯,邹晓东. 美国大学技术商业化组织模式创新的经验与启示——以"概念证明中心"为例[J]. 科学学研究,2014(11)：1754-1760.

[25][26] Bradley S R, Hayter C S, Link A N. Proof of Concept Centers in the United States：an exploratory look [J]. Journal Technology Transfer, 2013(38)：349-381.

[27] 殷朝晖,沈红. 美国研究型大学与产业界的合作及其启示[J]. 江苏高教,2006(2)：143-146.

[28] Rasmussen E, Borch O J. University Capabilities in

Facilitating Entrepreneurship: A longitudinal study of spin-off ventures at Mid-rage University[J]. Research Policy, 2010, 39(5): 602 - 612.

[29] 美国联邦政府 R&D 经费分配趋势[EB/OL]. http://www. stic. gov. tw/stic/policy/sr/sr8904/SR8904T2. HTM, 2015 - 03 - 15.

[30] Intersociety working group. Research and development FY2005[M] AAAS, Washington DC.

[31] Global University News. Engaged universities contribute to economic development [EB/OL], 2014 - 11 - 12. http://www. universityworldnews. com/article. php? story = 20141119095107901&. query=engaged+universities.

[32] Romoe S, Guinet J. Dynamising National Innovation Systems [M]. OECD Publishing, 2002: 3.

附录 2[①]
"概念证明中心"：美国研究型大学促进科研成果转化的新组织模式

一、概念证明中心产生的背景

1998 年 12 月,时任美国众议院科学委员会副主席弗农·艾勒斯(Vernon Ehlers)与时任众议院议长纽特·金里奇(Newt Gingrich)在一场名为"开启我们的未来——走向新的国家科学政策"的记者发布会上指出,政府与民间部门在科技活动上的分工体系,将会造成基础研究和应用研究之间的间隙,艾勒斯将联邦政府重点资助的基础研究与产业领域推动的产品开发之间存在的鸿沟形象地比喻为"死亡之谷"[1] (valley of death)(如图 1 所示)。从美国大学科研成果的转化历史上看,"死亡之谷"已成为制约美国大学与产业科研协同创新的重要瓶颈,其导致大量大学科研成果无法成功地推向市场,"夭折"在实验室。诚然,推动大学研究成果转化产品并实现商品化直至最终形成产业,并不是一个一蹴而就、自然而然的发生过程。

事实证明,从发明到创新是一项冗长、复杂的系统工程,涉及到政府部门、大学自身的平台及技术转化办公室、风险投资、天使投资以及科研人员个人等不同主体(如图 2 所示)。在具体工作中常出现研究人员与企

① 此文原发表于《复旦教育论坛》2015 年第 4 期。

业经理人之间因教育背景、行为目的等不同而产生的沟通缺口;市场客户群之间因对待新技术产品的态度不同而产生的市场缺口,尤其是风险投资商,其基本立足点总是寻求足够高的回报率从而担保其商业风险的投资机会,这导致初创企业的风险资本更加难以获得。

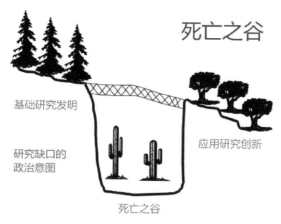

图 1 基础研究与应用研究之间的死亡之谷图

来源: Lewis M, Branscomb, Philip E. A. Between Invention and Innovation: An Analysis of Funding for Early-Stage Technology Development [R]. US. Department of Commerce, 2002(11).

从图 2 可以看出,一旦大学科学家(研究人员)选择路径 1(图中实线路径)向大学技术转化办公室披露自己的研发成果,那么要使这些成果成功地走向市场则要受到多重因素的影响、存在种种障碍,其中大学与企业之间的联系与互动、对大学研究人员的有效奖励、大学研究人员本身具有的社会网络关系及其相关的商业技能、政府部门的有效管理和规制、以及发达的资本市场和融资体系(如风险投资和天使投资)等方面的因素对科技成果顺利商业化至关重要。那么一旦这些领域出现相关的信息不对称抑或某个环节出现脱离,如大学研究人员市场经验匮乏,大学没有推行促进科研成果商业化的有效激励政策等,就有可能导致科研成果难以顺利转化。

实际上,美国等国家已经就如何成功跨越"死亡之谷"做出了一系列探索,譬如,成立大学技术转化办公室、孵化器以及创建科学研究园等。美国作为世界上科研成果转化率最高的国家,在此领域已取得突破性进

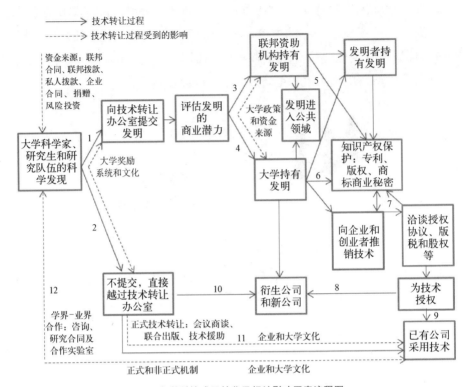

图2　大学科技成果转化及相关影响因素流程图

来源：Bradley S R, Hayter C S, Link A N. Proof of Concept Centers in the United States: An Exploractory Look[J]. The Journal of Technology Transfer, 2013, 38(4): 349－381.

展,这些努力与举措直接促成了美国在全球科技创新中的领先地位。

　　与此同时,大学技术转化办公室(TTO)近年来常常出现诸种受人诟病弊端。例如,资金实力和技术转化办公室职员的市场远见跟不上科研创新的步伐,成为科研成果商业化的一大壁垒。而且,政府在资金投入上往往倾向于基础研究,时常导致应用性项目的研究资金出现空缺抑或不足的境况。美国普华永道会计事务所(Pricewaterhouse Coopers)和国家风险资本协会(National Venture Capital Association)的统计数据指出,在1999年至2011年期间,美国"种子"投资(seed investment)或点火投资(ignition investment)占整个投资的比例从5.5%下降到2%,而以往的投资则从23%上升至35%[2]。这些政策导向充分地说明政府青睐于投资风险较低、已完成概念证明的后续阶段的科学研究。

在这样的背景下，一种旨在提高大学科研成果商业化能力，填平"死亡之谷"的新组织模式——"概念证明中心"（Proof of Concept Center）在美国一些研究型大学中逐渐发展起来，并成为美国政府制定国家创新驱动战略议程的重要组成部分。譬如，自 2001 年第一个由私人基金会冯·李比希捐赠的加州大学圣地亚哥分校冯·李比希创业中心开始，到美国政府出台的《美国创新战略：推动可持续增长和高质量就业》（2009）和《美国创新战略：确保我们的经济增长与繁荣》（2011）报告的发展历程表明："创建概念证明中心，促进大学科技成果商业化，优化大学、政府、企业三者之间的协同创新能力，进而促进美国经济繁荣发展是国家的重大发展战略"。[3]由此我们可以看出，美国已经从国家政府层面的高度出发，强调概念证明中心在促进国家创新和提升国家竞争力中的巨大价值。

二、概念证明中心的内涵、发展概况及资金来源

（一）概念证明中心的基本内涵

所谓概念证明，就是对大学科研成果转化过程中的规划和设计过程，在规划和设计过程中，通过对确定大学科研转化过程中的创新思路、发明成果、技术要求和市场潜力进行分析，进一步确定其市场可行性[4]。而概念证明中心则是一种在大学之内运作、帮助大学促进科研成果转化的新组织模式，它通过提供点火资金、商业咨询、创业指导、创业讲座论坛等为概念证明活动提供个性化的支持。概念证明中心主要帮助消除大学科研成果与可市场化成果之间的间隙，是填平基础研究与产品开发之间死亡之谷的创新性服务机构[5]。

美国研究型大学的概念证明中心具有以下几个特点：（1）加速大学科研成果转化为具有创新性的市场技术；（2）与外部网络和研究团队密切联系；（3）与促进科研商业化的大学技术转让办公室通力合作。此外，

概念证明中心一般设置在工程学院,这能够使中心集中精力关注那些更有可能转换成产品的研究[6]。

2001 年在加州大学圣地亚哥分校建立的冯·李比希创业中心和2002 年在麻省理工学院成立的德什潘德科技中心是概念证明中心的典型代表,也是最早成立的两个概念证明中心,它们均由创业慈善家投资建成。

(二) 概念证明中心的发展概况

概念证明中心主要与大学技术转化办公室通力合作,通过加速已申请专利的科技进入市场,从而对大学技术转化办公室的工作起到补充作用。它与传统的孵化器不同,第一,在孵化器进行的研发活动通常与大学隔离开来,而概念证明中心则允许受资助的教师和学生在大学实验室开展研发活动;第二,孵化器通常给已有产品的初创企业提供种子基金或分享工作环境,而概念证明中心则评估研究产品的商业价值,并且为科研成果吸引风险投资等其他融资资金铺路[7]。

截至 2012 年,美国大学已建立了 32 个概念证明中心(如图 3 所示)。从图 3 可以看出,2009 年之后联邦政府开始加快概念证明中心的建设,这与这一时期美国金融危机对国家经济造成重创,政府需要更快地促进国家经济的发展和繁荣有密切关系。概念证明中心分布在美国各个州,所依托和合作的大学基本上都是顶尖的研究型大学,例如,阿拉巴马大学的创新和创业指导中心(Alabama Innovation and Mentoring of Entrepreneurs Center)、麻省理工学院的德什潘德科技创新中心、加州大学圣地亚哥分校冯·李比希中心、马里兰大学的概念证明联盟(Maryland Proof of Concept Alliance)等。必须指出的是,概念证明中心并不全是仅隶属美国某所大学,其中也有几所大学联盟合作成立的概念证明中心。例如,位于费城大学城的概念证明项目(QED Proof of Concept Program) 由宾夕法尼亚大学、特拉华州立大学、德雷塞尔大学、新罕布什尔大学等 15 所大学联合成立;而俄亥俄州的"第三前沿"则是由俄亥俄州立大学、阿克伦大学、克利夫兰州立大学等 8 所地方大学联合创办而成。美国目前仍有 6 个概念证明中心在筹建过程中。

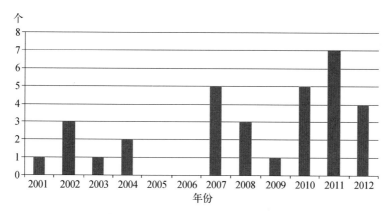

图 3　2001 年—2012 年美国大学概念证明中心每年增长数量图

来源：Bradley S R, Hayter C S, Link A N. Proof of Concept Centers in the United States: An Exploratory Look[J]. The Journal of Technology Transfer, 2013, 38(4): 349 - 381.

（三）概念证明中心的资金来源

美国大学目前的 32 个概念证明中心平均拥有的科研经费大概有 5 000 多万美元，它们在促进大学衍生企业繁荣发展等领域已取得显著成效。[8]但是，概念证明中心的启动资金来源也比较多样化，概括而言主要包括五个方面：联邦资金、依托大学知识产权商业化的收入、私人捐赠、州政府资助和民间基金会。譬如，科罗拉多大学系统的技术转化办公室的概念证明项目资金支持来自该校科研成果商业化后所获得的资金，该大学已经为研究和商业发展创立了自己的概念证明资金，该项目迄今为止已经支持超过 110 个研究项目，总资金超过 1 300 万美元。哈佛大学的"生物医药催化剂基金"的财政收入来自私人捐赠，马里兰大学的概念证明联盟的启动资金来自联邦基金，俄亥俄州的"第三前沿"的资金则来自俄亥俄州政府。

总体而言，联邦政府对概念证明中心的支持方式更加多样化。2011 年 3 月，美国总统奥巴马宣称把创建概念证明中心作为投资 i6 绿色挑战计划①（The i6 Challenge）的主要路径，旨在帮助解决信息技术、清洁能源

---

① i6 计划（The i6 Challenge）是由美国商务部创新与创业办公室（OLE）牵头、联邦多部门参与的计划，旨在鼓励和奖励大学和研究中心创建概念证明中心。

乃至经济繁荣发展等重大社会问题。该计划也是"创业美国计划"（Startup America Initiative）的重要组成部分，将促进美国的创新并帮助其赢得未来。同一时期，美国商务部经济发展局（EDA）也声称，概念证明中心旨在加速绿色科技的发展以增强国家竞争力和力挽美国经济复苏[9]。经济发展局于 2011 年 9 月在 6 个大学附属的概念证明中心投资 1 200 万美元以应对挑战竞争，并在 2012 年，再次给 7 个新成立的概念证明中心各拨款 100 万美元，2014 年则扩大了 i6 挑战计划的投资，其中包括给已有的概念证明中心投资 50 万美元或开发商业化中心关注后期的研究[10]。

继 i6 挑战计划之后，美国国家科学基金会（NSF）于 2011 年 7 月宣布推行一项国家创新（I‐Corps）计划，主要为没有成立概念证明中心的大学研究人员提供创业咨询和种子资金。2011 年 10 月开始为该计划的第一批获得者实行资助，每项资助大约 5 万美元，受资助者必须在近 5 年内曾承担过国家科学基金会的项目，该计划每年支持 100 个项目。

由此可见，虽然概念证明中心资金来源渠道趋向于多样化，但是联邦政府仍然是中心此类资金的主要来源，联邦政府联合相关部门采取不同的路径与方式支持概念证明中心，从直接拨款资助到实施 i6 挑战计划、国家创新再到各种政府决策，都足以看出联邦政府开始从战略的高度投资创办概念证明中心项目。不可否认的是，民间基金会、私人慈善家、企业家等的齐心协力对于概念证明中心的建设和发展也是至关重要的。

三、概念证明中心的运作模式

作为促进大学科研成果转化的一种创新性服务性机构，概念证明中心的主要期望是成为具有市场潜力的科技成果从实验室走向市场应用的服务平台。但是，各中心在这个过程中实施的服务模式却是多种多样的，基本上每个概念证明中心都有自己的运作路径来推行大学科研成果商业化。由于加州大学圣地亚哥分校的冯·李比希创业中心和麻省理工学院的德什潘德科技创新中心是美国成立最早，也是最典型的两个概念证明中心，经过 10 多年的发展，它们在促进大学科技成果转化上已经卓有成效，并获得科技界和学术界的高度肯定，对后续成立的概念证明中心起着榜样作用。因而本文主要以这两个中心的运作模式为例，更具体深入地了解和探讨美国概念证明中心在加速科研成果转化过程中的运作模式。

（一）冯·李比希创业中心的运作模式

2001 年，冯·李比希基金会向加州大学圣地亚哥分校雅各布斯工程学院捐赠 1 000 万美元，用于建造冯·李比希创业中心。中心的任务是加速该校研究成果走向市场的商业化活动，培养和推动校企之间的交流，让工程学专业的学生为创业工作做好准备，具体而言，"该中心主要为工程专业的本科生和研究生提供创业课程；为工程学院有创业意向的教师、学生和其他研究人员提供即时帮助；对积极驻校创业者团队进行管理；以及举办雅各布工程学院每年的商业计划大赛"[11]。为了达成上述目标，冯·李比希创业中心使用了以下三种方法。

（1）为科技成果验证提供种子基金

该中心提供 15 000—75 000 美元数额不等的种子基金以支持加州大学圣地亚哥分校将具有市场前景的科研成果商业化。这些基金主要用于对受资助者已有研究成果的市场潜力和应用价值的分析和援助。冯·李比希中心每年会资助 10—12 个项目，这一比例是总申请项目的 35％—60％。[12] 为了获得资金，申报的项目必须至少有一名雅各布斯工程学院的教师参与。申请的第一步就是提交一份目的陈述，概述整个计划。在提交申请之后，中心的商业化主管会委派一名顾问，帮助教师准备要提交给审议委员会的策划和陈述报告。然后，在下一个月提交全部的申请。最后，由技术和商业专家组成的 5—8 人的审议委员会负责评定申请。评定委员会将根据申请书中所体现的技术创新和实用性、潜在的市场应用规模、市场定位、技术的发展水平、资金的使用、知识产权以及主要投资人的可信度等指标进行评价并最后做出是否提供资助的评定。

冯·李比希创业中心最后将为申请成功者提供资金，帮助他们将精力集中到发展、测试、技术原型构建以及进行特定的市场研究上。这一评价将促成企业间的合作、认证以及新公司的成立。

（2）为大学科研成果顺利走向市场提供咨询服务

冯·李比希创业中心拥有一些需付费的兼职顾问专家，但他们在该中心所获得的报酬远低于他们在自己领域中作为专家的公开市场价值。每个顾问专家大概要为 10 个计划负责。该中心选择顾问主要根据候选人的专业技术背景、以往的企业工作经历以及与当地公司和投资行业领袖的商业关系。这些专家顾问资源对于研发项目的建设具有长期的价值，因为他们将技术和研究者与外部网络连接了起来。

该中心与大学技术转化办公室的代表协同合作，负责保护知识产权，谈判和执行与新公司以及获得资助的申请人签订协议。冯·李比希创业中心还会与外部的社区组织（例如 CONNECT① 等）合作，目的是进一步为受资助人员提供更好的培训和指导，确定能够帮助新公司继续商业化进程的创业和投资资本。总体而言，冯·李比希创业中心为感兴趣的研究人员提供以下咨询服务[13]：（1）识别市场潜在价值，即主动识别具有潜在市场价值的研究项目，评估竞争前技术现状和潜在商业利益。（2）保护知识产权，鼓励研究人员向大学技术转化办公室披露研究成果，并与技术转化办公室协同维护知识产权。（3）创建企业模式，即与技术转化办公室与知识产权保护中心开展技术授权和创立创新型公司。（4）识别潜在的接受授权者。（5）与其他相关组织协调确认市场公司。（6）编制企业规划，如产品开发规划和路线图，市场深度研究，销售渠道，早期管理，投资规划，知识产权保护等。（7）识别市场投资者，帮助联系当地天使投资者等等。

（3）组织多样化的教育项目加强创新创业人才培养

该中心提供的教育项目可分为三大类：课程、演讲和工作坊，并且面向不同的学生提供四种不同水平的研究生课程，课程主要由学术界和实践创业经验中著名的教授负责主讲，目的在于帮助和鼓励学生应对创业

---

① CONNECT 的主要任务是连接加州大学圣地亚哥分校与该区域的产业部门之间的关联，通过扶持高科技的生物企业的发展来刺激区域经济的繁荣。

工作环境中的挑战。中心还会定期为学生、教师和研究者举办演讲和研讨会。其中最著名的是"冯·李比希论坛"（the Von Liebig Forum），该论坛邀请学术界和企业界中顶尖的创新创业者参加并为学生提供专业指导。除此之外，中心还定期举行大型创新会议，例如"风险创业大会"（Invention to Venture）。这些教育项目设计的初衷是为了培养学生和教师的创新创业意识，帮助教师和学生理解、识别和熟悉早期商业化过程中重要的实际的问题。

（二）德什潘德科技创新中心的运作模式

2002 年，企业家德什潘德夫妇向麻省理工学院捐赠了 2 000 万美元成立了德什潘德科技创新中心，成立该中心的主要目的是"帮助学校内富有创新理念的研究人员通过实验室开发前沿的科研成果，并帮助它们以尖端的产品和创办衍生公司的形式应用到市场中，为改变世界做贡献"[14]。德什潘德科技创新中心主要通过以下三种模式推行大学早期科研成果商业化。

（1）为科技成果商业化提供拨款项目

德什潘德科技创新中心每年用于支持大学早期科技商业化的拨款项目可分为点火拨款和创新拨款。点火拨款每笔资助不超过 5 万美元，资助周期为 1 年，目的在于支持那些能够用于探究实验和概念证明的新计划。如果成功接受点火拨款的研究人员在完成该阶段的相关程序后，他们的科研项目被证明具有潜在的市场价值，就可以进一步申请创新拨款，也就是说，创新拨款主要针对那些经过概念证明的研究成果，确保其具体应用的商业价值，最终能够获得天使投资和风险投资商的青睐。简言之，创新拨款是对已经证明概念和研发路径的科研成果投入使其进入到全面开发的项目，将促进研究人员与产业界之间的信息交流和合作研究。

（2）鼓励志愿者担任咨询导师

与加州大学圣地亚哥分校的冯·李比希创业中心不同，德什潘德科技创新中心让志愿者担任咨询导师，为研究人员提供咨询服务。必须指出的是，这些志愿者无论在学术界还是商业领域都是著名的成功人士，这些咨询导师具有敏锐的目标市场意识和广阔的社会交际网络，他们乐于与受资助者分享他们在科研发明和创业领域的丰富经历。该中心目前有近50名有丰富技术创新和创业经历的志愿者，他们不代表任何企业的利益，其任务就是向研究团队提供指导及援助，以推动科研成果商业化进展。

（3）组织团队促进思想交流培养合作经验

德什潘德科技创新中心在教育方面的举措分为举办活动和创新团队。活动主要包括为资金接受者举办理念流通（Idea Stream）、开放日（Open House）和催化剂会议（the Catalyst Party）。理念流通是每年举办一次的大型交流聚会，主要向风险投资者、创业者及其他研究者展示学校的科研技术。开放屋和催化剂会议则是非正式的活动，目的在于通过与富有经验的创业者交流促进理念流通和建立新合作关系，以后期初创企业发展做铺垫。

该中心所提供的创新团队服务主要依靠与学校的工程学院和创业中心（the MIT Entrepreneurship Center）的通力合作。创新队伍项目向校内所有研究生开放。每年都有6个获得资助的候选人被挑选出来参加创新队伍项目，并且可与学生队伍合作，发现和确定他们的商业化计划。

四、概念证明中心产生的影响

科研成果商业化的主要阶段是研究成果和产品开发之间的"概念证明"（Proof of Concept）阶段，倘若研究成果概念得以证明，那么寻求适当的潜在目标市场和对研究成果进行知识产权保护等后续工作都是顺理成章的事情。但是，由于大学与企业，研究人员与市场商业人员之间在研究背景以及自身需求上往往存在信息、动机的不对称进而造成科学技术与商业企业之间存在制度性的距离，概念证明阶段存在一个"资金缺口"。[15] 近年来，由美国联邦政府、民间组织和私人基金会等共同支持建立的概念证明中心已取得一定的成就，对大学科研成果转化起到了显著

的促进作用，几乎所有大学在创建概念证明中心后所衍生的企业数量都明显多于未成立。（如表 1 所示）

表 1　美国研究型大学概念证明中心成立前后衍生公司数量对比

概念证明中心	大学	成立时间	成立前组建新公司的数量*	成立后组建新公司的数量*
德什潘德科技创新中心	麻省理工学院	2002	119	125
商业化企业和知识产权技术发展中心	马萨诸塞大学	2004	3	5
科罗拉多大学概念证明项目	卡罗拉多大学	2004	17	60
波士顿大学-弗劳恩霍夫医学设备、仪器和诊断联盟	波士顿大学	2007	15	24
生物医学加速器基金	哈佛大学	2007	25	43
史蒂文斯创新院	南加利福尼亚大学	2007	35	24
为激励竞争性研究创新基金奖的佛蒙特实验项目	佛蒙特大学	2007	11	14
医学创新促进学院	堪萨斯大学	2008	4	8
医学设备中心	明尼苏达大学	2008	11	21

＊根据大学技术管理者联盟（AUTM）的最新统计结果，概念证明中心成立前后创建的新公司数量是指从中心成立之日到 2011 年的数据与中心成立以前同时期的新公司数量作对比。

来源：Bradley S R, Hayter C S, Link A N. Proof of Concept Centers in the United States: An Exploratory Look[J]. The Journal of Technology Transfer, 2013, 38(4): 349－381.

从表 1 可以看出，成立概念证明中心的大学衍生公司的数量显然比成立前要高，如科罗拉多大学的概念证明项目在成立前初创公司为 17 个，成立后初创公司数量达到 60 个。麻省理工学院的德什潘德科技创新中心自 2002 年成立到现在已经对 300 多名教师和学生群体进行了支持，100 多名咨询导师慷慨相助，衍生了 28 家新企业，对科研成果的总资助额度达到近 4 亿美元，拥有雇员 400 多名，平均将近 30％的受资助人员能产生一家新企业。[16]截至目前，加州大学圣地亚哥分校已有至少 10 名的学生在冯·李比希创业中心的帮助下创建了公司，其中有 6 名学生进入了如技术投资银行和战略咨询等非传统领域。美国大学技术管理者联盟（the Association of University Technology Managers，AUTM)的一份认证报告也指出，与 2010 财政年相比，2011 财政年底颁发的证书量上升了14％，大学衍生企业同期增长了 3％。[17]概念证明中心已经成为促进美国地区和国家经济繁荣的有效政策工具[18]，是"国家基础建设中富有潜力的重要因素之一"[19]（奥巴马语）。

五、思 考 与 启 示

近年来，随着我国创新体系建设的不断完善和高校科研体制的日趋进步，我国产学研协同创新取得了长足进展，产出了大批高科技成果。但是，"长期以来，企业、高校、科研院所和政府几方面力量各成体系、各自为战的局面尚未真正扭转，分散、封闭、低效仍是我国科技创新存在的最大问题。因此，研究和借鉴世界发达国家先进经验，破解我国协同创新方面存在的体制机制障碍，在当前尤其具有重要性和紧迫性[19]。

美国研究型大学为解决科技商业化过程中面临的诸多挑战，加速大学创新商业化进程而采取的一种新的组织模式——概念证明中心，对于我们具有一定的参考价值。从美国概念证明中心的初期建设、发展以及所取得的成效中得以看出，概念证明中心的成功离不开当地的风险投资、技术和在商业网络领域中地位显赫的管理队伍和顾问的大力支持。概念证明中心的专家、志愿者对当地市场和经济的了解以及本身所具有的社会网络商业关系在某种程度上比提供种子基金更能推进大学技术的商业化，因为这些专家顾问对市场知识的详细了解和把握能够很好地降低产品性能不符合市场要求的技术风险，而且商业网络能够让概念证明中心在投资有风险的和未经证明的技术时，意识到外部基础设施能够支持下一步的发展和商业化。除此之外，美国概念证明中心至少在以下两个方面可以引起我们更深刻的思考。

（一）充分发挥政府在创新引导中的战略意识

在面临经济发展不景气和持续减税的双重压力下,美国联邦政府仍然继续对促进成果商业化等研发活动给予大力支持,注重对经济增长具有重要意义的战略性概念证明中心的投资。联邦政府结合国家科学基金会、商务部、经济发展局等相关部门对概念证明中心的政策支持和投资对其后续的成功发展极其重要。也正因为如此,概念证明中心催生的研究成果才能更好地帮助解决重大的社会问题,而通过概念证明中心加速科研成果商业化进而促进地区和全国的经济发展的重要性是不言而喻的。

简言之,美国联邦政府在科技成果转化过程中始终扮演着"推手"的角色,这种推动力量促使创新过程进一步发展,例如,在概念证明的资金资助方面,美国联邦政府合理地调整和分配政府在科研成果转化过程中的各个阶段的投资,并出台了各项政策法规给予支持,同时引导和鼓励产业界加大在成果转化中间阶段的投资,以使整个创新过程都能得到充分的资金保障,也正因为美国联邦政府的积极作用,创新项目在概念转化阶段才有可能得到风险投资和天使投资的青睐,并促使资金运作实现良性循环,"天使资金的投入给风险投资和商业银行带来企业经营前景看好及管理水平提高的信号,有了天使资金的投入,企业更容易获得银行贷款和风险投资"[20]。毫无疑问,这些资金是填平科研成果转化过程中的"死亡之谷"的重要保障。

（二）充分利用校内外资源促进科研成果商业化

美国概念证明中心在促进科研成果商业化过程中的一个基本经验就是,充分调动校内外各种资源为其服务,如招募卓越的科研人员和老练的创业家充当志愿者,为受资助人提供创新创业等实践问题的咨询服务,这些咨询专家团队能够为具有潜在商业化和市场化价值的早期技术开发者答疑解惑,他们具有丰富的创新创业经验,熟知当地创新创业文化和环境,同时还拥有广阔的社交网络,这些都是加速大学科研成果商业化的重要的有利因素。通过概念证明中心这一重要桥梁,受资助人可以获取更多的外部支持,从而为研究实现大规模商业化应用争取后续的资金支持。

　　大学科研成果转化是一项复杂的系统工程,需要充分利用校内外各种资源,需要政府、企业、大学乃至社会各方力量协同合作,在这其中富有经验的企业家等专业人员的建言献策无疑对促进科研成果商业化、减少科研人员与企业经理人的信息不对称具有显著的作用,概念证明中心为科研成果顺利走向市场提供平台,确保大学技术发明能从技术实证阶段进入商业阶段,进而促进区域和国家经济增长。技术创新是维持长期经济增长的重要力量,持续的经济增长需要将新产品和新服务持续引入市场,这就意味着我们需要扰乱原有市场并创造新产业的根本性技术创新。[2]无疑,概念证明中心在调动外部卓越研发人员、老练企业家等校内外各种资源从而促进大学技术发明迈向创新阶段是具有重要价值的。

参考文献

　　[1] Committee on Science, U. S. House of Representative, Unlocking Our Future: Toward A New National Science Policy, 1998 (12): 40.

　　[2][8][16] Bradley S R, Hayter C S, Link A N. Proof of Concept Centers in the United States: An Exploratory Look[J]. The Journal of Technology Transfer, 2013, 38(4): 349 - 381.

　　[3] National Economic Council. A Strategy for American Innovation: Securing our Economic Growth and Prosperity[R]. National Economic Council, 2011.

　　[4] Von Liebig Entrepreneurship center. Accelerating Commercialization of cost——Saving Health Technology [EB/OL] http. //www. jacobsschool. ucsd. edu/vonliebig/docs/Accelerating _ commerce. pdf, 2013 - 07 - 13.

　　[5] Maia C, Clar J O. The Role of a proof of concept center in a university ecosystem: an exploratory study [J]. The Journal of Technology Transfer, 2013, 38(5): 641 - 650.

　　[6] Christine A Gulbranson and David B. Audretsch. Proof of

Concept Centers：Acceleration the Commercialization of University Innovation[R]. Kauffman Foundation 2008(1)：17 - 18. http：//sites. kauffman. org/pdf/poc_centers_01242008. pdf.

[7][9] 赵中建,卓泽林. 高校科研成果转化的美国路径[N]. 中国教育报,2015 - 4 - 15.

[10] Christopher S. Hayter Albert N. Link. University Proof of Concept Centers：Empowering Faculty to Capitalize on Their Research [J]. Issues in Science and Technology, 2015(3).

[11] Thomas J. Allen, Rory O'Shea. Building Technology Transfer with Research Universities：An Entrepreneurial Approach [M]. Cambridge：Cambridge University Press, 2014.

[12] The UCSD Jacobs School of Engineering. Von Liebig Entrepreneurship center[EB/OL] http：//www. jacobsschool. ucsd. edu/vonliebig/, 2015/4/9.

[13] 武学超. 美国大学 PoCC 协同创新组织模式与借鉴——以"李比希中心为例"[J]. 学术论坛,2013(11).

[14][19] MIT Deshpande Center for Technological Innovation. [EB/OL]. http：//deshpande. mit. edu, 2015/4/10.

[15] Auerswald P E. Branscomb L M. Valley of death and Darwinian Seas：Financing the Invention to Innovation Transition in the United States[J]. The Journal of Technology Transfer, 2003, 28(3 - 4)：227 - 239.

[17] Association of University Technology Managers. AUTM U. S. Licensing Activity Survey：Highlight[R]. 2011. http：//www. autm. net/AM/Template. cfm? Section = FY _ 2011 _ Licensing _ Activity _ Survey&Template=/CM/ContentDisplay. cfm&ContentID=8731.

[18] Christopher S. Hayter, Albert N. Link. On the Economic Impact of University Proof Concept Centers [J]. The Journal of Technology Transfer, 2014(12)：178 - 183.

［20］刘宝存. 美国产学研协同创新机制什么样——评蓝晓霞《美国产学研协同创新机制研究》［N］. 中国教育报,2015 - 03 - 10.

［21］托尼·达维拉等. 创新之道：持续创新力造就持久成长力［M］. 刘勃译. 北京：中国人民大学出版社,2007.